"青年学术论坛"
获奖论文集(2021)

袁 峰 主编

中国出版集团 东方出版中心

图书在版编目（CIP）数据

"青年学术论坛"获奖论文集. 2021 / 袁峰主编
. 一上海：东方出版中心，2022.9
ISBN 978-7-5473-2058-7

Ⅰ.①青… Ⅱ.①袁… Ⅲ.①社会科学－文集 Ⅳ.
①C53

中国版本图书馆CIP数据核字（2022）第161440号

"青年学术论坛"获奖论文集（2021）

主　　编　袁　峰
策划编辑　张爱民
责任编辑　黄　驰
装帧设计　钟　颖

出版发行　东方出版中心有限公司
地　　址　上海市仙霞路345号
邮政编码　200336
电　　话　021-62417400
印 刷 者　上海盛通时代印刷有限公司

开　　本　710mm×1000mm　1/16
印　　张　16.25
字　　数　242千字
版　　次　2022年10月第1版
印　　次　2022年10月第1次印刷
定　　价　99.00元

目　录

前言

建党百年之际，中国青年牢记初心使命，承继伟大建党精神，将自己的理论研究、才华施展与中华民族伟大复兴紧密相连，勇于建构中国话语和叙事体系，为阐释中国智慧和中国方案贡献力量。

　　2021年10月30日，由中共上海市委党校研究生部、校团委、党的建设教研部主办，研究生会协办的中共上海市委党校第十八届"青年学术论坛"成功举行。中共上海市委党校副校长梅丽红教授出席开幕式并致辞，机关党委专职副书记、二级巡视员赵建平出席论坛，研究生部主任袁峰教授主持。本次论坛采用"线上＋线下"相结合的形式举行，来自知名高校、科研院所和党校系统的部分专家、青年学者以及本校研究生等两百余人参加本次论坛。本次论坛为各位青年学者搭建一个"立足中国国情、关注学术热点、交流学术思考"，多学科、多层次、多角度的学术成果分享和互动平台。

　　本次论坛主题为：百年政党的历史经验与实践创新。共设四个分论坛，分别为"中国共产党百年奋斗历程与探索""马克思主义的中国化及其现实价值""中国共产党的百年实践及其主要经验""中国共产党的自身建设与国家治理"。

　　在开幕式主旨发言阶段，分别由历史、党建、比较政治研究领域的三位上海著名学者发言。中国城市史研究会会长、上海社会科学院教授熊月之，主旨发言的题目为"上海何以成为光明的摇篮：一个城市社会史的解读"，主要从城市社会史的角度对上海是"光明的摇篮"进行解读，将解释框架归纳为"三四三六"四个数字。其中，第一个"三"指三类红色文化，"四"指红色文化的四个特点；第二个"三"指上海的三个空间，"六"指上海成为"光明的摇篮"的六大支柱。熊教授指出，"光明的摇篮"是一个伟大的称呼，是了不起的"光明"。当谈到上海红色文化的时候，要从整个红色文化的连续性和一贯性来谈，这样才能够充分理解上海红色文化的价值所在。

中国中共党史学会理事、上海市中共党史学会副会长、华东师范大学马克思主义学院教授齐卫平，主旨发言的题目为"中国共产党建设百年实践的历史经验"，主要从中国共产党建设贯穿百年历史实践、中国共产党探索自身建设的基本内容和永葆先进性的历史经验三个方面，阐述了个人的研究与体会。齐教授寄希望于青年学生深入研究党史和党的建设、弘扬伟大建党精神、根植红色血脉，使我们党的千秋伟业后继有人、代代相传。

复旦大学国际关系与公共事务学院郭定平教授，主旨发言的题目为"中国共产党百年制度建设的理论逻辑与实践创新"，主要立足于新时代下中国共产党在治国理政中制度建设的新进展，围绕党的百年领导制度建设的理论逻辑、历史沿革、体系框架，阐明了党的领导制度建设的实践根据、主要特征、创新成果和未来指向，并提出了"治理型政党"的新视角。郭教授指出，理论研究中要树立两个观念，一是在国家治理研究中"重新找回政党"，二是在国家与社会关系中"重新嵌入政党"。

中共上海市委党校青年学术论坛已连续举办十七届，在国内青年学者与研究生中已享有较高的知名度。本次青年学术论坛共收到来自十几个省区市近百所知名高校、科研院所和党校系统来稿410篇参会论文，数量较往年翻倍增长。所有来稿论文由中共上海市委党校研究生部组织校内外相关领域专家经过初评、复评，评选出本次论坛优秀论文，再经中共上海市委党校校刊编辑部复审，形成《"青年学术论坛"获奖论文集（2021）》，并交由中国出版集团东方出版中心出版。感谢张爱民编审、黄驰编辑对中共上海市委党校青年学术论坛持续不断的支持与帮助。

袁　峰

2022 年 10 月

序论：历史使命与"中国之治"

袁 峰

从历史视角来看，1840年以后，逐渐沦为半殖民地半封建社会的中国期待新的社会力量开创救国救民的道路。实现振兴中华、改变民族命运的伟大使命，历史地落到了中国共产党的身上。比较中国共产党成立前后国家的历史境遇，中国共产党成立前，国家积贫积弱；中国共产党成立后，领导中国人民开展反帝反封建的革命斗争，改变了中国社会的性质，实现了民族独立和推进了国家统一。比较中国共产党成立前后人民的历史境遇，有数千年历史的文明古国在中国共产党执政后，结束了几千年的封建专制政治，人民悲惨的命运改变了，真正成为国家、社会和自己命运的主人。没有中国共产党，就没有新中国；有了中国共产党，中国人民才有了光明的前途。这是中国人民和中华民族在长期奋斗的历程中得出的最基本最重要的结论。

从历时性来看，中国历史连绵几千年，形成了一些在世界上独一无二的事物。诸多的"独一无二"可以概括为：在中国共产党的统一领导下，在人口众多、地域广大的国家，全体中国人民在共同的理想目标指引下，经过长期奋斗，取得了改革开放的巨大成就。其产生的超大、超强的规模效应，在世界上是无与伦比的。19世纪，英法崛起时的人口规模是千万级的；20世纪，美日崛起时的人口规模是上亿级的；21世纪，当中国成为现代化强国时是与10亿级人口规模相结合的。诸多的"独一无二"在世界历史上是前所未有的。

无论是从中华民族发展史的角度，还是从世界观察中国独特性的角度，当今中国的发展都聚焦于中国共产党身上。中国共产党的领导，是推动中国发生伟大社会革命的根源，是中国取得一系列伟大成就的基础，也是实现党的历史使命的重要保证。新中国成立以来，我国的治理形态呈现出二维特征，即在时间维度上的特征是中国共产党的长期执政，在空间维度上的特征是中国共产党的全面领导。中国共产党独特的执政方式与领导方式，使它具有了长期奋斗的决心和集中力量的能力，这是中国取得改革开放成功的关键。法国前总理德维尔潘在中西比较的基础上认为，中国所具有的集中力量和长期奋斗的决心是西方国家所经常缺乏的。[1]

一、当前中国治理形态的历史溯源

任何事物的存在都是有渊源、有根据的，并会产生影响及作用的。在新中国成立之前，毛泽东考虑到两个与中国革命紧密相关的问题：一是中国革命的长期性问题。毛泽东深刻认识到当时中国社会形态和阶级状况等特殊国情。面对压在中国人民头上的"三座大山"，他提出不能简单套用无产阶级革命的一般原理和照搬俄国"十月革命"城市武装起义的经验。他认为中国革命将是一个长期过程，要从中国实际出发，"走农村包围城市，最后夺取全国胜利的革命道路"。二是中国革命中党的领导与建设的问题。1939 年，毛泽东在《〈共产党人〉发刊词》中强调，要赢得革命的最终胜利，就必须把中国共产党建设成为一个全国范围的、广大群众性的、思想上政治上组织上完全巩固的布尔什维克化的中国共产党。面对处于半殖民地半封建的状况，中国要实现真正的独立、自由与统一，必须在全国范围内建立起党的组织。为了完成中国革命最终胜利的目标，中国共产党必须长期奋斗并在全国范围内组织领导革命。毛泽东在中共七届二中全会上说："夺取这个胜利，已经是不要很久的时间和不要花费很大的气力了；巩固这个胜利，则是需要很久的时间和要花费很大的气力的事情。"[2]

---

［1］ 任仲平.使命，复兴的道路开启新征程［N］.文汇报，2017-12-06.

［2］ 毛泽东选集：第 4 卷［M］.北京：人民出版社，1991：1438.

毛泽东在新中国成立前就已经开始考虑中国共产党在革命胜利、夺取政权后继续保持革命精神、避免人亡政息的问题，并积极寻找有效的解决办法，为中国共产党长期执政提供了思想指引。1944年3月郭沫若在重庆《新华日报》上发表了纪念明末农民起义军推翻明朝政权三百周年的史论文章。文章作为延安整风文件，在延安《解放日报》上转载，并且在各解放区印成单行本。1944年4月12日毛泽东在延安高级干部会议上指出："近日我们印了郭沫若论李自成的文章，也是叫同志们引为鉴戒，不要重犯胜利时骄傲的错误。"[1]1945年7月爱国民主人士黄炎培访问延安时跟毛泽东坦率地讲到过去中国反复出现的"其兴也勃焉，其亡也忽焉"历史周期率，即事业初创时聚精会神，没有一事不用心，没有一人不卖力，即使艰难困苦也能够克服，但是当环境渐渐好转时，精力就渐渐放下了，惰性发作，甚至发展到"政怠宦成""人亡政息""求荣取辱"的地步。他希望中国共产党能够找出一条新路，来跳出这周期率的支配。毛泽东听了他这番话后，回答说："我们已经找到新路，我们能跳出这周期率。这条新路就是民主；只有让人民来监督政府，政府才不敢松懈；只有人人起来负责，才不会人亡政息。"[2]

新中国成立以后，毛泽东深入思考了中国共产党的全面领导与社会主义事业成败的关系。毛泽东明确指出："中国共产党是全中国人民的领导核心。没有这样一个核心，社会主义事业就不能胜利。"[3]1953年，他就对实现中国共产党的全面领导进行了原则性的设计，他概括为"大权独揽，小权分散。党委领导，各方去办。办也有决，不离原则。工作检查，党委有责"[4]八句歌诀："大权独揽"，是指主要权力集中于中央和地方党委的集体，用以反对分散主义；"各方去办"，是指要经过党员在国家机关中、在企业中、在合作社中、在人民团体中、在文化教育机关中，同非党员接触、商量、研究，对不妥当的部分加以修改，然后大家通过，方才去办；"不离原则"，是指民主集中制，集体领导和个人作用的统一（党委和第一书记的统一），以及中央和上级的决议；"党委有责"，是指大事由党委首先作出决定，

[1] 毛泽东选集：第3卷［M］.北京：人民出版社 1991：948.

[2] 毛泽东年谱（一八九三——一九四九）中卷［M］.北京：中央文献出版社，2013：611.

[3] 毛泽东文集：第7卷［M］.北京：人民出版社，1999：303.

[4] 毛泽东文集：第7卷［M］.北京：人民出版社，1999：355.

并且在执行过程中加以检查。1962 年毛泽东在扩大的中央工作会议上特别强调："工、农、商、学、兵、政、党这七个方面，党是领导一切的。党要领导工业、农业、商业、文化教育、军队和政府。"[1] 在总结历史经验的基础上，习近平总书记指出："党的领导必须是全面的、系统的、整体的，必须体现到经济建设、政治建设、文化建设、社会建设、生态文明建设和国防军队、祖国统一、外交工作、党的建设等各方面。哪个领域、哪个方面、哪个环节缺失了弱化了，都会削弱党的力量，损害党和国家事业。"[2]

二、从巨变中看中国治理形态的独特优势

改革开放以来，中国社会发生了一系列巨大变化。这些变化背后，究竟是什么力量在发挥作用，应当以什么样的理论模式来解释这些变化，一直是国内外学术界关注的问题。

（1）中国变化的广度

改革开放以来，中国解决了温饱问题，从积贫积弱到总体小康。近 8 亿人摆脱贫困，形成了 4 亿中等收入群体，到 2020 年底基本消除绝对贫困。2013 年至 2018 年，中国连续 6 年超额完成千万减贫任务。6 年间，全国累计减少农村贫困人口 8 239 万人，贫困发生率从 2012 年末的 10.2% 下降到 2018 年末的 1.7%。到 2018 年底，全国常住人口城镇化率达 59.58%。2018 年，中国国内生产总值达到 900 309 亿元，人均国内生产总值达到 64 644 元；人均国民总收入达到 9 732 美元，高于中等收入国家平均水平。中国人均预期寿命，2018 年达到 77 岁，高于世界平均预期寿命 72 岁，建立起世界上覆盖人口最多的社会保障制度。截至 2019 年 3 月，全国参加基本养老保险人数达 94 118 万人，参加工伤保险人数达 23 894 万人，参加失业保险人数达 19 697 万人，参加生育保险人数超过 2 亿人，包括职工基本

---

[1] 毛泽东文集：第 8 卷 [M]．北京：人民出版社，1999：305.
[2] 习近平．论坚持党对一切工作的领导 [M]．北京：中央文献出版社，2019：229.

医疗保险、城乡居民基本医疗保险在内的基本医疗保险覆盖超过 13 亿人，基本实现全民医保。[1]

改革开放以来，中国社会的变化不仅是在经济领域，而且还在其他方面。2019年 9 月 25 日，《环球时报》旗下环球舆情调查中心发布《新中国成立 70 周年变化的跨国民意调查报告》。该调查针对日本、韩国、泰国、印度、新加坡、美国、意大利、澳大利亚 8 个国家民众，采用全球在线样本库问卷调查方法，共回收有效样本 3 519 份。调查报告显示，新中国经济的变化发展最受海外民众关注，近六成（59.0%）受访者认为新中国的变化主要体现在经济发展方面，排列之后的是国际地位及影响力提升（42.9%）、科技实力增强（40.7%）和人民生活水平提升（40.0%），此外还有军事实力提升、国家面貌改变、生态环境质量改善、中国国民素质提升、文化软实力提高、国际和平贡献突出等多个方面。[2]

（2）中国变化的速度

1979—2018 年，中国逐渐成为全球经济增长的重要引擎。2016—2018 年，中国经济总量接续跨越 70 万亿元、80 万亿元和 90 万亿元大关，占世界经济比重接近 16%。中国用几十年时间走完了发达国家几百年走过的进程，成为了世界第二大经济体、制造业第一大国、货物贸易第一大国、商品消费第二大国、外资流入第二大国、外汇储备第一大国，从各领域拓展了发展中国家走向现代化的途径。《纽约时报》著名专栏作家托马斯·弗里德曼（Thomas Friedman）在其著作《世界又热又平又挤》中，有一章的题目为"做一天中国"。他认为，美国的政治体制存在很多问题，政党之间的恶斗、各利益集团对政治的左右，使得国家处在不断内耗之中，根本无法有效应对 21 世纪的挑战。他感慨道，我们能不能做一天中国，在那一天把理想中的法律和政策都搞定。一些在西方国家需要花费数年甚至数十年才能推动的改革，在中国可能在很短时间内就能推行开来。他举了一个例子，美国花了 22 年时间（从 1973 年到 1995 年）推广无铅汽油，而中国只花了2 年。

---

[1] 中华人民共和国国务院新闻办公室．为人民谋幸福：新中国人权事业发展 70 年［N］．人民日报，2019-09-23．

[2] 刘天亮，等．中国 70 年巨变，世界有目共睹［N］．环球时报，2019-09-26．

（3）中国变化的内涵

中国经济发展的重心从增长数量转向提高质量，注重物质文明与精神文明协同共进，推动人的全面发展。2019 年 9 月 24 日捷克世界报业旗下的辛迪加网刊载了耶鲁大学高级研究员斯蒂芬·罗奇（Stephen S. Roach）的文章《有中国特色的可持续性发展》。文章说，自从中国领导人决定不能再走能源和污染密集型增长的道路后，中国经济结构从过度依赖污染严重的制造业，显著转向低碳服务业。2006 年时第二产业占中国 GDP 的 48%，第三产业仅占 42%。到了 2018 年，服务业占比已达到 52%。就大型经济体而言，在如此短时间内发生如此规模的结构性变化，几乎前所未有。与这种转变一致的是，中国一直大力改变燃料消耗构成，增加油气、水电和可再生能源。2018 年，煤炭占中国初级能源消费总量的 58%，与 2006 年的 74% 相比，大幅下降。在接受非碳可再生能源如风能、太阳能等方面，中国走在世界前列。2018 年，中国的可再生能源消费总量比美国的高出 38%，同时也是德国的 3 倍。若保持目前增幅，到 2025 年可再生能源或达到中国能源消费总量的 20%，这是通往更清洁经济的重大进展[1]。

中共十四届六中全会通过的《关于加强社会主义精神文明建设若干重要问题的决议》指出，社会主义社会是全面发展、全面进步的社会，社会主义现代化事业是物质文明和精神文明协调发展的事业。2001 年 1 月 10 日江泽民在全国宣传部长会议上讲话指出，要在全社会大力宣传和弘扬为实现社会主义现代化而不懈奋斗的精神，强调要把依法治国和以德治国紧密结合起来。2003 年 10 月 14 日中共十六届三中全会通过《关于完善社会主义市场经济体制若干问题的决定》，明确完善社会主义市场经济体制的主要任务，提出坚持以人为本，树立全面、协调、可持续的发展观，促进经济社会和人的全面发展。

解释改革开放以来中国快速而全面发展的奥秘，第一位的原因是中国坚持了中国共产党的集中统一领导，并在这一模式下，坚持走符合中国国情的发展道路，坚持改革开放的基本国策，坚持以人民为中心的发展思想。国务委员兼外交部部长王毅 2019 年 9 月 27 日在纽约联合国总部出席第 74 届联合国大会一般性辩论并发表

[1]［美］史蒂芬·罗奇.中国正赢得比贸易战更重要的战争［N］.环球时报，2019-09-25.

讲话中指出："成就不是天上掉下来的，是中国人民用勤劳、智慧和勇气干出来的。中国发展的密码，在于我们坚持中国共产党的集中统一领导，坚持走符合中国国情的发展道路，坚持改革开放的基本国策，坚持以人民为中心的发展思想。"[1] 2019 年 9 月 28 日国务院新闻办发表的《新时代的中国与世界》白皮书指出：70 年来，中国发展之所以成功，最根本于中国共产党的领导。中国体量巨大、国情复杂，治理难度世所罕见，没有集中统一、坚强有力的领导力量，中国将走向分裂和解体，给世界带来灾难。[2]

中国共产党长期执政、全面领导，在当今中国形成了怎样的治理优势？对这一问题的回答，不仅有助于新时代"中国之治"的研究，而且有助于开辟世界政治学新的研究视野。中国有了中国共产党执政，是中国、中国人民、中华民族的一大幸事。中国共产党以独特的执政方式与领导方式实现了中华民族从站起来、富起来到强起来的历史性飞跃，拓展了发展中国家走向现代化的途径，为解决人类的发展与治理问题贡献了中国智慧、提供了中国方案。

（1）对经济和社会发展的科学规划

2019 年早春三月，在"永恒之城"罗马，习近平总书记向意大利总理孔特谈起看待发展变化的"中国视角"："我们对时间的理解，是以百年、千年为计。"[3] 中国共产党充分认识到"不谋万世者，不足谋一时；不谋全局者，不足谋一域"的道理。中国共产党执政以来，十分注重对经济和社会发展的长期性规划，并努力使规划得到落实。实现现代化一直是中国共产党长期奋斗的目标。1964 年周恩来在第三届全国人大一次会议上所作的《政府工作报告》中提出：要在不长的历史时期内，把我国建设成为一个具有现代农业、现代工业、现代国防和现代科学技术的社会主义强国；1975 年四届全国人大一次会议上重申四个现代化的目标；1977 年中共十一大上重申在 20 世纪内把中国建设成为社会主义现代化强国；1982 年中共

[1] 王毅.今日之中国，世界之中国——在第 74 届联合国大会一般性辩论上的讲话［E］.中国政府网，2019-09-29.
[2] 中华人民共和国国务院新闻办公室.新时代的中国与世界［N］.人民日报，2019-09-28.
[3] 郝薇薇.惟其勇毅笃行，方显英雄本色——2019 年上半年习近平主席引领中国特色大国外交开辟新境界［N］.人民日报，2019-08-03.

十二大提出全面开创社会主义现代化建设的新局面；2000年中共十五届五中全会上提出，从新世纪开始，将进入全面建设小康社会、加快推进社会主义现代化的新的发展阶段；2019年中共十九大提出，到本世纪中叶，建成社会主义现代化强国。

一个长期执政的政党，可以基于人民的整体利益、根本利益、长远利益来做国家发展的规划。在西方两党制或多党制背景下，基于政党竞争的需要，各个政党为了争取更多的选票往往从一部分选民的现实需要出发提出政策规划，政党间也难以在人民利益的最大公约数上达成共识；在政党政治格局下，政党更替、短期执政是一种政治常态，某一个政党的理想、政策主张、发展规划往往难以被长期实施，形成了不利于国家长期发展的局面。只有长期执政的政党，才可能立足于人民长远的、根本的利益明确政策目标，对选定的目标制定长期的政策规划，政策执行具有一以贯之的连续性，保证经济社会发展战略能够长期坚持和实施，不"翻烧饼"、不折腾，矢志不渝、持续奋斗。同时，也只有实行集中统一领导、全面领导的政党才可以集中全国人民的意志，可以协调各方的利益，并且有能力全面落实各项政策目标。中国共产党，不仅可以提出远远超出西方执政党任期的长期性的奋斗目标与发展规划，而且通过一个又一个中短期发展计划逐步推进阶段性目标的实现。1953年我国开始执行发展国民经济的第一个五年计划。到2020年，共编制执行十四个五年计划（规划）。

"21世纪社会主义"理论提出者海因茨·迪特里希（Heinz Dieterich）指出：中国的成功有几个关键因素。首先是执政党的素质。近100年来，中国共产党一直保持其先锋者的姿态，它不断适应外界的变化，做不到这一点的政党已像苏联共产党或欧洲一些国家的共产党一样消失了。在这一点上，中共可以说是卓越非凡的。其次，中国有杰出的政治领导人。他们都是推动中国发展的重要人物。再次是中国有对经济和社会发展的科学规划。我们都知道"五年规划"在中国发挥的核心作用，它把短期计划和中长期计划有效结合在一起，避免国家以混乱的方式行动。令人惊叹的是，在过去很多年中，这些规划都基本得到落实。相反，苏联等国政府没有做到这一点，因为其规划不太切合实际。中国在这三方面的经验可以为许多国家所效仿。[1]

---

[1] 白云怡."21世纪社会主义"理论创始人：执政党的素质决定了中国成功[N].环球时报，2019-07-19.

　　法国知名学者、全球事务和国际问题专家、汉学家高大伟（David Gosset）指出，从社会治理角度讲，西方国家的民主选举制度有很大问题。政党和政客皆从选举角度出发，并没有长远治理国家的手段和思路。4—5 年的选举周期让政党疲于应对选举，很多政策在选举年无法实施。候选人一旦当选，等熟悉了情况后，又要面对下一次选举。高大伟认为，中国共产党执政有着长远的计划，政策具有连续性，可以推进很多改革，这是许多西方政治家都承认的事实。有中国学者在向外媒解释中国崛起的真正原因时指出："中国领导人不会受到西方国家那种短期选举的影响，因而中央领导层能进行富有远见和全面的长远规划。此外，中国政府的权力为政策落实提供了后盾，这是多数发展中和转型经济体不具备的。"[1]

　　中国共产党，不仅制定长远的规划，而且注重规划的科学性。发展是中国共产党执政兴国的第一要务，作为执政党，必须切实加强党对经济工作的领导。中国共产党善于适应国内外经济形势新变化，不断提高领导经济工作的科学化水平，制定科学的经济工作规划。当前中国共产党正在改变那种单纯抓引资、抓投资、抓项目、抓生产的做法，把领导经济工作的重点转到提高发展质量与效益，在新发展阶段以新发展理念加快构建新的发展格局。

　　（2）快速全面地实现目标

　　新中国成立 70 多年，是快速发展的 70 多年。我国经济总量从新中国成立之初的 600 多亿元到 2018 年突破 90 万亿元大关，在推动世界经济增长中具有举足轻重的地位。从新中国成立初到 2018 年，我国人均 GDP 从 119 元增加到 64 644 元，城镇和农村居民家庭恩格尔系数分别下降到 27.7% 和 30.1%，城镇和农村居民年人均可支配收入分别从不足 100 元、50 元增加到 39 251 元、14 617 元。[2] 瑞士信贷集团在 2015 年发布报告称，数十年来的迅猛增长已使中国的中等收入群体（个人净资产介于 5 万至 50 万美元之间的群体）超过美国，中美两国分别为 1.09 亿人和 9 200 万人。但即便这种对比也是对中国（实力）的低估。如果使用相对较低的净资产门槛，比如说 1 万美元至 10 万美元之间，那么如今中国人在全球中等收入

[1]　张军.中国崛起的真正原因总被误读［N］.环球时报，2019-08-09.
[2]　参见：天翻地覆慨而慷——新中国 70 年发生了怎样的变化？［N］.人民日报，2019-08-01.

及更富裕群体中的占比已接近40%，而美国和欧洲加起来还不到30%。[1]特别是改革开放40多年来，中国农村贫困人口已经全部摆脱贫困，创造了人类减贫史上的奇迹。与此相比较，根据联合国粮农组织及世界卫生组织等多个联合国机构共同发布2019年度《全球食物保障及营养问题现状》报告，全球2018年的饥饿人口已达到8.21亿人，比2017年增加了1 000万人左右。据法新社2019年7月15日报道，全球饥饿人口自2015年起连年增长，彻底打破了之前已维系10年的减缓态势。2019年7月世界粮食计划署执行干事戴维·比斯利在美国纽约召开的联合国可持续发展高级别政治论坛讲话中表示：2030年我们将无法实现"零饥饿"的可持续发展目标……这是一个糟糕的趋势，食物供应没有保障，世界就没有和平与稳定可言。[2]

新中国成立70多年，也是全面发展的70多年。2019年7月18日美国作家安德烈·弗尔切克（Andre Vitchek）在美国"不同声音"网站撰文指出：20年前，不喜欢中国的西方人会说："上海和深圳是富了，但看看其他沿海城市，知道差别了吧？"后来其他沿海城市变好了，西方批评仍继续："离开沿海到西部，会发现中国多不平衡！"终于，中国西部大有改善，城市生活质量与沿海几无差别。西方批评者仍未消停，"中国城乡差别太大"。在习近平总书记领导下，中国农村经受大改造，交通、医疗服务、教育和就业明显改善。2018年中国人口开始从城市向农村回流，这是其近代历史上首次。那接下来（西方还能指责什么）呢？[3]此外，在科技领域，"两弹一星"、杂交水稻、中国载人航天工程、深海探测、C919飞机、天眼望远镜等重大科技成果振奋人心；在工程建设领域，青藏铁路、三峡工程、南水北调、西气东输、港珠澳大桥等国家工程捷报频传，机场、港口、高速公路等基础设施日益完善；在民生领域，就业、教育、医疗、住房、养老、社保等民生福祉持续改善，人均预期寿命提高，人民的获得感幸福感显著增强。一个全面发展、繁荣进步、日新月异的泱泱大国不断向世界呈现出"中国精彩"。

[1]［菲律宾］伊曼纽尔·德迪奥斯.为什么中国的崛起势头不太可能很快消失［N］.环球时报，2019-07-23.

[2]刘皓然.联合国报告：去年全球饥饿人口已达到8.21亿人［N］.环球时报，2019-07-17.

[3]［美］安德烈·弗尔切克.为什么西方对中国的成功视而不见［N］.环球时报，2019-07-20.

1997年，江泽民在党的十五大报告中展望下世纪时指出："我们的目标是，第一个十年实现国民生产总值比二〇〇〇年翻一番，使人民的小康生活更加宽裕，形成比较完善的社会主义市场经济体制；再经过十年的努力，到建党一百年时，使国民经济更加发展，各项制度更加完善；到下世纪中叶建国一百年时，基本实现现代化，建成富强民主文明的社会主义国家。"[1]到2017年中共十九大召开时，中国共产党把基本实现现代化的奋斗目标在时间上提前了。基本实现现代化，是涉及经济、政治、文化、社会、生态等多个方面的全面的现代化。为什么我国基本实现现代化的目标可以提前实现？正如邓小平所说："现在，我们国内条件具备，国际环境有利，再加上发挥社会主义制度能够集中力量办大事的优势，在今后的现代化建设长过程中，出现若干个发展速度比较快、效益比较好的阶段，是必要的，也是能够办到的。我们就是要有这个雄心壮志！"[2]

新中国成立70多年取得的辉煌成就，充分体现了中国共产党领导和我国社会主义制度能够集中力量办大事的政治优势。邓小平在谈到社会主义国家的优越性时曾经指出："社会主义国家有个最大的优越性，就是干一件事情，一下决心，一做出决议，就立即执行，不受牵扯。我们说搞经济体制改革全国就能立即执行，我们决定建立经济特区就可以立即执行，没有那么多互相牵扯，议而不决，决而不行。就这个范围来说，我们的效率是高的，我讲的是总的效率。这方面是我们的优势，我们要保持这个优势，保证社会主义的优越性。"[3]在党的集中统一领导基础上实现的全面领导，在民主集中基础上保证了党中央的正确领导，确保了政令统一，减少无谓的争吵、摩擦、互耗和延宕，为全国能够集中力量做事，齐心协力贯彻执行，快速而全面地实现目标提供了政治保证，避免了西方多党制国家政坛纷争不断、误事误国的局面。同时，生产资料公有制为主体的所有制结构，可以集中必要的人力、物力和财力，为党和政府能够办成事，而且是快速而全面地办成大事提供了重要的物质基础。这是中国共产党及其政府能够完成其他体制下难以迅速完成的任务，创造出人间奇迹的奥秘。中国坚持维护党中央权威和集中统一领导，同时，保

[1] 江泽民文选：第2卷[M].北京：人民出版社，2006：4.

[2] 邓小平文选：第3卷[M].北京：人民出版社，1993：377.

[3] 邓小平文选：第3卷[M].北京：人民出版社，1993：240.

证中央政府掌握足够数量的经济资源，以利于集中财力办一些必须办的大事情。例如，水患治理、工程建设、资源配置、灾害管理、社会保障、国防投入等。

新中国成立 70 多年，能够实现快速而全面的发展，不是因为中国的"运气好"，前进道路上"一帆风顺"。相反，中国发展的每一步都不是轻而易举的，中国共产党与中国政府遇到了一系列的重大风险挑战。习近平总书记在回顾、总结改革开放四十年历程时指出："正是因为始终坚持党的集中统一领导，我们才能实现伟大历史转折、开启改革开放新时期和中华民族伟大复兴新征程，才能成功应对一系列重大风险挑战、克服无数艰难险阻，才能有力应变局、平风波、战洪水、防非典、抗地震、化危机，才能既不走封闭僵化的老路也不走改旗易帜的邪路，而是坚定不移走中国特色社会主义道路。"[1]中国未来的发展，可能还会碰到这样那样的风险挑战，甚至会遇到难以想象的惊涛骇浪。只有依靠党中央的集中统一领导，既在总揽全局基础上发挥党中央在把方向、谋大局、定政策、促改革方面的核心领导作用，又在坚持与维护党中央权威基础上发挥党中央协调各方的功能，才能保证全党全国沿着正确的航向破浪前进，才能确保全党全国集中力量快速而全面地实现目标。

三、服务于党的历史使命的治理形态

历史与现实告诉我们，一场社会革命要取得最终成功，往往需要一个漫长的历史过程。1921 年中国共产党第一次全国代表大会通过的《中国共产党纲领》，明确要把工人、农民和士兵组织起来，并以社会革命为自己政策的主要目的。这是中国共产党人的初心。中国共产党的历史，就是一部党领导人民持续进行伟大社会革命的历史。中国共产党领导人民进行的土地革命、抗日战争、解放战争、建立新中国、社会主义改造、改革开放、社会主义现代化建设都是为了人民的根本利

---

[1] 中共中央党史和文献研究院，中央"不忘初心、牢记使命"主题教育领导小组办公室.习近平关于"不忘初心、牢记使命"重要论述选编［M］.北京：党建读物出版社，中央文献出版社，2019：372.

益进行的奋斗。今天，中国共产党已经从领导人民为夺取全国政权而奋斗的政党，成为领导人民掌握全国政权并长期执政的政党。2021 年，中国共产党成立一百周年。习近平总书记指出："中国共产党立志于中华民族千秋伟业，百年恰是风华正茂。"[1]党的十九大报告中明确了新时代中国特色社会主义发展的战略安排，即从全面建成小康社会到基本实现现代化，再到全面建成社会主义现代化强国。新时代中国特色社会主义是中国共产党领导人民进行伟大社会革命的成果，也是中国共产党领导人民进行伟大社会革命的继续。作为世界上最大的社会主义国家，中国共产党将以独特的执政方式与领导方式在新中国成立一百年时领导全体人民建成社会主义现代化强国，成为世界上第一个不走资本主义道路而走社会主义道路成功建成现代化强国的国家。习近平总书记讲："当我国建成社会主义现代化强国、成为世界上第一个不是走资本主义道路而是走社会主义道路成功建成现代化强国时，我们党领导人民在中国进行的伟大社会革命将更加充分地展示出其历史意义。"[2]这个历史意义将体现在中华人民共和国发展史、中华民族发展史上、世界社会主义发展史上，人类社会发展史上。我国的治理形态，即中国共产党的长期执政与全面领导，是当前党领导人民持续、深入开展伟大社会革命的关键，是新时代中国共产党人继承初心、完成使命的重要方式。

（1）中国共产党的长期执政满足了社会革命持续性的要求

只有长期执政的政党，才能真正做到"不忘初心、牢记使命、永远奋斗"，一代人接着一代人持续地奋斗。1956 年 8 月毛泽东在党的八大预备会议第一次会议上讲："我们团结党内外、国内外一切可以团结的力量，目的是为了什么呢？是为了建设一个伟大的社会主义国家。……将完全改变过去一百多年落后的那种情况，被人家看不起的那种情况，倒霉的那种情况。而且会赶上世界上最强大的资本主义国家，就是美国。……如果不是这样，那我们中华民族就对不起全世界各民族，我

---

[1] 中共中央党史和文献研究院，中央"不忘初心、牢记使命"主题教育领导小组办公室 . 习近平关于"不忘初心、牢记使命"重要论述选编［M］. 北京：党建读物出版社，中央文献出版社，2019：300.

[2] 中共中央党史和文献研究院，中央"不忘初心、牢记使命"主题教育领导小组办公室 . 习近平关于"不忘初心、牢记使命"重要论述选编［M］. 北京：党建读物出版社，中央文献出版社，2019：323.

们对人类的贡献就不大。"[1]邓小平曾经指出："我们中国要用本世纪末期的二十年，再加上下个世纪的五十年，共七十年的时间，努力向世界证明社会主义优于资本主义。我们要用发展生产力和科学技术的实践，用精神文明、物质文明建设的实践，证明社会主义制度优于资本主义制度，让发达的资本主义国家的人民认识到，社会主义确实比资本主义好。"[2]2018 年 1 月 5 日习近平总书记在新进中央委员会的委员、候补委员和省部级主要领导干部学习贯彻习近平新时代中国特色社会主义思想和党的十九大精神研讨班上引用了毛泽东、邓小平的上述讲话，表明中国共产党为中国人民谋幸福的初心、为中华民族谋复兴的使命。进入中国特色社会主义新时代，在中共十九大上中国共产党明确地提出了建设社会主义现代化强国的目标。

（2）中国共产党的长期执政满足了实现社会革命长远奋斗目标的需要

中共十九大对中国未来的社会革命进行了长远的规划。2020 年中国全面建成小康社会，2035 年将基本实现社会主义现代化，到本世纪中叶建成富强民主文明和谐美丽的社会主义现代化强国。2035 年，在经济领域，我国将跃升至创新型国家；在政治领域，党的领导、人民当家作主、依法治国达到高度有机统一；在文化领域，中国梦、社会主义核心价值观深入人心，中华文化走出去达到新水平；在社会领域，我国进入高收入国家行列，人口预期寿命和国民受教育程度达到世界先进水平；在生态领域，生产空间安全高效、生活空间舒适宜居、生态空间山青水碧的国土开发格局形成。在本世纪中叶，在经济领域，我国核心竞争力名列世界前茅，经济总量和市场规模超越其他国家；在政治领域，形成又有集中又有民主、又有纪律又有自由、又有统一意志又有个人心情舒畅生活活泼的政治局面；在文化领域，国民素质显著提高，中国精神、中国价值、中国力量成为中国发展的重要影响力和推动力；在社会领域，全体人民共同富裕基本实现，公平正义普遍彰显，社会充满活力而又规范有序；天蓝、地绿、水清的优美生态环境成为普遍常态，开创人与自然和谐共生的新境界。

（3）中国共产党的全面领导满足了社会革命全面性的要求

改革开放以来，中国共产党领导的社会革命是逐步走向全面的。在党的全国代

［1］　毛泽东文集：第 7 卷［M］.北京：人民出版社，1999：88，89.

［2］　中共中央文献研究室.邓小平思想年编（1975—1997）：下卷［M］.北京：中央文献出版社，2011：657.

表大会的政治报告中，从强调经济建设与政治建设"两位一体"，到强调经济建设、政治建设、文化建设"三位一体"，再到强调经济建设、政治建设、文化建设、社会建设"四位一体"，直至强调经济建设、政治建设、文化建设、社会建设、生态文明建设"五位一体"的中国特色社会主义总体布局。进入中国特色社会主义新时代，党中央站在全局高度在战略层面作出了顶层设计和整体布局，即"四个全面"。要全面建成小康社会，需要全面深化改革、全面依法治国、全面从严治党来加以保障。只有全面建成小康社会，才能开启全面建设社会主义现代化的新征程。但是，如果没有党的全面领导，所有上述的全面性要求，都是无法实现的。

（4）中国共产党的全面领导满足了快速的社会革命的需要

在坚持党的全面领导的基础上，中国改革开放40多年来，我国经济持续较快发展，工业化城镇化快速推进，各项事业全面进步，国家面貌发生了前所未有的变化。基于这样的良好基础和发展态势，中共十九大提出，在全面建成小康社会的基础上，再奋斗15年，基本实现社会主义现代化。这意味着，中国共产党原来提出的"三步走"战略的第三步即基本实现社会主义现代化，将提前15年实现。为了有把握地提前基本实现社会主义现代化的目标，中国共产党提出，坚持和加强党的全面领导，关系到党和国家的前途命运，我们全部的事业都建立在这个基础之上。坚持和加强党的全面领导，最重要的是坚决维护党中央权威和集中统一领导；坚决维护党中央权威和集中统一领导，最关键的是坚决维护习近平总书记党中央的核心、全党的核心地位。如果党中央的权威受到挑战、集中统一领导难以实现，是不可能实现党的全面领导的。如果习近平新时代中国特色社会主义思想作为党和国家的行为指南、指导思想，不能在全党全国得到深入的学习与贯彻，同样不可能实现党的全面领导。只有在思想上政治上行动上与党中央保持高度一致，才能实现党的全面领导，为实现快速的发展与变革奠定政治基础。如果思想上不统一、行动上不一致，是不可能满足快速发展的要求的。

中国共产党只有进行彻底的自我革命，才能进行伟大的社会革命。中国共产党作为执政党，面临最大的威胁就是腐败。权力是最大的腐蚀剂，中国共产党要长期执政必然面临被腐蚀的风险，而自我监督是世界性难题、是国家治理的"哥德巴赫猜想"。同时，在中国解决这一难题，要结合中国的特殊国情。中国的干部队伍庞大，是世界第一大执政党，治理的广度是前所未有的；同时，封建主义、官僚主义积弊严重，治理的深度也是难以估量的。前苏联共产党也曾经是长期执政、全面领导，为什么最终走向失败？习近平总书记指出，自我革命"这种能力既是我们党区别于世界上其他政党的显著标志，也是我们党长盛不衰的重要原因所在"。[1]因此，不断进行自我革命，是能够支撑中国共产党长期执政、全面领导的重要条件。

（1）要实现党的长期执政，需要不断进行自我革命

对于长期执政的政党，不可能不犯错误，但是如果不能做到承认错误、纠正错误，并且能够从错误中反思，以后不犯同样的错误，是不可能实现长期执政的。中国共产党之所以伟大，不在于不犯错误，而在于能够直面问题，具有强大的自我完善能力。坚持和完善中国特色社会主义制度、推进国家治理体系和治理能力现代化是全面深化改革的总目标。世界上没有一种制度是完美无缺的。中国共产党要长期执政，必须通过坚持和完善中国特色社会主义制度，形成治国理政的"四梁八柱"；必须要保证国家治理体系与治理能力是能够适应中国国情、时代要求、人民需求的。为此，必须进行持续的、深入的改革，才能形成成熟、定型的中国特色社会主义制度，建立起现代化的国家治理体系与培育出治理能力。2019年，党中央明确坚持和完善中国特色社会主义制度、推进国家治理体系和治理能力现代化的总体目标是到中国共产党成立100年时，在各方面制度更加成熟更加定型上取得明显成效；到2035年，各方面制度更加完善，基本实现国家治理体系和治理能力现代化；到新中国成立100年时，全面实现国家治理体系和治理能力现代化。全面深化改革的前提是中国共产党能够具有自我革命的精神和勇气，能够直面体制机制上的弊端与自身能力上的不足，不仅能够承认问题的存在，而且有能力解决自身存在的问题。

（2）要实现党的全面领导，需要不断进行自我革命

自我革命意味着中国共产党能够及时发现并革除自身存在的各种病症。在中

---

[1] 中共中央党史和文献研究院，中央"不忘初心、牢记使命"主题教育领导小组办公室.习近平关于"不忘初心、牢记使命"重要论述选编［M］.北京：党建读物出版社，中央文献出版社，2019：282.

国，党是领导一切的。所以，必须通过全面从严治党，才能完成自我革命。习近平总书记指出："'全面'就是管全党、治全党，面向八千七百多万党员、四百三十多万个党组织，覆盖党的建设各个领域、各个方面、各个部门。"[1]党政机关、国有企事业单位，都是中国共产党执政的平台，如果不能通过巡视巡察全覆盖等措施达到全面从严治党要求，在中国共产党一个又一个执政平台上就会出现党的领导弱化、党的建设缺失等问题，就不能实现党的全面领导。为了确保党和人民赋予的权力都能够得到正确地行使，从监督层面实现党的全面领导，中国共产党通过推动制定《中华人民共和国国家监察法》，实现对所有行使公权力的公职人员监察全覆盖。2018年底，党中央对反腐败斗争形势作出全新判断：党的十八大以来，反腐败斗争取得压倒性胜利，全面从严治党取得重大成果。这是中国共产党自我革命取得重大成就的标志。

党和国家机构改革，是一场持续的、全面的革命，同样需要有自我革命的勇气与毅力。加强党对各领域各方面工作领导，是深化党和国家机构改革的首要任务。它要求以推进党和国家机构职能优化协同高效为着力点，改革机构设置，优化职能配置，深化转职能、转方式、转作风，形成总揽全局、协调各方的党的领导体系，推动人大、政府、政协、监察机关、审判机关、检察机关、人民团体、企事业单位、社会组织等在党的统一领导下协调行动、增强合力，全面提高国家治理能力和治理水平。

在中国历史上，保持政权稳固、社会长治久安一直是一个极难极大的历史课题。即使有些强大的政权，最后也免不了盛极而衰。习近平总书记指出："从我国历史看，朝代存在时间长的有夏朝四百多年、商朝约六百年、西周约三百年、东周五百多年、西汉二百一十五年、东汉一百九十五年、唐朝二百九十年、明朝二百七十七年、清朝二百六十八年，短的有秦朝十五年、三国六十一年、北宋一百六十七年、南宋一百五十三年、元朝九十年、民国三十八年，其他小朝代昙花一现、朝生暮死不计其数。秦朝、北宋、元朝都曾经是不可一世的强国，但很快就日薄西山。就是那些时间较长的朝代，后期也都是朝政腐败、社会动荡、民怨沸

[1] 习近平.论坚持党对一切工作的领导［M］.北京：中央文献出版社，2019：122.

腾、反抗不断，很多都是苟延残喘、奄奄一息了。这说明，一个政权建立起来后，要保持兴旺发达、长治久安是很不容易的。如果不自省、不警惕、不努力，再强大的政权都可能走到穷途末路。"[1]

马克思主义政党夺取政权不容易，但要巩固政权更不容易，其中的关键是马克思主义执政党自身的因素。习近平总书记从世界上一些社会主义国家和政党演变的教训中得出结论："只要马克思主义执政党不出问题，社会主义国家就出不了大问题，我们就能够跳出'其兴也勃焉，其亡也忽焉'的历史周期率"。[2]

———

[1] 中共中央党史和文献研究院，中央"不忘初心、牢记使命"主题教育领导小组办公室．习近平关于"不忘初心、牢记使命"重要论述选编［M］.北京：党建读物出版社，中央文献出版社，2019：300.

[2] 中共中央党史和文献研究院，中央"不忘初心、牢记使命"主题教育领导小组办公室．习近平关于"不忘初心、牢记使命"重要论述选编［M］.北京：党建读物出版社，中央文献出版社，2019：304.

中国现代化的出场逻辑、历史进程及价值旨归
——基于中国共产党百年奋斗历程的视角

吕　瑶[*]

摘　要：中国现代化发展贯穿于中国共产党人革命、建设、改革的百年历史征程。从出场逻辑来讲，对马克思主义社会发展理论的赓续是其理论基石，对中国优秀传统文化的撷取是其内生动力，对西方现代化模式的反思与超越是其现实根基。从历史进程来讲，百年来，中国共产党领导中国人民探索现代化历经了民族独立、人民解放的救国之路（1921—1949 年），实现了从工业化到自主化的兴国之路（1949—1978 年），开创了中国式现代化发展的富国之路（1978—2012 年）以及开启了全面建设社会主义现代化的强国之路（2012 年以来）四个阶段。从价值旨归来讲，基于马克思主义理论范畴的中国现代化创新发展，为世界发展中国家实现现代化提供了宝贵经验，为探索人类文明新形态贡献了东方智慧。

关键词：中国现代化；中国共产党；人类文明新形态；现代化发展路径

近代以来，以资本单向逻辑为主导的西方模式在世界历史发展进程中占据主导地位，被视为现代化发展路径。作为继承、批判与超越基于西方发展范式的马克思主义社会发展理论打破了西方现代化的话语霸权，揭示了现代化路径是多元而非单一的。诚如法国经济学家托马斯·皮凯蒂（Thomas Piketty）所言："数十年来，中

---

* 吕瑶，中国人民大学马克思主义学院博士研究生，研究方向为党的建设。

国一直在摸索自己的模式，从 19 世纪到 20 世纪西方实践经验的成败中汲取经验教训，同时立足于本国国情，试图寻找一条融合资本主义与社会主义优点的新路。"[1]作为中国现代化事业的核心领导力量，中国共产党在百年苦难与辉煌历程中逐步走出了既体现各国现代化的共性规律，又立足于中国国情的现代化的道路。当前，站在人类文明形态发展的重要关口，基于中国共产党百年奋斗历程的视角，笔者力求探源寻绎中国现代化这一重大命题的出场逻辑、历史进程及价值旨归，在原初语境中汲取党的理论智慧，在动态演化中总结党的经验教训，在回答时代之问中明晰党的价值旨归。

一、中国现代化的出场逻辑

（一）理论基石：对马克思主义社会发展理论的赓续

马克思恩格斯并未明确提出"现代化"这一概念，而是以唯物史观为依托，将现代社会发展，资本主义社会产生、运行规律，人类社会形态演变、未来趋势等置于世界历史范畴中展开研究，认为现代化是特定时代的历史范畴，并非适用于一切社会。[2]笔者认为现代化可具体体现在三个方面：其一，基于唯物主义的视角考察现代化社会的产生。在马克思恩格斯看来，现代社会是在以工业化、生产社会化、社会分工等为主要内容的资本主义生产方式中生成发展的。工业革命推动资本主义世界市场的形成，资产阶级"不断扩大产品销路的需要，驱使其奔走于全球各地"，其结果就是"一切民族——如果它们不想灭亡的话——采用资产阶级的生产方式"。[3]这种世界性扩张的资本主义生产方式将以往因地理而远离的各国家、各民族、各区域强制地凝聚在一起，推动并加速了人类社会的现代化进程。其二，所谓的"现代化"立足于西方的视角而走的道路。马克思曾在《资本

———————

[1] [法]托马斯·皮凯蒂.21 世纪资本论·中文版自序[M].巴曙松，等，译.北京：中信出版社，2014：XV.

[2] 罗荣渠.现代化新论——世界与中国的现代化进程（增订版）[M].上海：商务印书馆，2004：101.

[3] 马克思恩格斯文集：第 2 卷[M].北京：人民出版社，2009：35.

论》中就"何为现代化"给出过相关说明："工业较发达的国家向工业较不发达的国家所显示的，只是后者未来的景象。"[1]该说明为落后国家现代化建设提供了方向指引。但需要说明的是，马克思并非是说工业落后的国家必须照搬工业较发达国家的标准和模式，而是以此作为后来者未来发展的参照系，让其客观地认识本国家、本民族的经济发展过程和演化趋势。[2]其三，对未来社会愿景的科学预测与"现代化"的设想。马克思恩格斯批判了空想社会主义者在单纯的美好想象的基础上对未来社会的设想。当考虑未来能够替代资本主义制度的社会主义和共产主义制度问题时，他们选择的是一种物质主义的路径，认为资本主义社会现实发展状况为他们对未来社会的预测提供了必要的物质财富基础。他们还依据资本主义生产资料私人占有的现实状况，通过对资本主义旧社会的矛盾根源的揭露、批判、分析，预测了未来社会的理想状态，"每个人的自由发展是一切人的自由发展的条件"。[3]

现实是俄国十月革命胜利后，列宁在无任何现成经验和实践样本可资借鉴的情况下，提出了关于落后的东方国家如何独立自主进行社会主义建设的思想，为中国现代化建设厚植丰富了理论滋养。一是在经济方面，"每一种特定的经济形态都应当解决它自己的、从它本身产生的问题"。[4]即在以小农经济为主要形式的东方落后的社会主义国家中，应实行社会化大生产，发展商品经济，为国家现代化建设提供物质基础。二是在政治方面，刚刚成立的不发达国家由于长期受封建官僚主义等思想的影响，为此在实行商品经济的同时应积极发扬社会主义民主，倡导自由、平等的思想。三是在文化方面，列宁强调要在平等尊重的文化交流原则基础上建立无产阶级新文化，主张发展国民教育，着重培养和教育青年。四是在社会方面，列宁致力于农村旧关系的解散和城市新原则的确立，重构了基于德性和才能的人才选拔机制，推动了社会秩序的现代化。

总体而言，马克思是站在唯物史观的立场上，强调在吸收资本主义制度文明

[1] 马克思恩格斯文集：第5卷［M］.北京：人民出版社2009：8.

[2] 丰子义.马克思的社会发展理论与现代化［J］.北京社会科学，1991（2）.

[3] 马克思恩格斯选集：第1卷［M］.北京：人民出版社，2012：422.

[4] 马克思恩格斯选集：第4卷［M］.北京：人民出版社，2012：313.

成果的同时，探索一元与多元、共性与个性、普遍与特殊为一体的现代化发展路径；列宁则是基于本国的经济、政治、文化、社会对生产力落后的俄国进行社会主义现代化建设的综合考察。

（二）内生动力：对中国优秀传统文化价值规范的撷取

现代化的过程是传统与现代双向交互的过程，是在传统基础上进行选择性吸收与创造性转换的过程。"在几千年的历史流变中，世世代代的中华儿女培育和发展了独具特色、博大精深的中华文化。"[1]中华民族在长期的生产生活实践中生产并积淀了丰厚优秀的中华传统文化。其丰富的思想资源、理论精髓和政治智慧，是中国得以进行现代化建设的独特优势。中国现代化需要基于中华民族的自身思维和基本价值，充分挖掘中华优秀传统文化精髓，才能走上自我创新的现代化发展道路。回顾与挖掘古代中国各时期国家制度的治理内涵及精髓，也是挖掘中华优秀传统文化的一部分。夏商周时期，古人就提出了"礼乐"的文明内容，将制度约束与道德规范结合起来。春秋战国，孔子、孟子、荀子等儒学思想家继续维护"礼乐"文明的内核，主张"德主刑辅、礼法结合"的治国方略，即以仁礼为核心，兼顾道德教化和刑法惩罚的作用，促进儒家思想从观念形态转化为制度形态；法家主张变法改制的"法治"理念应时而生。汉朝时期，为有序恢复社会平衡状态，统治者主张约法省刑、轻徭薄赋，起用"清净无为"的黄老学说；董仲舒提出"罢黜百家，独尊儒术"的治国方略，为中国古代封建统治者推崇，使儒家学说在官方意识形态占据主导地位，后朝在此基础上对这一方略不断发展和完善，在一定程度上促进了大一统政治格局的形成。鸦片战争之后，中国人初识现代化这场深刻的社会变革运动，一些知识分子强调要适应现代化必须跳脱出传统的儒学思想框架和狭隘的"夷夏"观。综上，中华民族在历经千年的朝代更替和历史演变后，逐渐建构起系统完备的价值规范，无形中铸牢了中华民族共同体意识，树立了自尊、自信、自立、自强的民族自信心，形成了稳定的价值观、民族观和国家观。对中国优秀传统文化中富有强大生命力的价值规范进行深入挖掘和转化，必将助力我国的现代化征程。

---

[1] 中共中央宣传部.习近平新时代中国特色社会主义思想三十讲［M］.北京：学习出版社，2018：195.

（三）现实根基：对西方现代化模式的反思与超越

从世界历史发展的角度来看，人类社会的现代化进程肇始于以英美等西方国家为代表的资本主义，走出了一条以资本主义工业化、资产阶级民主政治和资本主义制度等为体系的现代化之路，继而形成了在资本逻辑驱动下自诩为"先进文明典范"的西方现代化模式。20世纪后，"现代化"约等于西方经验和"西化"的代名词，催生出"西方中心论""现代化即西化"等论调，似乎西方现代化模式成为诸多发展中国家效仿的绝对样板。在肯定西方现代化进步的同时，也应当对这种建立在奴役、掠夺、战争废墟之上的现代化方式进行反思。一是西方现代化带有贪婪的色彩，以掠夺他国资源为发展条件，以全世界为剥削范围。马克思曾指出："生产剩余价值或赚钱,是资本主义生产方式的绝对规律。"[1]以资本逻辑为主导的西方资本主义列强的现代化发展路径：在发展初期主要依靠侵略扩张和殖民掠夺攫取落后国家的财富；在垄断时期扩大商品市场和原料供给，加剧殖民扩张的同时输出过剩资本，掀起瓜分世界的狂潮；在全球化时代甚至凭借强势地位取得世界经济的主导权和大宗商品的定价权，将大量财富转移至发达资本主义国家，使广大发展中国家难以平等享受发展成果，逐步加剧贫富悬殊和两极分化。二是部分处于追赶型阶段的发展中国家因过度迷恋"发展即增长,增长即富裕和繁荣"[2]的西方现代化模式，过分夸大这一模式的经济和社会效益，而陷入"发展悖论"。如将西方现代化模式奉若神明的部分拉美国家主要通过榨取主义或采掘主义的手段来刺激本国的经济和换取现代化所需的资金和技术，其现代化进程不仅未能加速反而停滞不前，陷入动乱、贫穷、分化、冲突的泥淖之中。

作为人类文明新形态的创造者、探索者和实践者，中国共产党人则在探寻中国现代化道路的过程中既不盲目效仿西方国家的现代化发展模式，也不拒斥人类文明发展的有益经验，在坚持社会主义道路的前提下，独立自主地走出一条符合中国国情赋有中国特色且不同于西方文明形态的社会主义现代化发展新路，这在一定程度上打破了西方中心论的话语霸权，拓展了人类认识和实现现代化的路径选择。

[1] 马克思恩格斯全集：第44卷［M］.北京：人民出版社，2001：714.

[2] 解保军.人与自然和谐共生的现代化——对西方现代化模式的反拨与超越［J］.马克思主义与现实，2019（2）.

二、中国共产党领导中国现代化的百年历程

（一）1921—1949 年：探索民族独立、人民解放的救国之路

诞生于主权危机与政权危机相互交织的 20 世纪 20 年代初的历史现实，决定了中国共产党其从成立之日起，便作为现代化建设的政治主体肩负起了领导中国人民进行反帝反封建斗争的崇高历史使命，在回应"改造中国"的历史使命中力求破解因内在分裂、外在压迫而造成的国家积贫积弱与民生凋敝。在半殖民地半封建社会的近代中国，要实现国家现代化和中华民族伟大复兴的首要目标就是通过新民主主义革命，联合、动员一切民主的力量，使人民彻底摆脱长期受剥削和受压迫的窘境，取得民族独立和人民解放。1922 年 7 月党的二大召开，中国共产党在学习掌握共产国际有关民族和殖民地政策的基础上制定了反帝反封的民主革命纲领，提出要"推翻国际帝国主义的压迫，达到中华民族完全独立"[1]。在具体的革命实践中，中国共产党将自身领导的"中国革命看作是新的世界革命的一部分"[2]，明确革命的领导力量是中国工人阶级唯一的指导者——中国共产党[3]；强调既要组织民主的联合战线，也要联合世界无产阶级。1924—1927 年，国民大革命的爆发，严重打击了帝国主义的在华势力和北洋军阀的独裁统治，但中国现代化进程仍未跳脱出"旧世界"。随后，以毛泽东为代表的中国共产党人在残酷险恶的战争环境及与"左"倾错误进行斗争的艰难探索中，成功开辟了一条体现"中国革命逻辑"的"农村包围城市，武装夺取政权"的崭新革命道路，推动中国革命逐步走向了复兴。在抗日战争和解放战争中，中国共产党带领亿万民众进行艰苦卓绝的斗争，反对一切阻碍中国现代化发展的反革命势力，取得了新民主主义革命的胜利，为新中国的现代化事业奠定了重要基础。面对"中国向何处去"以及"革命胜利后建立怎样的国家"

[1] 中共中央文献研究室，中央档案馆.建党以来重要文献选编（1921—1949）第 1 册［G］.北京：中央文献出版社，2011：133.
[2] 毛泽东选集：第 2 卷［M］.北京：人民出版社，1991：668-669.
[3] 中共中央文献研究室，中央档案馆.建党以来重要文献选编（1921—1949）第 2 册［G］.北京：中央文献出版社，2011：230.

的问题，毛泽东提出要建设一个不同于美国资本主义模式和苏联社会主义模式，且同时"蕴含有新政治、新经济和新文化要素的中华民族的新社会和新国家"[1]的伟大构想。为完成这一艰巨使命，他在1945年党的七大政治报告中明确指出：中国工人阶级必须为"中国的工业化和农业近代化而斗争"[2]。新中国成立前夕，他再次提出要"使中国稳步地由农业国转变为工业国"[3]的目标。鉴于我国的国情，加之当时受苏联经济建设的影响，早期共产党人将现代化最初定格为能够提供强大物质技术基础的工业化，认为中国社会的发展主要依靠工业的发展[4]，将工业现代化与农业近代化（现代化）作为国民经济发展的两大重要任务相提并论，积极探索符合中国国情和时代特征的社会主义现代化工业国。

（二）1949—1978年：实现从工业化到自主四化的兴国之路

新中国成立后，中国共产党人的现代化建设之路是以工业化战略布局拉开序幕的。在探索现代化道路的进程中，党逐渐明确了现代化发展的战略目标、步骤及路径。

其一，战略目标。由发展工业化到自主四化的整体探索。为了避免再次陷入被动挨打的局面，中国共产党提出了要把实现工业化作为开启中国现代化的首要战略目标，把我国由落后的农业国变为富强的工业国。随着国民经济的恢复发展，中国共产党逐渐冲破了唯工业化的思维框架，制定"一五"计划，开启了通过不断编制和实施"五年计划/规划"以持续推动各领域发展的现代化之路，指出国民经济体系除了工业外，还包括农业、商业、科技、文化教育、国防等各个方面。1959年年底至1960年年初，毛泽东进一步指出："建设社会主义原来要求是工业、农业、科学文化现代化，现在还需要加上国防现代化。"[5]此时"四个现代化"的思想首次被较为完整地提出。1964年，周恩来向全国人民正式宣布："要在不太长的时间内把我国建设成一个具有现代农业、现代工业、现代国防和现代科学技术的社会主义

[1] 毛泽东选集：第2卷［M］.北京：人民出版社，1991：663.
[2] 毛泽东选集：第3卷［M］.北京：人民出版社，1991：1081.
[3] 毛泽东选集：第4卷［M］.北京：人民出版社，1991：1437.
[4] 中央文献研究室，编.毛泽东年谱（1893—1949）（修订本）（中卷）［M］.北京：中央文献出版社，2013：528.
[5] 毛泽东文集：第8卷［M］.北京：人民出版社，1999：116.

强国。"[1] 至此，"四个现代化"思想得到正式确立。

其二，战略步骤。提出"两步走"的战略构想。中国共产党人关于我国基本实现现代化时间规划的认识经历了不断深化的过程。1954 年毛泽东在中央人民政府委员会第三十次会议中指出：实现现代化包括两个步骤，一是实现社会主义工业化，需要"大概三个五年计划，即十五年时间"，二是基本实现现代化，"大概经过五十年即十个五年计划"。[2] 1955 年在党的七届六中全会上毛泽东对这一设想进行调整，将建设伟大的社会主义国家由之前的 50 年延长至 75 年。经过一段时间的思考和实践，毛泽东在认识到现代化建设艰巨性和长期性的基础上提出要用一百年的时间实现这一战略构想，试图勾勒出较为清晰的"两步走"的现代化战略蓝图：第一步是建立一个独立的、完整的工业体系和国民经济体系；第二步是力争在 20 世纪末全面实现四个现代化。尽管当时我国经济坚持高速度发展的指导方针，暴露出发展战略的不完善性，但这些探索经验仍为改革开放后邓小平的"三步走"发展战略奠定了实践基础。

其三，战略路径。实施赶超型战略。虽然后起的现代化国家可以选择工业化模式，但如果在国际经济秩序严重不平等的环境下单纯依靠民间分散的资本力量去实现现代化的过程无疑是漫长且痛苦的。由此，百废待兴的新中国在有限的时间内要完成国家的工业化进程，缩短与西方发达国家的差距，实施赶超战略，需要高度依赖计划经济体制。因为只有这种体制和战略，才能快速调配和集中动员各项资源，缩短资本原始积累的周期，保障高积累和社会稳定，实现快速发展重工业的战略任务。时任中央财政经济委员会主任的陈云曾指出："在落后贫困的经济基础上前进，必须尽可能地集中物力财力，加以统一使用。"[3] 其道出中国共产党的一切制度创设都旨在服务于新中国的现代化建设及迫切希望国家经济发展走上正轨。但是这种粗放式、赶超型的战略随着复杂的国际国内环境发生变化，也存在脱离国情、忽视客观经济发展规律的问题。

---

[1] 中共中央党史研究室.周恩来年谱（1949—1976）（中卷）[M].北京：中央文献出版社，1997：696.

[2] 毛泽东文集：第 6 卷 [M].北京：人民出版社，1999：329.

[3] 陈云文选：第 2 卷 [M].北京：人民出版社，1995：61.

（三）1978—2012 年：开创中国式现代化发展的富国之路

党的十一届三中全会开启了改革开放和社会主义现代化建设历史新时期。以邓小平为代表的中国共产党人在科学研判我国国情和准确把握时代发展的任务需要的基础上，将经济建设作为党和国家的工作重心，重新构思中国"整个现代化的蓝图"[1]，创造性地借用"小康"这一凸显中华民族致思特色的传统概念来表达"中国式现代化"。1979 年，邓小平在会见日本首相大平正芳时，首次使用"小康之家"[2]来回应日本首相提出的"现代化之问"。"小康"一词被赋予中国特色的现代化内涵并作为规划经济社会发展蓝图的战略构想。1982 年，党的十二大，建设富强、民主、文明，即包括经济、政治、文化"三位一体"的社会主义现代化国家的总目标得以确定。1984 年，邓小平再次提出"到本世纪末在中国建立一个小康社会"[3]的目标，自此侧重关照经济社会整体发展和民众需求，被称作"中国式的现代化"的"小康社会"的提法便呼之欲出，成为中国共产党治国理政的"新概念"。1987 年党的十三大将现代化总目标与我国现实国情结合起来，进一步设计了中国现代化的"三步走"战略部署——"第一步要解决人民的温饱问题（1981—1990）；第二步要使人民生活总体达到小康水平（1991—2000）；第三步要达到中等发达国家水平，基本实现现代化（2000—2050）"。[4]至此，力求质量并行的现代化战略蓝图渐趋清晰完整，"小康社会"也作为我国未来现代化建设目标被确立下来。世纪之交，在全面对外开放新格局形成的历史背景下，作为人民美好生活重要表征的"总体小康"战略目标，即中国现代化"三步走"战略规划中的前两步已经基本完成，但此时的"小康"还呈现出较低水平、不全面、发展很不平衡的状态，只能基本满足民生结构中托底型需求，仍需从经济、政治、文化方面建设更高水平的小康社会。基于此，党的十五大将"三步走"战略目标中的第三步进行具体细化，首次提出"两个一百年"奋斗目标，形成以时间为节点的新的"三步走"的发

[1] 中共中央文献研究室.邓小平年谱（1975—1997）（上）[M].北京：中央文献出版社，2004：582.

[2] 邓小平文选：第 2 卷 [M].北京：人民出版社，1994：237.

[3] 邓小平文选：第 3 卷 [M].北京：人民出版社，1993：54.

[4] 中共中央党校教务部编.十一届三中全会以来党和国家重要文献选编 [G].北京：中共中央党校出版社，2008：196.

展战略——"人民小康生活更加宽裕（到21世纪的第一个十年）；国民经济更加发展，各项制度更加完善（到21世纪的第二个十年，即建党100周年）；基本实现现代化，建成富强民主文明的社会主义国家（到21世纪中叶，即新中国成立100周年）"。[1]党的十五届五中全会上"全面建设小康社会"目标的提出意味着对"中国式的现代化"要求开始从达标性向优质性发展的方向迈进。伴随着中国共产党"现代化"观念的深化，"小康社会"建设的内涵、标准、阶段及目标随之发生变化，"小康"诉求开始从单向要求向全面发展转变，其战略意蕴也发生多维拓展。党的十七大在原先"三位一体"总体布局的基础上进一步拓展和丰富现代化建设的总目标，将"全面建设小康社会"的内涵广延至以民生为重点的社会建设领域，这标志着中国共产党对包括经济、政治、文化、社会"四位一体"的总体布局、建设富强民主文明和谐的社会主义现代化国家的探索迈向新的台阶。"中国式现代化"从"三步走"到"新三步走"，从以经济建设为中心到"四位一体"的总体布局，正是沿着现代化发展目标总体谋划、循序渐进、接力向前的过程，从新旧融汇中获得新生。

（四）2012年以来：开启全面建设社会主义现代化的强国之路

进入新时代，如何让中国在百年未有之大变局中实现世界现代化强国的目标，成为摆在中国共产党人面前崭新且颇具挑战的重大难题。与此前的过程相比，新的战略目标必然随着现代化实践的积累不断具体化和精确化，其战略安排也更加偏重整体设计和系统布局。

党的十八大以来，以习近平同志为核心的党中央通过总结我国经济社会发展实践和阶段性特征，从人民需要的角度出发，在"四位一体"总体布局的基础上谋划了囊括"生态文明建设"在内的"五位一体"的现代化建设总体布局。这既是寻求经济增长与生态保护的平衡点，也是党依靠人民进行社会主义现代化建设的重要保障。

党的十九大报告中习近平总书记以新发展理念为引领，继续坚持科学规划、系统推进的原则，向全党全社会提出要"全面建设社会主义现代化国家"的宏伟目

---

[1] 中共中央党史和文献研究院.改革开放四十年大事记［M］.北京：人民出版社，2018：48-49.

标，强调要实施自主创新发展战略，并将原定的基本实现现代化战略目标的时间由本世纪中叶提前至 2035 年，首次对小康社会全面建成后的三十年奋斗目标进行阶段性划分，作出分两个阶段推进现代化进程的战略安排，即前十五年的目标是在统筹推进"五位一体"总体布局前提下基本实现社会主义现代化（2020—2035）；后十五年的目标是在各项建设全面提升的基础上力求把我国建成富强民主文明和谐美丽的现代化强国（2035—2050）[1]。"两个十五年"目标的提出正是中国共产党人在充分认识当前经济发展客观实际基础上作出的全方位战略部署。

　　党的十九届五中全会乘势而上开启了第二个百年的宏伟篇章，中国共产党统筹谋划了未来五年即"十四五"时期经济社会发展的总体目标、战略思路等，更加清晰具体地擘画了未来十五年即到 2035 年基本实现社会主义现代化国家时间表和路线图等远景目标。五年规划与远景目标相互衔接、有机结合，为迈向社会主义现代化强国提供了程序化、规范化的战略依据。作为由传统向现代转型的最新载体，全面建设社会主义现代化国家迸发出新的时代意涵。其中"全面"意味着国家的全面现代化，强调要坚持系统观念，不再执着于速度和总量等单一的经济指标，注重讲求发展的系统性、协调性与可持续性，推进"新四化"即"新型工业化、信息化、城镇化、农业现代化"[2]同步实现，全方位提高现代化建设的质量水平。"建设"重在表征过程与结果的内在统一，包括量的积累到质的飞跃的过程，同时根据社会主要矛盾的变化，现代化领域的扩展以及实践理念的更新，遵循可持续发展的实践原则，突出高质量发展这一主题，做到因时而变、因势利导、因地制宜，有力破解"卡脖子"难题，力求在"中国之制"基础上全面实现"中国之治"。"全面建设社会主义现代化国家"是以人民为中心的价值理念，与系统、安全的实践理念相统一的"更高水平"的现代化，强调覆盖的领域要全面，要以同步、共进的方式弥补经济、政治、文化、社会、生态"五大领域"的短板，促进社会全面进步，避免因"短板效应"而暂缓现代化进程；强调共享现代化成果的人群要全、要广，不断增

[1]　中共中央党史和文献研究院，编. 十九大以来重要文献选编（上）[M]. 北京：中央文献出版社，2019：20.

[2]　《中共中央关于制定国民经济和社会发展第十四个五年规划和二〇三五远景目标的建议》辅导读本[M]. 北京：人民出版社，2020：15.

强人民的幸福感、获得感和安全感，有力促进人的自由全面发展。

三、中国共产党领导中国现代化的价值旨归

（一）中国现代化是基于马克思主义理论范畴的创新发展

"没有革命的理论，就不会有革命的运动。"[1]中国现代化对科学理论的实践需要是作为"时代精神的精华"和"科学的世界观和方法论"的马克思主义理论在中国发展的重要前提。在马克思主义视野外去谈论现代化，容易停留在空洞抽象的自由平等概念抑或着眼于各种社会指标，这本身就是对现代化的曲解。当前，可以从马克思主义社会发展理论、唯物史观以及自由人的联合体三重视阈理解中国现代化的价值意蕴。

其一，中国现代化是马克思主义社会发展理论的时代彰显。170多年前，面对由工业革命和政治革命运动兴起所带来的社会变革，马克思主义社会发展理论着眼于世界历史趋势和人类根本福祉，以严谨缜密的逻辑揭示了历史发展的一般规律。在此基础上通过对资本主义旧世界的深刻剖析阐发共产主义新世界的特点，马克思主义社会发展理论为中国现代化发展提供了可资借鉴的理论指导。用世界社会主义500年、国际共产主义运动170多年的大历史观视之，当下的世界历史依然处于马克思主义所指明的历史时代，资本主义必然灭亡，社会主义必然胜利是人类历史发展的必然趋势。建党百年来，中国共产党逐渐深化认知并始终坚持这一人类社会发展一般规律，始终坚持社会主义的现代化方向，并在探索实践中不断赋予现代化建设以更加丰富、趋向全面的价值目标。

其二，马克思主义唯物史观是中国现代化建设的理论源泉。作为世界现代化进程中的后进国家，中国现代化的独特之处在于坚持唯物史观的基本原理，而不是历史宿命论、目的论的抽象成果，始终强调历史是人民创造的，不断超越现行资本逻辑主导下的全球治理体系的剥削本质，并在坚持马克思主义和科学社会主义基础上

[1] 列宁全集：第6卷［M］.北京：人民出版社，2013：23.

探索一条符合中国国情和彰显中国特色的新型现代化之路。

其三，中国现代化蕴含人的自由全面发展的价值旨归。在以资本逻辑为主导的西方现代化进程中，资本剥削的本性致使现代化道路上的自由发展只属于少数资产阶级，绝大多数人处于人格依附、劳动不自由的状态。现代化在马克思主义问世后便获得了崭新意涵，人的自由全面发展成为其核心议题和理论归宿。"现代化本质是人的现代化"，是不断实现自由全面发展的人的现代化（即具备全面的属性、才能、创造、联系和享受的人）。中国共产党在长期的社会主义现代化建设实践中不应忽略具体的历史的人在社会发展中的主体地位和作用，始终坚持人民作为权力主体（保障人民当家作主）、创造主体（尊重人民首创精神）、价值主体（人人共享发展成果）、评判主体（恪守人民评判标准）的统一。

（二）中国现代化为世界发展中国家走向现代化提供宝贵经验

在世界现代化进程中，"推动一个国家实现现代化，并不只有西方制度模式这一条道，各国完全可以走出自己的道路来"。[1]基于资本、劳动人口、国家的关系来看，世界先后形成过以资本利益为驱动的"英美模式"和以国家政权为核心的"苏联模式"。前者主要依靠殖民扩张等剥削方式起家，在"利润第一主义"的驱使下，资本家对物质财富无休止的追求使广大劳动者束缚于看似合理的"枷锁"中无法自拔。"二战"后，即使科技进步、劳资关系缓和、工人的劳动和生活条件改善，也难以改变资本支配国家和劳动人民的实质。后者是以国家政权为主导、以快速实现工业化为主要目标的现代化模式，作为一种战时体制，其过多强调国家的绝对支配权。斯大林之后，苏联领导人针对苏联模式的弊端开展了一系列改革与探索，但因偏离指导思想以及改旗易帜，最终背离改革的初衷。

相比之下，与资本主义现代化有时空并存的中国现代化（即全面发展、进步的社会主义现代化），强调劳动对国家和资本的主体地位，通过有效利用资本使社会经济发展真正服务于人民，其追求的是促进人的自由全面发展而非少数人片面发展的现代化，其倡导的是"合作共赢"而非"国强必霸"的现代化，为世界发展中国家实现现代化提供了宝贵经验，突出表现在：

[1]　中共中央文献研究室.习近平关于社会主义政治建设论述摘编［G］.北京：中央文献出版社，2017：7.

其一，国际减贫事业方面。被国际社会曾一度倡导的"财政脱贫""福利补偿""涓滴效应"等减贫方案在实践中收效甚微、难以为继，贫困问题仍长期是困扰现代化起步较晚、发展缓慢的广大发展中国家的"阿喀琉斯之踵"。面对世界性难题，百年来中国共产党带领中国人民探索出一条以党的领导为根本保证，以人民群众为内生动力，以精准扶贫为重要法宝，发挥政府、市场、社会多元主体共同参与的中国特色减贫之路，实现了消除绝对贫困的千年梦想，中国经验可为其他发展中国家提供有益借鉴。

其二，生态文明治理方面。中国在历经工业发展和经济结构转型的阵痛后根据自身要素、条件以及比较优势逐渐探索出一条生态文明之路：秉持人与自然和谐共生的价值理念，内蕴生态文明法律体系的制度保障，力求在发展中建设"美好地球家园"。为广大发展中国家破解生态环境危机、推动生态治理现代化树立中国样板。

其三，新型国际关系方面。当前，百年未有之大变局与新冠肺炎疫情交互叠加，世界不确定、不稳定因素明显增多，为契合广大发展中国家各民族平等生存的内在要求，纾解不同利益主体间的矛盾冲突，中国共产党始终坚持以马克思主义国际观为指南，积极倡导构建以和平、稳定、公正、合理为核心内容的国际新秩序，通过政治磋商、外交对话等和平方式为国际关系和全球治理体系的合理化、稳定化奠定方法论前提。

（三）中国现代化为探索人类文明新形态贡献东方智慧

中国共产党领导的中国式现代化是开启人类文明新形态的重大实践成果。近代以来，西方资本主义迫使中国人民在"屈辱""苦难"中卷入由西方开启并主导的现代化浪潮中。为拯救民族国家危机，农民阶级、地主阶级洋务派、资产阶级改良派与革命派等多方寻求救国救民的真理和变革图强的出路。从洋务运动的"师夷长技""中体西用"到戊戌变法的"君主立宪""会通中西"，再到辛亥革命的"推翻帝制""建立共和"，种种探索屡屡碰壁、各种方案纷纷破产。伴随着中国共产党的历史性出场和主导性推进，历经革命、建设、改革百年征程的中华民族迎来了从站起来、富起来到强起来的新转机。相较于资本主义现代化而言，肩负着民族复兴历史使命的中国现代化展现出蓬勃生机，为人类文明繁荣发展贡献了中国智慧。

一是中国现代化始终秉持独立自主、和平发展的原则。回望历史，源于对深深熔铸在中华民族血脉之中的"和合"文化传统的继承与弘扬,中国现代化建设不仅强调要保持独立自主的发展原则,而且主张要建立和平发展的国际秩序。在瞬息万变、纷繁复杂的国际局势中保持独立自主发展的同时,中国更以其先进的技术和发展理念带动世界上其他国家走上现代化发展的快车道,体现了负责任的大国形象。

二是中国现代化始终奉行兼容并包的对外开放理念。从世界现代化进程来看,适应全球化趋势的开放理念始终是历史发展的潮流。中国共产党在推进中国现代化过程中,始终坚持"开放包容、多元互鉴"的交往原则,深入实施"一带一路"建设,积极推动全球治理与合作,努力将自身发展与世界发展联系起来,变一国利益之"独奏曲"为各国利益之"交响乐"[1],进而为人类文明发展提供可靠保障。

三是中国现代化蕴含人类命运共同体的价值情怀。人类命运共同体是以中国为主要代表的发展中国家运用中国智慧提出的能够包容世界各国共同利益与价值理念,应对全球变局与推进全球治理的成功范例,是对具备物质基础的东方国家进行非西方式社会主义现代化发展道路实践探索的价值凸显。在全球化高速发展的当下,中国共产党领导的中国现代化超越了"一国独霸"或"几方共治"的西方逻辑,摒弃"零和博弈"的狭隘思维,始终不忘与世界其他国家开展平等对话交流,达成良性互动,促进合作共赢,为人类文明发展注入新动能。

总之,中国现代化建设既独具中华文明特色,又吸收人类文明精华,既是中国共产党人实现长远发展的战略构想,又是中国与世界共同发展的实践成果。当前,世界大变革促使人类社会再次走到历史向何处去的十字路口,中国共产党基于中国国情所领导的新型现代化应以更加成熟、饱满的姿态切中肯綮地把握并最终完成人类文明形态的变革,为探索具有强大生命力的人类文明新形态贡献中国智慧、中国方案。

---

[1] 吕瑶.全球化视阈下人类命运共同体的多维构建[J].齐齐哈尔大学学报(哲学社会科学版),
2017(12).

从"劳工神圣"到"大国工匠精神"：
中国共产党劳模精神的百年建构与嬗变[*]

从"劳工神圣"到"大国工匠精神"：
中国共产党劳模精神的百年建构与嬗变[*]

明　芳　石　路[**]

摘　要：自中国共产党成立百年来，劳模精神的内涵经历了从"劳工神圣""劳动英雄模范精神""工农兵劳动模范精神""弄潮儿劳模精神"到"大国工匠精神"的演进历程。其具体内涵从对"知识与劳动"范畴的深刻反思、英雄劳模英勇抗敌、又红又专进行社会主义改造、敢干实干推动社会主义改革到"国之重器"担当实现中华民族伟大复兴中国梦的嬗变。在"双循环"的背景下，考察中国共产党百年来劳模精神的历史演进及其建构逻辑，探究这一精神特质由"旧"到"新"映射的时代烙印，由"点"到"面"反映社会文明风尚的价值规约，由"单向"到"多维"建构历史使命与时代精神的时空契合，将为中国共产党迈入第二个百年新征程注入鲜活持久的精神动力。

关键词：中国共产党；"劳工神圣"；"大国工匠精神"；劳模精神；劳模形象

在社会主义运动史、中国社会主义革命、建设与改革进程及中国共产党伟大的

---

*　本文系 2021 年新疆维吾尔自治区研究生科研创新项目"从'劳工神圣'到'劳模光荣'：中国共产党劳模精神话语的百年建构与嬗变研究"（编号：XJ2021G235）和 2020 年度新疆师范大学博士研究生科研创新基金项目"列宁的'灌输理论'及其当代价值研究"（编号：XJ107622008）的阶段性研究成果。

**　明芳，讲师，新疆师范大学马克思主义学院 2019 级博士生；石路，新疆师范大学教授，博士生导师。

百年实践中,劳模精神不断演进成独特的精神样态。中国共产党章程中写明:"中国共产党党员永远是劳动人民的普通一员。"[1]波澜壮阔的中国共产党百年历史就是劳动人民百年奋进的历史,其间涌现了出一代代劳动模范,孕育出了不同特质的劳模精神。作为被特定时代标记的劳动模范所特有的精神禀赋,折射出一定历史时期下特定阶级品质和精神坐标,"起到了积极典型的引领'导航'作用"[2]。在中国共产党革命精神谱系中,劳模精神历来都是中国共产党政治话语和意识形态建构的重要资源和思想命题。

在党的百年成长历程中,劳模精神赓续彰显出特定时代烙印的人民精神,反映了特定时代国家和社会公共道德取向和个体人生价值观。劳动模范及其本身客观存在的劳动价值观向度、劳动气质和劳动态度,到以一定独立意义的"实践化""人格化"范式内蕴的劳动模范群体精神特质,融入了中华民族精神与改革创新时代精神,逐渐成为当代中国主流意识形态精神谱系的核心价值观。回顾建党百年来劳模精神的历史建构与内涵嬗变历程,该精神从中国共产党建党初期的概念演变到新时代马克思主义话语下劳模精神,从中把握劳模精神演进的内在脉络规律,理解劳模精神历史使命,重塑新时代劳模精神,将为党迈入第二个百年新征程注入鲜活的精神动力。

一、建党百年以来劳模精神演进历程

建党百年来,劳模精神经历了从"劳工神圣""劳动英雄模范精神""工农兵劳动模范精神""弄潮儿劳模精神"到"大国工匠精神"的演变,其具体内涵从对"知识与劳动"的深刻反思、英雄劳模英勇抗敌、又红又专进行社会主义改造、敢干实干推动社会主义改革到"国之重器"担当实现中华民族伟大复兴的中国梦的演进与转变。

[1] 中国共产党章程[M].北京:中共党史出版社,2017:12.
[2] 韩承敏.改革开放40年劳模文化变迁的历史逻辑[J].学校党建与思想教育,2018(22).

（一）劳工神圣：中国新知识分子自我批判与选择

十月革命的胜利开辟了人类历史新纪元，标志着阶级社会以来劳动者摆脱了处于社会底层被剥削压迫的命运，彻底获得劳动解放。受国际劳工运动的影响，20世纪初具有高度自我批判精神的新知识分子，开始对"知识与劳动"这一对古老命题进行深刻反思。古代中国封建社会中拥有特权地位、掌握话语权的"权贵学阀"，垄断教育资源"学而优则仕"的八股知识分子遭到新知识分子的激烈批判和坚决抵制。新知识分子秉持"劳动人民代表着未来、决定人类发展的新方向"的观点，施之以"官学"以外的知识分子理解支持，对以体力劳动为生的底层劳动者满怀尊崇。20世纪初，中国新知识分子目光下移，对于底层劳动人民的关注与同情，是当时公民教育、爱国运动等现代文明因素的文化符号体认。1918年，蔡元培倡导"四民皆工"，在中国近现代史上第一个呐喊出"我们要自己认识劳工的价值。劳工神圣！"的口号，推动了近代劳动观念和劳动价值观的转变与实践。1920年5月1日李大钊在《新青年》劳动纪念号上刊发《"五一"May Day运动史》，进一步将"劳工神圣"的口号传播开来。"资本主义失败，劳工主义战胜"这则预言式宣言，是马克思主义中国化的第一人李大钊的洞见。这两位革命先行者的宣传呼吁和历史性预见，标志着中国近现代史上"劳工神圣"的思潮自此掀起，为劳模精神的形成与凝塑拉开了时代序幕。

"劳工神圣"作为五四文化的重要思想命题，以中国传统伦理文化为底蕴，吸收整合西方现代思想，从而在五四时期引发思潮激荡，呈现出该命题由无政府社会主义概念嬗变为马克思主义话语的思想史轨迹[1]。然而在中国共产党领导新民主主义革命前，社会上尚未形成宣传推崇劳模的风尚，中国新知识分子也未曾树立劳模典型。"劳动神圣"口号的提出，扩大了无产阶级革命统一战线基础，为初步构建具有社会主义意识形态话语逻辑的劳模形象和劳模精神、为中国共产党领导无产阶级革命运动取得胜利积蓄了思想和组织能量。

（二）劳模英雄精神：根据地抗战时期夺取革命胜利的中坚力量

沿着李大钊"为无产阶级和人民大众谋福利"的新伦理思路，毛泽东在"劳工

---

[1] 李双，杨联芬.从"四民皆工"到"工人阶级"——"劳工神圣"观念的形成与语义嬗变［J］.探索与争鸣，2019（12）.

神圣"基础上，党提出"'为人民服务'是社会主义、共产主义道德规范的核心"[1]的根本宗旨。在党的新伦理思想指引下，中央革命根据地上杭县才溪乡组建了为帮助红军家属克服生产困难的"耕田队"，创建了中央革命根据地第一个劳动互助组织。1931年，中华苏维埃共和国临时中央政府成立后，劳动竞赛在中央苏区内各农业生产合作社、厂矿企业如火如荼地开展，"对超额完成生产任务的给予精神和物质奖励或送上红榜"[2]，这标志着在中央苏区公营企业中诞生了中国共产党历史上最早的劳模群体。中央革命根据地农业生产迅速恢复发展，极大地提高了劳动生产率，为巩固工农政权起到了堡垒作用。

　　抗日战争爆发后，为最大限度地发动群众参加劳动生产、壮大有生力量支持边区抗战，中央苏区开展以"服务军事，支援战争，保家卫国"为指导思想的大生产运动，奖励劳动英雄及模范工作者，持续激发了边区人民群众的劳动生产热情。陕甘宁边区劳动英雄模范的群体精神品格，在群众中树立起了"劳动最光荣"的劳动观念，触及中国最底层劳动群众的敏感神经，从而引发群众开展了自下而上的思想革命。另外，在具体的社会生产劳动的革命和改造中，全方位的劳模英雄群众运动产生了以下转变：从个体生产自足到社会生产生活全领域改造；从单维增量到多元提质；由自上而下的被动应循到自下而上的自觉担当；由单纯性革命生产竞赛演进到以"革命型和创新型"的战争时代劳模。这些转变都折射出时代的烙印。

　　这场20世纪30年代的群众运动，是劳动人民攻克经济困难的"新劳动者运动""增产立功运动"。以革命性为特征的劳动英雄和先进生产者，作为一个全新的社会群体，在中国共产党领导的社会主义革命战争年代首次被塑造出来。"为革命献身、革命加拼命、苦干加巧干、经验加创新"[3]，则是在这一群体中焕发出的劳模精神。劳动英雄模范的树立极大地调动了陕甘宁边区军民劳动生产、工作及斗争的主动性和积极性，为中央革命根据地的农业生产迅速恢复发展、巩固工农政权，发挥了坚强堡垒作用，为赢得更广泛的统一战线和执政基础及抗日战争和新民主主义

［1］　王永祥.从"劳工神圣"的新伦理到"为人民服务"的根本宗旨［J］.河北青年管理干部学院学
　　　　报，2003（4）.
［2］　中央苏区工运史征稿协作小组.中央革命根据地工人运动史［M］.北京：改革出版社，1989：80.
［3］　王永玺，张晓明.简述中国劳模的发展历史［J］.北京市工会干部学院学报，2010（9）.

革命最终胜利起到了极大的推动作用。

（三）工农兵劳动模范精神：新中国成立初期劳模经济与政治效应

"劳模形象变迁与国家意识形态建构之间不断发生着胶合与同构。"[1]新中国成立初期，为迅速凝聚力量、团结民心，劳模经济建设效应和劳模政治形象的意义被逐渐放大。1950年9月，新中国首次召开了具有继往开来历史意义与时代风向价值的全国战斗英雄代表和全国工农兵劳动模范代表会议（以下简称"英模表彰大会"）。此次会议为全面开启社会主义建设与社会主义"三大改造"拉开序幕，既是首次对在社会主义革命与生产建设中作出巨大贡献与牺牲的英模典型的全国性选树表彰奖励大会，也是一场洋溢革命英雄主义精神的政治检阅，更是总结社会主义革命和开启社会主义建设的划时代盛会。

此次英模表彰大会进一步激发了广大劳动人民群众心系新中国伟大建设、热爱新生活，奋不顾身地投入新中国社会主义建设的热情。为优秀群众代表的劳动英模，在新中国成立初期伴随社会主义改造顺利完成至"文化大革命"前的政治生活中，最大限度地发挥了不可替代的社会动员政治效应。为应对社会主义经济建设面临资金严重短缺、投资和专用设备数量紧张的严峻形势，发挥产业劳动工人主体主观能动性的重要性。为宣传具有"团结苦干、大无畏的敢啃硬骨头"奉献精神的先锋劳模形象，在新中国逐步全面开启社会主义建设进程中的引领效应显得越来越突出。

20世纪50年代至70年代，我国工人阶级中率先涌现出王进喜、时传祥、张秉贵等先锋劳模形象，展现出硬骨头精神，为社会主义建设时期坚持独立自主的发展道路提供了不竭的精神动力。这一时期，劳模选树与评选、劳模精神的凝塑与宣传已初具雏形。劳动模范评选和劳模精神凝塑作为沟通国家意识形态和民众意识的桥梁，彰显出党和国家对劳动人民及其创造的劳动价值的赞誉与肯定。凝塑劳模精神促进了国家意识形态与群众政治意识整合，显示出社会主义国家的文化特质和制度的优越性，保障了新中国成立初期国家的政治稳定、经济发展和社会安定，有助于实现集中力量办大事的国家利益最大化和劳动群体经济效应与政治效应的最大化。

---

[1] 张明师.胶合与同构：劳模形象变迁与国家意识形态［J］.学术论坛，2012，35.

（四）弄潮儿劳模精神：敢干实干的改革开放时代领跑者

党的十一届三中全会召开后，党和国家重心实现了从"以阶级斗争为纲"到"以现代化经济建设为中心"。国家初步呈现出安定团结、生动活泼的局面，"对改革开放时期劳模成长也产生了深远的影响"[1]。

随着社会主义市场经济的逐步孕育，科学技术力量越来越强。邓小平关于"科学技术是第一生产力"的论断，起到了重新审视知识分子与科技人员的关键作用。彼时社会主义主流意识形态也亟须在改革开放价值观多元化的洪流中不被裹挟，始终保持主导地位，弘扬时代正能量。凝塑于改革开放时期工人阶级之中，敢干与实干的劳模精神应运而生。"弄潮儿"时代，劳模犹如一种精神符号和一面旗帜，上升为广大劳动群众的伟大品格与力量化身，领跑示范改革开放时代主流文化价值取向。这一时期劳模评选活动和劳模精神的弘扬，引发了"知识与价值"成为全社会共同关注的话题。新中国成立初期，忠诚于党和国家事业的老一辈劳动英模响应"弄潮儿劳模精神"再度起航；肩负社会期望和时代责任，生于红旗下、长在改革春风新长征中的各行各业劳动者以"敢干实干劳模精神"践行"以经济建设为中心"的总目标，发挥工作干劲。"弄潮儿"引导的"有为有位"的社会氛围，"弄潮儿"引航改革开放时期中国经济社会发展的新轨迹，展现出了这一时期敢闯敢干、与时俱进的劳模形象。

在"知识与价值"成为全社会共同关注的话题的影响下，知识分子劳动模范在经济生产领域和社会动员中的贡献被进一步宣传与推崇。具备建设性与发展性的"弄潮儿"，作为改革开放时代领跑者带领各行各业劳模的工作积极性空前高涨。劳模精神所蕴含的文化基因代际传承，成为改革开放时期社会文明进步的精神丰碑："爱岗敬业、为国为民、勇于改革"的报国理想是这一时期的劳模任务；"实干巧干、争创一流、开拓创新"是这一时期选树劳模的主要标准；"艰苦奋斗、甘于奉献、淡泊名利"的"老黄牛"精神是这一时期劳模精神的主要特征。

（五）大国工匠精神：新时代中国创新创造带头人

作为行为个体的工匠，其本身兼具类本质的集体精神，形塑与传承工匠精神这

---

[1]　韩承敏.劳模的力量［M］.南京：南京大学出版社，2013：54.

种集体价值观，亦是其内蕴精神要义的行为主体和重要载体。党的十八大后，随着新时代劳动样态的嬗变，劳模形象、劳动精神、劳模精神、工匠精神也被赋予新的时代要义、新的政治旨趣和新的实践指向，在中国共产党治国理政的逻辑理路中赓续与布展。生发于中华文明传承与现代社会进步的"大国工匠精神"，其精神实质不仅是精益求精、一丝不苟的内涵释义，更是对个人价值和社会价值关系的重新定义。工匠个体的"小我"突破"单位社会"的思维限制，其对卓越精湛技艺的追求与教育训练的外延，统一于新时代工匠个体的"大我"情怀中，统一于新时代中国精神的价值旨归中，体现出广大劳动者的政治本色、价值取向和光荣传统，构筑起新时代的中国价值和中国力量。新时代劳模形象、劳动精神、劳模精神和大国工匠精神的弘扬，成为新时代劳动者在具体生产实践中践行社会主义核心价值观的现实体认。

"中国梦是每一个人的梦""幸福都是奋斗出来的"，这些话语都是习近平总书记寄予新时代人民厚望的深情表达。新时代属于每一个接续奋斗者，其最终实现都要落实在每一个产业的具体领域和具体建设上，见证于每一位基层劳动者的工作中。"弘扬劳模精神和工匠精神是推动供给侧结构性改革的破题之要。"[1]虽然在某些特定工作内容和工作形态中，工匠个体可以为机器所取代，但工匠精神作为推动现代社会文明进步、创造人类品质生活、传承人类文明的精神法宝，不会也不可能被机器超越或替代。具备劳模精神和"大国工匠精神"的基层劳动者，正是实现中华民族伟大复兴的中国梦的坚强基石。

中国共产党百年接力的伟大进程进一步表明，新时代"大国工匠精神"绝非是对传统工匠技艺的单纯回忆。尤其在当前"双循环"新发展格局的背景下，对工匠职业道德的深情呼唤，是国家和社会形成"大国尚技"的共识、提升国家软实力之重要所在。从传统制造业到新兴制造业，从工业经济到数字经济，"大国工匠"始终是中国制造业的"国之重器"，是创新创业的重要精神动力，是孕育"国之重器"、支撑中国梦及中华民族伟大复兴的力量源泉。中国制造、中国创造需要培养更多高技能知识型人才，需要秉持马克思劳动价值观，弘扬"大国工匠精神"，激

---

［1］　吕守军，代政，徐海霞.论新时代大力弘扬劳模精神和工匠精神［J］.中州学刊，2018（5）.

励更多的劳动者，特别是青年才俊走上技能成才、技能报国之路。

二、从"劳工神圣"到"大国工匠精神"的历史演进逻辑

劳动模范作为弘扬中国精神、凝聚中国力量的先锋，是历史变迁与时代变革的见证者与开拓者。建党百年来，依附于某一历史场域从事具体劳动生产实践的劳动模范群体中的劳模精神，"历来都是中国共产党政治话语和意识形态建构的重要资源"[1]。劳模形象及其精神凝塑于中国特色社会主义建设"以马解马"的话语谱系中，并占据着重要位置。如果我们将从"劳工神圣"到"大国工匠精神"表征下的劳动精神和劳模精神，置于社会变迁和政治发展历史进程中考察，其演进逻辑：由社会主要矛盾推动转化，由"旧"到"新"的转折；由"点"到"面"的社会文明风尚价值规约转变；由"单向"到"多维"的历史使命与时代精神时空契合。

（一）由"旧"到"新"：社会主要矛盾转换

中国自农耕文明时代始，统治阶级就占据绝对的经济地位和政治话语权。劳动者尤其是体力劳动者的社会地位极其卑微，可谓"劳心者治人，劳力者治于人"。由"劳力者治于人"到"劳工神圣"再到新时代习近平总书记提出的"劳动精神"和"大国工匠精神"，彰显了因社会主要矛盾发生变化而导致劳动精神内核的嬗变。五四新文化运动时期，基于体察封建主义和人民大众间不可调和的社会矛盾，中国新知识分子改造社会的思想观念发生巨大转折。他们目光下移，选择与工农阶级等底层劳动者相结合的社会主义道路，提出"劳工神圣"口号和"知识与劳动者相结合"思想。这一批新知识分子期望实现"劳工"的现代性转变，达到推翻或改变封建制度的目的，推动中国社会现代化改造运动的发展。抗日战争和新民主主义革命时期，"劳模英雄"的诞生无疑是帝国主义与中华民族这一社会主要矛盾运动下的产物。中国共产党面临抗敌救国和陕甘宁边区革命根据地建设的双重任务，实施构建边区政府民主政权，开展劳动互助和劳模评选活动，改善边区民众生活、巩固边

---

[1] 刘佳.社会主义国家建设视野下劳模精神再阐释［J］.内蒙古社会科学（汉文版），2019，40（5）.

区政府支持抗战，"劳动新人""劳动英模"喷涌而出。新中国社会主义改造基本完成后，国内主要矛盾体现为人民对于建立先进工业国的要求同落后农业国的现实之间的矛盾，以及人民对于经济文化迅速发展的需要同当前经济文化不能满足人民需要的状况之间的矛盾。因此各级组织在各行业体系内，大力开展劳模表彰大会，总结革命劳模经验，宣传劳模事迹及劳模精神，树立劳模典型，旨在巩固社会主义改造成果，为社会主义建设服务。

改革开放后，市场经济进一步活跃，"人民日益增长的物质文化需要同落后的社会生产之间的矛盾"成为社会主要矛盾。这一时期，"知识与价值"的创新创造力量在推动社会进步中起到中流砥柱的作用，同时在工人阶级中推崇"敢干与实干"劳动模范精神。当前，中国特色社会主义发展进入新阶段，"人民日益增长的美好生活需要和不平衡不充分的发展之间的矛盾"上升为社会主要矛盾。旨在满足高素质产业工人队伍需要，适应推动中国制造走出国门以提高国际竞争力，满足个性定制化生产需要，服务于我国现代化强国建设的新时代大国工匠精神应运而生。大国工匠精神自此成为大国文化自信的必然选择和要求，作为传统职业精神的至纯积淀与极致体现，其成为激励、鼓舞新时代劳动者实现中华民族伟大复兴的中国梦的强大精神力量。

（二）由"点"到"面"：社会文明风尚的价值规约

在政府或国家不能发挥主导作用而需要联合行动的生产领域或社会其他领域，社会整体价值观彰显人本价值、实力基础、文明特征、自主发展和幸福目标，为国家治理策略提供价值向度和尺度规约。"在社会主义体制下，劳动是政党执政和国家治理的基本方略。"[1]"公民政治意识和国家意识形态在社会主义国家从根本上是一致的。"[2]在新时代人民日益增长的美好生活需要和不平衡不充分发展之间的矛盾背景下，劳模精神、大国工匠精神作为公民政治意识与社会主义国家意识形态在根本上具有同构性，成为国家意识形态层面的价值引领及文化映射。党和国家通过选

---

[1] 刘佳.社会主义国家建设视野下劳模精神再阐释［J］.内蒙古社会科学（汉文版），2019，40（5）.

[2] 李朝祥.公民政治意识和国家意识形态的背离与整合［J］.南京邮电大学学报（社会科学版），2007（4）.

树模范进行先进典型的正面教育，作为一种突出的社会核心价值宣传引导范式，能够有效引导社会普遍遵循的价值理念，达到以点连线、由线及面广泛发动群众的宣传教育目的，形成社会文明风尚的价值规约力。

"典范教育"的模式、"典范精神"的凝塑与宣传，从中国共产党建党初期一直沿用至今。在抗日战争和新民主主义革命时期，面临抗敌救国和建设边区革命根据地的双重任务，中国共产党领导边区革命政府，将中国传统典范教育与整体发动军民革命动员活动有机结合，创新了边区根据地社会治理模式。这种正反两面的"典范教育"模式的生动实施，由"典型"到"大众"、由"点"及"面"的社会治理策略，与改造"二流子"、塑造"劳模英雄"活动交织展开，成功教育了边区根据地群众，并促使他们向着"劳模英雄"的革命要求转变。从"劳工神圣"口号到"劳模英雄精神"的革命实践，到"工农兵劳模精神"激发起社会主义建设热情，到"胆子再大一点，步子再大一点"的"敢干实干劳模精神"，再到"双循环"格局下的"大国工匠精神"，对推动劳动生产、塑造行业精英、激发群众志愿行动、改善社会民主基础、强化社会核心价值都具有重要的积极作用。

（三）由"单向"到"多维"：历史使命与时代精神的时空契合

身处"领域分离"与"结构转型"的社会实践结构性巨变时代，复杂现代性成为中国现代化进程的整体特征[1]。现代性是整个人类社会发展的规律。每一时期的劳动模范承担不同的历史使命，劳模精神同样被赋予时代印记。劳模精神在人们脑海中的符号形象及其嬗变轨迹，本质上体现出现代化进程维度的话语逻辑重构，彰显出时代所赋予劳动人民的阶段性和长远性的历史使命，合乎历史使命与时代精神自洽，对助推国家现代化进程具有深远意义。

五四时期新知识分子提出"劳工神圣"的口号，对传统"知识与劳动"进行深度思考，引导和改造国民付诸实践，探索国家现代性发展变革的实践路径。随着马克思列宁主义进一步传播，革命派改革者提出通过"不破不立""不塞不流""不止不行"等革命方式，建立一个"新中国"。以中国共产党成立为转折点，中国现代性发展方向由"仿效英美"的"变法图强"，转变至"以俄为师"的社会主义革命

---

[1] 黄建洪.社会治理的价值规约与政府治理创新［J］.马克思主义与现实，2015（6）.

与建设的崭新时期。在各种现代性发展进路中，始终离不开对劳模形象和劳模精神的改造。

伴随中国特色社会主义建设进入新征程，党和国家积极"以苏为鉴"，破除历史虚无主义，赋予中华儿女勇于担当民族复兴大任的历史使命，为凝塑劳模形象、弘扬劳模精神指明了更明确的时代价值方向。站在"两个一百年"历史交汇点，百年未有之大变局的"双循环"时代赋予了新时代劳模精神的时代内涵，中国处于"现代化进程与中华民族伟大复兴""民族国家与全球化趋势"的张弛阈值中。"美好生活"和"共同富裕"决定了劳模精神的价值向度，民族复兴与实现中国梦确定了"时代劳模"的历史使命。劳模精神将为中华民族伟大复兴及人类命运共同体理念赓续拓展，承担新的历史使命与时代担当。

三、中国共产党劳模精神百年演进的新时代启示

中国共产党劳模精神百年演进过程表明，不同历史时期劳模精神的具体内涵与逻辑布展不尽相同，但是其基本内涵鲜明地彰显出马克思主义群众史观和构建新型劳动关系的社会治理观。新时代劳动精神、劳模精神和大国工匠精神更是为中华民族伟大复兴新征程提供了不竭的精神源泉。

（一）劳模精神实质：鲜明彰显马克思主义群众史观

坚持人民群众是历史的创造者和历史进步的推动者，是马克思主义唯物史观和群众史观的基本观点。中国共产党劳模精神百年演进历程表明，政治性与人民性相统一的劳模精神，是社会主义劳动人民推动社会历史发展的时代产物，彰显出马克思主义劳动观和马克思主义群众史观。

其一，始终坚持马克思主义劳动观。劳动是一个动态概念，劳动内涵、劳动样态以及劳动关系不断布展与丰富，但劳动本身的价值始终未变。"劳动是推动人类社会进步的根本力量。"[1]马克思主义劳动观深刻反映出中国工人阶级和广大群众通

---

[1] 习近平谈治国理政：第1卷［M］.北京：外文出版社，2018：44.

过劳动在价值创造中的积极作用，为我们承继和弘扬劳动者伟大的劳动价值精神提供理论支撑。在承继传统工人阶级主体性与先进性基础上，劳模精神与工匠精神的历史发展与嬗变折射出创造社会财富所需要的劳动形象和劳动样态的具象化与多元化。在中华民族站起来、富起来、强起来的伟大历史进程中，源自工人阶级先进性与主人翁意识的劳模群体特有的精神特质，发挥了不可替代的精神符号和动力源泉作用。

其二，始终坚持马克思主义群众史观。坚持劳动史观与坚持群众史观，具有同一性。马克思通过劳动揭示物质资料生产作用，发现人类社会关系发展的客观规律，肯定了人在创造社会历史中的主体地位，"尤其强调劳动人民对于推动社会历史发展的伟大作用"[1]。劳动主体始终是人民群众。劳动模范从人民群众中产生，是社会主义公有制和集体所有制下社会化大生产劳动者的杰出代表。政治性与人民性相统一的劳模精神，是社会主义劳动者在劳动中推动社会发展的时代产物。坚持马克思主义劳动价值观、重塑与弘扬新时代劳模精神，就是坚持"以人民为中心"之群众史观的价值旨趣。坚持群众史观即坚持正确的价值向度和思想方向，肯定最广大劳动人民是社会历史的创造者和社会历史进步的推动者。

其三，始终相信并发动人民群众力量。伟大奇迹源自人民群众的奋斗与创造，伟大成就离不开人民群众的智慧与勤劳。从"劳工神圣"到形塑"劳模英雄"助力新民主主义革命胜利；从人民当家做主成立新中国，到"工农兵劳动模范"筑就社会改造顺利完成；从"敢干实干的改革开放时代领跑者"深化改革开放成果到"创新创造国之重器的大国工匠精神"成就"中国梦"的伟大历史性时刻，坚持人民立场为新时代劳模精神新征程指明方向，无一不显现出相信并发动人民群众的力量，是推动社会进步的决定性因素。作为连通国家意识形态和民众意识桥梁的劳模精神，是劳模"人格化"表现出的阶级品质和精神旨归，汇聚起了推动中华民族复兴的伟大事业发展的力量源泉。

（二）劳模精神价值：助力形成社会文明进步新风尚

劳动实践是联结自然界与人类社会的关键环节，因劳动或围绕劳动而发生的不

[1] 胡君进，檀传宝.马克思主义的劳动价值观与劳动教育观——经典文献的研析[J].教育研究，2018，39（5）.

同主体之间的劳动关系，则是劳动主体开展劳动实践过程中产生的最基本、最重要的社会关系之一。中国共产党劳模精神的百年演进历程表明，建构和谐劳动关系日趋成为建设和谐社会的核心内容和关键环节。劳动模范作为时代先锋和民族楷模，其蕴含的劳模精神实质与社会主义核心价值观相融相通，彰显出新时代工人阶级和劳动群众的高度自信，丰富了中国精神内涵。承载引领社会文明新风尚示范效应的劳模精神，为构建新时代和谐劳动关系和和谐社会赋能。

其一，劳模精神彰显社会主义核心价值精髓。"劳动模范是民族的精英、人民的楷模，是共和国的功臣。"[1]劳模精神支撑起社会主义核心价值观，体现时代精神内涵，彰显中国特色社会主义文化自信。党和国家发挥当代中国劳动精神和劳模精神稳定持久的教育引导功能，将劳模精神融入新时代中国社会主义核心价值观精神谱系格局之中，体现在新时代大中小学劳动教育中，正是"内蕴着感知劳动乐趣的初级层次、体会劳动光荣的中级层次、厚植劳动精神的高级层次"[2]。劳动精神和劳模精神对引领社会价值、有效消解社会心理压力、安抚社会情感、疏导社会情绪、唤醒社会正能量发挥着积极意义。

其二，劳模精神典范教育助力构建和谐劳动关系。习近平总书记强调，"构建和谐劳动关系，要坚持以人为本"[3]。和谐劳动关系是构建和谐社会的基础磐石，是社会治理和保障改善民生的重要内容，直接关系到党和国家经济与社会民生发展。"接地气"的和谐社会劳动风尚的形成，离不开劳模示范和劳模精神引领并提高群众的认同度与接受度，将一些高阶理论转化为可认知感受、可触摸体会的现实生活。通过对全体社会成员进行生动具体的劳动模范事迹的正面宣传，号召全社会以劳动模范为垂范，同步实现劳动教育、理想信念教育和核心价值观教育的劳模精神的学习实践，从而引领正确的劳动价值观取向，培育良好的社会认知和社会心态，营造热爱劳动、推崇劳动的社会风尚，有助于构建和谐的劳动关系，也必然有利于社会治理深入推进。

[1] 习近平.在全国劳动模范和先进工作者表彰大会上的讲话[M].北京：人民出版社，2020：2.

[2] 郝佳婧，刘经纬.新时代大中小学劳动教育的逻辑层次论要[J].当代教育论坛，2021（2）.

[3] 全国构建和谐劳动关系先进表彰暨经验交流会在京举行　习近平会见与会代表并讲话[J].思想政治工作研究，2011（9）.

其三，劳模精神赋能美好生活。"弘扬劳模精神和工匠精神，营造劳动光荣的社会风尚和精益求精的敬业风气"[1]是实现美好生活的必然要求。从个体来看，这些重要论述体现出劳动模范是各条劳动战线上脱颖而出的先进人物和典型代表，是中国共产党带领全国人民开展社会主义改革、坚持社会主义意识形态教育的先进群体。从国家和社会总体来看，是凝塑与弘扬劳模精神、大国工匠精神，是中国共产党红色革命文化和社会主义先进精神文化谱系的具象符号，是解决社会主要矛盾，满足人民对美好生活向往和需求的精神法宝。

（三）劳模精神宗旨：锐意创新创造引领时代新征程

"劳动人民是国家的主人"[2]，新中国作为新型国家政权，是以劳动人民及其劳动解放为原则而构建起的人民民主专政的社会主义国家。劳模精神演进历程表明，"社会主义是干出来的"[3]。弘扬劳模精神是新时代中国特色社会主义思想教育与政治动员的重要内容，是建设社会主义现代化强国的时代旨趣，其鲜明的政治要义和精神旨归在中国特色社会主义新征程中进一步拓展。

其一，成风化人，引领社会各阶层。劳动模范典型群体作为党和国家在全社会范围内梳理的正面典型，教育引导人民群众崇尚劳动、尊重劳动、推崇首创精神。劳动精神和劳模精神的发展演进，以其独特的精神气质，发挥引领社会风尚和社会治理模范效应。五四新文化运动时期，"劳工神圣"的呐喊，唤醒了国人尊重劳动者和改造中国劳动者素养的意识。抗日战争时期和解放战争时期，英雄劳模的义勇之举强化了边区革命根据地的物质保障，弘扬了时代能量，为最后赢得战争胜利凝聚起磅礴的人民力量。

其二，反映人民意志，直面人民关切。中国共产党自成立伊始，立足于问题意识和实践逻辑，直面人民根本意志和人民最关切的问题。劳模精神成为社会主义意识形态和社会主义核心价值观的重要组成部分，展现出社会主义主流意识形态，彰显出马克思主义劳动价值观的人民性、先进性与凝塑力。在第二次国内革命战争时

［1］习近平.决胜全面建成小康社会　夺取新时代中国特色社会主义伟大胜利——在中国共产党第十九次全国代表大会上的报告［M］.北京：人民出版社，2017：31.

［2］习近平.在知识分子、劳动模范、青年代表座谈会上的讲话［M］.北京：人民出版社，2016：2.

［3］习近平.在全国劳动模范和先进工作者表彰大会上的讲话［M］.北京：人民出版社，2020：4.

期，劳模英雄形象与劳模精神的首次定义与凝塑，是中央苏区政府在革命战争环境下，开展政治动员、价值观灌输和社会改造的成功实践。新中国成立后，以最高规格表彰革命劳动模范，既是对杰出劳动者的最高礼遇，也是对劳动精神和劳模精神价值排序的形塑与提振。中国共产党人将劳模精神融汇到国家主流意识形态谱系之中，人民的根本意志进一步得到体现。在改革开放中，重塑马克思劳动价值观，提振敢为人先的"弄潮儿劳模精神"，正是国家为实现人民共同愿景而实施的价值驱动，承载"以经济建设为中心"的国家使命与人民对"改革与开放"意愿相统一的社会主义核心价值观"人格化"形象表达。

其三，为实现第二个百年目标注入精神动力。劳模精神是中国共产党建党百年来重要的思想命题，是中国特色社会主义革命、建设与改革的宝贵精神财富，其价值意蕴与中国现代化发展战略具有同一性。"我们必须充分发挥我国工人阶级的重要作用，焕发他们的历史主动精神，调动劳动和创造的积极性"[1]。习近平总书记的重要论述进一步表明，新时代劳动精神和劳模精神主要是以"大国工匠精神"的符号样态，呈现出强大思想力量、价值感召、社会认同感。其实践理路与中华民族伟大复兴事业赓续相承，承担着社会动员、政治教育、意识形态建设的关键作用，引领着新时代创新创造的实践效应，为意气风发向着全面建成社会主义现代化强国的第二个百年奋斗目标注入持久的精神动力。

---

[1] 习近平谈治国理政：第1卷［M］. 北京：外文出版社，2018：44.

《社会主义从空想到科学的发展》
在中国的出版与传播考察（1912—1949）

刘　暖[*]

摘　要：《社会主义从空想到科学的发展》在中国的出版与传播是马克思主义的科学社会主义理论以整体性面相在中国传播的重要呈现。此书在近代西学东渐思潮下的外在语境和文本通俗化与大众化的内在属性的双重作用下在中国传播，在民主革命时期经历了零星移译的初级阶段、出版传播的高潮阶段和求质规范的确证阶段，生成了其自身在中国出版传播的历史特点。此书在中国的出版与传播在一定程度上充实了马克思主义理论在中国传播的完整性，疏证了马克思主义的科学社会主义理论在中国传播的准确性，增强了马克思主义的科学社会主义理论在中国的实践性。

关键词：《社会主义从空想到科学的发展》；出版与传播；科学社会主义理论

《社会主义从空想到科学的发展》（以下简称“《发展》”）是建构马克思主义理论整体性话语体系的重要著作，是科学社会主义史上的一部经典文献，被马克思称为“科学社会主义的入门”[1]，通俗阐释了马克思主义特别是科学社会主义的基本原理。学界围绕《发展》的文本内容所进行的相关研究成为该问题研究的主要论

---

*　刘暖，华东师范大学马克思主义学院博士生，中国近现代史基本问题研究专业。

[1]　马克思恩格斯选集：第3卷［M］.北京：人民出版社，2012：743.

域，但在一段时间里，以《发展》在中国传播的译本或版本为研究对象，学界关注的还不够，直到近些年才出现对《发展》在中国出版与传播的主要版本进行考释的研究。[1] 然而，对《发展》在中国的出版与传播的历史梳理，考察《发展》传入中国的动因、具体的传播脉络，以及对《发展》在中国革命的语境中出版与传播所生成的历史特点及其历史意义这些问题，学界还未曾进行过探讨。本文以在中国国家图书馆等相关馆藏所收集各版本的《发展》初版为研究主要对象，以关于《发展》在中国出版与传播的相关研究资料为参照论据，尝试对这些问题进行探析和回答。

一、概说与释义：《发展》传入中国的动因探析

任何事物的发展归结起来都是内因、外因共同作用的结果。《发展》能够传入中国，外因主要在于近代西学东渐思潮，内因主要在于《发展》文本自身的通俗性和大众化，外因和内因的关联共同构成了《发展》传入中国的动力因子。

（一）近代西学东渐思潮下的外在语境

19世纪末至20世纪初，是救亡图存的民族意识在思想文化领域内觉醒的主要表现时期，早期具有救亡图存意识觉悟的知识分子逐渐认识到"中国传统学术话语已无法满足救亡图存的需要，学术话语转型成为大势所趋"，[2] 因而纷纷问道西方，并向国内传播先进的西学思想。在近代西学东渐思潮下，各式社会主义思想纷至沓

---

[1] 由中国国家出版基金支持的大型出版项目：《马克思主义经典文献传播通考》，着手对1949年之前的马克思主义经典著作的中文版本进行考释研究。关于《发展》的版本考释研究，已经出版的具体有：张鹤竟、康文龙的《〈社会主义从空想到科学的发展〉郑次川译本考》（辽宁人民出版社2021年版）；方红的《〈社会主义从空想到科学的发展〉丽英译本考》（辽宁人民出版社2021年版）、《〈社会主义从空想到科学的发展〉黄思越译本考》（辽宁人民出版社2020年版）；王代月的《〈社会主义从空想到科学的发展〉朱镜我译本考》（辽宁人民出版社2021年版）；李楠明的《〈社会主义从空想到科学的发展〉林超真译本考》（辽宁人民出版社2020年版）、《〈社会主义从空想到科学的发展〉吴黎平译本考》（辽宁人民出版社2019年版）、《〈社会主义从空想到科学的发展〉博古译本考》（辽宁人民出版社2020年版）。

[2] 王海军，王栋. 马克思主义哲学社会科学话语体系的初步建构（1919—1949）[J]. 马克思主义研究，2020（3）.

来，中国各派、各阶级知识分子研究谈论社会主义风靡一时，马克思主义也是在这个时候开始传入中国的。具体来说，《发展》传入中国的外在动因主要有以下两点：

其一，日本社会主义运动的兴起。1897 年（明治三十年），日本国内兴起了工人运动。工人因生活费用不断上涨而要求资本家涨工资，导致劳资矛盾升级，最终工人纷纷罢工（具体罢工事件详见表 1）。

表 1　1897 年 6 月 20 日至 1897 年 11 月 19 日日本发生的工人罢工事件

类　　别	数　　值	类　　别	数　　值
罢工次数	29（次）	胜利	12（次）
参加人数	3 768（人）	部分胜利	6（次）
其中男子	3 584（人）	失败	11（次）
其中女子	184（人）	结果不明	2（次）
参加人数最多的	500（人）	罢工领导人员被解雇者	28（人）
参加人数最少的	7（人）	罢工时间最长者	25（日）
警察干涉、弹压	12（次）	罢工时间最短者	5（时）
工资提高一部分者	1（次）		

资料来源于：［日］片山潜.日本的工人运动［M］.王雨译，北京：生活·读书·新知三联书店 1959：241.

资本家的不法行为，以及资本家阶级对工人、女工们的剥削行为，促使日本国内工人阶级对社会主义和社会改革产生了极大兴趣，并加以热烈的讨论。辛德秋水、安部矶雄、木下尚江、河上清、西川光次郎和片山潜等日本早期社会主义活动家积极在工人阶级中活动，进行社会主义理论的宣传。"1901 年（明治三十四年）3 月，在大宫市举行的日本铁路工会的年会上，通过了一个宣言，称社会主义是解决工人问题的唯一的根本方法"，[1] 由日本工人运动带动的社会主义运动为社会

---

[1]　［日］片山潜.日本的工人运动［M］.王雨，译.北京：生活·读书·新知三联书店，1959：251.

主义理论（特别是关于马克思及其学说）在日本的传播提供了土壤。由于社会主义运动与科学社会主义理论之间某种天然的"耦合"关系，使日本社会主义者在初时介绍马克思及其学说中有关社会主义部分相对较早和较多一些。例如，有贺长雄的《近世政治史》、村井知至的《社会主义》、福井准造的《近世社会主义》，以及由中国达识译社翻译、辛德秋水著的《社会主义神髓》便是根据《共产党宣言》和《社会主义从空想到科学的发展》而写成的。[1] 那么在近代西学东渐的思潮下，在日本的早期中国留学生充当了中日文化传播的桥梁。他们顺其自然地将在日本国内当时传播的新奇思想——马克思及其学说（特别是科学社会主义部分）的著作翻译、介绍到中国来，使中国人开始接触和了解马克思主义。

其二，科学社会主义学说在国内的应景。中国早期关于马克思主义的社会主义思想的学说主要源自资产阶级改良派、资产阶级革命派和无政府主义者等的介绍、摘译和宣传。他们为了各自的目的和利益而大谈和介绍马克思主义。以梁启超为代表的资产阶级改良派为了证明中国在当时的历史条件下还不能够立即实现社会主义，在《二十世纪之巨灵托辣斯》《中国之社会主义》中对马克思的科学社会主义学说进行了部分介绍和说明。以孙中山为代表的资产阶级革命派认为"提倡实业，实行民生主义，而以社会主义为归宿"。[2] 因而为了防止资本主义流弊的主观愿望，为了证明资产阶级革命派的社会主义"非常温和"不会触及资产阶级的根本利益，为了把马克思主义的科学社会主义纳入资产阶级轨道，而有选择性地对马克思主义进行介绍。[3] 刘师培等无政府主义者认为"共产主义与无政府主义有共同的神髓"，成立了"社会主义讲习会"和《天义报》刊登马克思恩格斯著作的部分译文。中国社会党通过创办刊物对马克思主义学说进行介绍，其《新世界》就译介了《发展》（当时译作《理想社会主义与实行社会主义》）第一、第二和第三节的部分。综上，出于各自的利益和目的，资产阶级改良派、革命派和无政府

---

[1] 高军，等．五四运动前马克思主义在中国的介绍与传播［M］．长沙：湖南人民出版社，1986：4.

[2] 孙中山全集：第2卷［M］．北京：中华书局，2006：340.

[3] 高军，等．五四运动前马克思主义在中国的介绍与传播［M］．长沙：湖南人民出版社，1986：7-8.

主义者纷纷介绍马克思主义的科学社会主义学说，而《发展》作为马克思科学社会主义思想的集中表达，自然与当时国内各派各阶级传播马克思主义的环境相互应景。

（二）文本通俗化与大众化的内在属性

提到《发展》文本的通俗化和大众化的内在属性，就必然要在这里简单地说明一下《发展》的形成史。《发展》是 1880 年恩格斯应法国工人党领导人保尔·拉法格（Paul Lafargue）的请求，抽出《反杜林论》中的《引论》第一章和第三编的第一、第二两章，加以整合和修改而成。如果说《反杜林论》是"马克思主义的一部真正的百科全书"，[1]那么《发展》就是把《反杜林论》中的理论逻辑从纷繁复杂的论述中解蔽出来的精简版的马克思主义的百科全书。恩格斯通过《发展》通俗阐释了马克思主义哲学、政治经济学和科学社会主义的理论话语，简明而又不失科学地厘清了科学社会主义发展的历史逻辑与理论逻辑。恩格斯在《发展》的 1892 年英文版导言中指出："据我所知，其他任何社会主义著作，甚至我们的 1848 年出版的《共产主义宣言》和马克思的《资本论》，也没有这么多的译本。"[2]因而，《发展》在实现马克思主义大众化方面起着《资本论》和《共产党宣言》都不可替代的历史作用。例如在柯伯年的译文《空想的及科学的社会主义》中，施存统在文前写道："这是所谓科学的社会主义三大经典（资本论共产党宣言和本书）之一，为研究资本主义和社会主义的人所必读之书，亦为最易明了社会主义要领的入门书。"[3]若想使马克思主义能够在中国进行传播，让中国人认识了解马克思主义，首先就要从入门和基础开始，就要以通俗易懂的、适合中国工农文化水平的马克思主义的百科全书来实现。鉴此情形，《发展》就自然承担了使马克思主义在中国传播过程中通俗化和大众化的使命，这也许就是对"为什么中国人特别勤恳努力地来翻译恩格斯这一部著作"[4]的回答。

[1]　[德]海因里希·格姆科夫，等.恩格斯传[M].易廷镇.候焕良，译.北京：生活·读书·新知三联书店出版社，1975：381.

[2]　马克思恩格斯文集：第 3 卷[M].北京：人民出版社，2009：500.

[3]　[德]昂格斯.空想的及科学的社会主义[J].丽英，译.民国日报副刊觉悟，1925，2（19）.

[4]　译者序[M]//恩格斯.宗教·哲学·社会主义.林超真，译.上海：上海沪滨书局，1929：IV.

从以上分析可见，《发展》在中国的出版与传播是近代西学东渐思潮的外在语境和其文本通俗化与大众化的内在属性之间的同频共振的结果。

二、逻辑与嬗变：《发展》在中国出版传播的历史脉络

1912 年至 1949 年，《发展》在中国出版与传播的历史脉络大致经历了三个阶段：部分摘译的初级阶段；20 世纪 20 年代出版与传播的高潮阶段；20 世纪三四十年代追求翻译质量和注重文本规范的确证阶段。

（一）《发展》零星移译的初级阶段

零星移译主要是指在这一阶段中，译者根据自己或自己阶级的需求以部分摘译的形式对《发展》进行翻译。1912 年，在中国社会党创办的刊物《新世界》第一、三、六、八期上连载了施仁荣译述、德人弗勒特立克恩极尔斯原（弗里德里希·恩格斯）著的《理想社会主义与实行社会主义》，内容是摘译自恩格斯《发展》的第一、二节和第三节的未完部分，这是《发展》传入中国的最早译文。1920 年 8 月，上海群益书社出版了郑次川译、王岫庐（王云五）校的《科学的社会主义》，这是《发展》在中国首次以小册子形式出版的节译本，《科学的社会主义》的主要内容是节译自《发展》的第三节。1920 年 12 月，《建设 1919（上海）》第三卷第一号发表了国民党人徐苏中翻译的《科学的社会主义与唯物史观》。《科学的社会主义与唯物史观》署名：阴格尔（恩格斯）著、苏中译，这是徐苏中根据日本社会主义学者河上肇的日文版《科学的社会主义与唯物史观》转译的，内容同样是节选自《发展》的第三节。在中国共产党成立以前，《发展》在中国翻译传播的形式是零散的，内容是不完整的，且在中国近代史上"翻译者一般是带着明确的目的和意图去筛选和翻译国外的理论著作"，[1]《发展》在中国的早期零星移译同样裹挟着译者的不同目的和意图。施仁荣是想宣传中国社会党的思想，郑次川是为了"聊尽文化运动之责

---

[1] 路宽.创造性阐释：马克思主义早期传播的跨语境实践——以瞿秋白的《社会哲学概论》和《现代社会学》为例［J］.中共党史研究，2018（1）.

云尔"，[1]徐苏中是为了"冀广传吾党建设之主义成为国民之常识"。[2]从文本内容来看，早期马克思主义文献的译介者习惯在外域文化与本土文化的"榫接"中进行创造性的转换，"马克思主义早期传播过程是译者对域外文化进行创造性阐释的过程"。[3]

（二）《发展》出版传播的高潮阶段

出版传播的高潮阶段主要是指在 20 世纪的 20 年代《发展》在中国出版与传播出现了一个峰极，主要表现在这一阶段《发展》开始以译本并且是全译本的形式在中国出版与传播，这主要是因为中国共产党成立后，"马克思主义在中国的传播有了组织性和较为清晰的革命目的"。[4]1925 年二月及三月间，上海《民国日报》副刊《觉悟》的"名著"栏目上连载由昂格斯（恩格斯）著、丽英女士（即柯柏年）译的《空想的及科学的社会主义》。根据译者回忆"一九二四年我从上海到北京之后就根据马克思的女婿艾威林（Aveling）的英译本，把恩格斯的这本书全部译出"，这本书即是《发展》。1927 年，朱镜我同冯乃超、彭康、李铁声等留日学生归国后参加上海创造社，开始从事无产阶级革命文学以及传播马列主义的工作。朱镜我为了"唤醒一睡千余年的麻木的我们中国人"[5]，根据杜克摘编自"拉狄克"的"从科学到行动的社会主义底发展"所翻译，于 1928 年 5 月由上海创造社出版部出版了《社会主义的发展》，这是我国最早出版的恩格斯名著《发展》的全译中文单行本，初版发行了 2 000 册，售价为道林纸本大洋三角，白报纸本大洋一角半。1928 年，上海泰东图书局出版了因倪斯（恩格斯）著、六利彦（堺利彦）译、黄思越重译的《社会主义发展史纲》，定价大洋三角，这是根据日本学者堺利彦的《社会主义之发展》而翻译的。1929 年 10 月，上海沪滨书局出版了恩格斯著、林

［1］　恩格尔.科学的社会主义：序言［M］.郑次川，译.上海：上海群益书社，上海伊文思图书公司，1920：2.

［2］　发刊词［J］.建设 1919（上海），1919（1）.

［3］　路宽.创造性阐释：马克思主义早期传播的跨语境实践——以瞿秋白的《社会哲学概论》和《现代社会学》为例［J］.中共党史研究，2018（1）.

［4］　王海军，王栋.马克思主义哲学社会科学话语体系的初步建构（1919—1949）［J］.马克思主义研究，2020（3）.

［5］　［德］昂格斯.社会主义的发展：译者序.［M］.朱镜我，译.上海：上海创造社，1928：7.

超真译的《宗教·哲学·社会主义》，内包含了三篇恩格斯的文章，《空想社会主义与科学社会主义》（即《社会主义从空想到科学的发展》）即是其中之一。此书初版发行了 2 000 册，每册大洋六角半。1929 年 12 月，上海亚东图书馆出版的第一版《宗教·哲学·社会主义》，补译了《发展》的德文初版和德文第四版的序言以及"马尔克"一文，使内容在结构上相对完整，并使这本书再版三次。

（三）求质规范的确证阶段

求质规范的确证阶段主要是指延安时期在党中央的组织和领导下对《发展》进行较高质量的翻译和重校，这一阶段的一个显著特点就是翻译和重校的版本主要都依据俄文版。1938 年 5 月，党中央在延安成立了马列主义研究院，由马列研究院的编译部负责"马恩丛书"和"列宁选集"的编译工作。"吴亮平（吴黎平）也参加了编译工作，他主要将莫斯科中山大学翻译的几部经典著作进行重译和校订"，[1]其中便包括《发展》。吴黎平在"关于中文译本的几句话"中指出："这一名著的译本，我们曾见到两种，但译文多有未善之处，且对于恩格斯在德文本第四版所增改的地方未曾译出，故不能不重新校译，以臻比较完善的地步。"[2]1941 年 5 月，毛泽东在延安高级干部会议上作的《改造我们的学习》报告，标志着延安整风运动的开始，为提高马列主义著作译文质量，中央曾作出《关于一九四三年翻译工作的决定》，继之以后，延安解放社出版了博古校译的《发展》。[3]因而，博古的《发展》（校正本）是延安整风运动的产物，也是为了进一步提高包括《发展》在内的马列主义著作译文质量的产物。博古的《发展》（校正版）作为理论学习读本之一，有效地适应了整风的需要以及革命斗争的需要，为提高党的各级干部的理论学习质量和思想解放起到了重要作用，"是解放战争年代流行的版本，后来被列为'干部必读'的马恩著作"。[4]吴译本和博古校正本是中华人民共和国成立之前质量最好、最规范的《发展》版本，并得到广泛的翻印和出版（见表 2、表 3）。

［1］中共中央编译局.马克思恩格斯著作在中国的传播［M］.北京：人民出版社，1983：297.

［2］关于中文译本的几句话［M］//恩格斯.社会主义从空想到科学的发展.吴黎平，译.解放社，1938：2.

［3］陈江.中国出版史料：第 1 卷［M］.济南：山东教育出版社，2000：101.

［4］中共中央编译局.马克思恩格斯著作在中国的传播［M］.北京：人民出版社，1983：307.

表 2　吴黎平版《发展》的版本类别一览表（1938—1949）

书　　　名	出版社	丛书字样	出版时间（年/月）
《社会主义从空想到科学的发展》	无	马恩丛书3	1938.6
《社会主义从空想到科学的发展》	中国出版社	无	1938.11
《社会主义从空想到科学的发展》	生活书店（重庆）	世界名著译丛之六	1939.4
《社会主义从空想到科学的发展》	生活书店（上海）	无	1946.10
《社会主义从空想到科学的发展》	生活书店（东北）	世界学术名著译丛	1947.7
《社会主义从空想到科学的发展》	生活书店（大连）	马列文库之四	1948.6
《社会主义从空想到科学的发展》	新中国书局	干部学习丛书	1949.4
《社会主义从空想到科学的发展》	冀东新华书店	世界学术名著译丛	1949.5

注：根据相关图书馆馆藏目录检索及孔夫子旧书网上书目检索，为不完全汇总。

表 3　博古版《发展》（校正本）的版本类别一览表（1943—1949）

书　　　名	出版社	丛　　书	出版时间（年/月）
《社会主义从空想到科学的发展》	延安解放社	无	1943.11
《社会主义从空想到科学的发展》	新华书店	无	1946.6
《社会主义从空想到科学的发展》	东北新华书店	无	1946.12
《社会主义从空想到科学的发展》	华东新华书店	无	1949.2
《社会主义从空想到科学的发展》	华中新华书店	无	1949.2
《社会主义从空想到科学的发展》	东北书店	无	1949.4
《社会主义从空想到科学的发展》	浙江新华书店	无	1949.6
《社会主义从空想到科学的发展》	解放社/新华书店	干部必读	1949.12

注：根据相关图书馆馆藏目录检索及孔夫子旧书网上书目检索，为不完全汇总。

三、境域与生成:《发展》在中国出版传播的历史特点

马克思主义的科学社会主义理论在中国的传播发展，在很大程度上与《发展》在中国出版传播的历史特点紧密相连。考察《发展》在中国出版传播的历史特点，有利于我们把握《发展》在中国传播的逻辑理路。

（一）出版翻译的内容日趋丰富翔实，结构体例亦趋合理完整

自民初以来，《发展》在中国的出版传播最初主要是以零星移译的形式呈现，报刊是其主要的传播载体，译文内容多是转译加摘选自日本社会主义学者对恩格斯的《反杜林论》或《发展》的部分翻译，内容不够完整且有很大出入，并常常裹挟着不同译者的目的和意识形态。

中国共产党成立后，为进行革命斗争的需要，马克思主义理论在中国的传播开始有一定的组织性和目的性，党内一些先进的知识分子开始以个人的形式从事马克思主义经典著作的翻译。20 世纪 20 年代为《发展》在中国广泛出版传播的重要阶段，先后出现了柯柏年、朱镜我、黄思越和林超真的《发展》全译版本，译文内容相对完整，基本传达出了《发展》的主要内容和信息，同时在译文的结构体例上不断实现了优化。例如，柯柏年根据自己的理解把每章分成若干小节的形式，翻译出了《发展》的整个正文内容，且在译文的第一章和第三章的结尾部分别附带了三个"注"；朱镜我和黄思越的译本不仅较为完整地呈现了《发展》正文的全部内容，而且朱氏译本中对重点语句的标注手法也与当下的译本基本相同，另外在结构体例上也有很大变化，开始出现"目录""目次""译者序"以及正文中的脚注等；林超真的译本首次译出了"拉法格序"（马克思写的 1880 年法文版前言）和"导论"（1892 年英文版导言）。20 世纪三四十年代的吴黎平译本和博古的校正本更是实现了《发展》在中国翻译出版质量的质变，不仅在内容上比较完整地呈现了《发展》的内容，且日益丰富翔实和准确，而且吴译本中还增加了"恩格斯序（一）（德文本一八八二年第一版序）""恩格斯序（二）（德文本第四版序）""恩格斯序（三）（英文本序）"和博古校正本中的"德文本第一版序""德文本第四版序""英

文本序"，注释也更加明确和清晰。例如在类别上分为"恩格斯原注"、"编辑部注"或"译者注"等形式，这样无论在译文内容还是结构体例上都有利于读者的阅读和学习。

（二）版本翻译依据渐趋实现从日欧向苏联路径的转向

马克思主义在中国的早期传播主要有日本、欧洲和苏俄三条路径。"通过不同路径传播到中国的马克思主义又都是经过不同语境场过滤后的马克思主义，即是被来源地的马克思主义者解释过了的马克思主义"，[1]与"原本"的马克思主义相比，必然会有所不同，因为"接受者在内化其接收到的信息的时候，无论如何也会添加自己的个性"。[2]例如，柯柏年和朱镜我的译本主要根据的是艾威林的英译本所译，林超真的译本是根据拉法格的法文版所意译的，这是欧洲路径的舶来品；黄思越译本是根据日本社会主义学者堺利彦的《社会主义之发展》所译，这是日本路径的舶来品。柯柏年与黄思越的译本根据自己的理解都把整个正文内容分成三章，每一章又会划分成若干不同的小节；而林超真译本根据的是拉法格法文版的意译本，译文内容都是原译者根据自己的理解对原文进行的理解性翻译，与原文不尽相同，这些都改变了原著本真的"风味"。特别是三四十年代，中国对马克思主义的接收主要源自苏俄，吴黎平的译本和博古的校正本都是根据苏联马恩列学院编选的《马克思恩格斯选集》的俄文版所翻译的，这是苏俄路径的舶来品。不可避免地是，吴译本和博古校正本在内容上也都体现了某些苏联的"特性"。如在吴黎平的译本中，在阶级本身"都将成为时代错误的陈腐的产物"处所加的一个注释：在苏联，无产阶级专政，已在实现阶级的消灭。联共十七次代表大会提出社会主义建设的第二个五年计划（现已实现的任务）就是完成这种阶级的消灭，并完全建立无产阶级的社会主义社会……[3]；在博古的校正本中关于"国家不是『被废除』的（abgeschaft）而是自行衰亡（absterbt）的"一个注释："在引用恩格斯这一原理并发展马列主义的关于国家的学说时，斯大林同志在十八次

---

［1］ 王刚.马克思主义中国化起源语境研究：20 世纪 30 年代前马克思主义在中国的传播及中国化［M］.北京：人民出版社，2011：51.

［2］ 彭继红.传播与选择：马克思主义中国化的历程 1899—1921［M］.长沙：湖南师范大学出版社，2001：54.

［3］ ［德］恩格斯.社会主义从空想到科学的发展［M］.吴黎平，译.解放社，1938：97.

代表大会上说：『恩格斯底这个原理是否正确呢？是的，是正确的……但由此就得出结论：不可把恩格斯关于一般社会主义国家命运的一般公式，推广来运用到社会主义在单独一个国度里胜利的局部的具体的情况中来……以便使我们——马克思主义创始人底后代子孙——可以安然躺在火炕上来咀嚼现成答案，那就可笑了。』[1]

（三）"实践诠释"是革命语境下版本传播的主要范式

"革命的马克思主义者，决不是限于理论的研究，无疑地应该努力参加中国无产阶级解放运动的实际斗争。"[2]对于中国共产党人来说，就是运用马克思主义的基本理论解决中国的实际问题，实现马克思主义中国化的实践诠释过程。用现代解释学话语就是"视界融合"的过程，就是形成民族文化与外域文化相互交融的一种新的文化世界，亦是中国共产党人运用马克思主义的基本方法和理论，研究和解决中国革命和建设的现实问题，不断实现与马克思主义文本话语的视界融合，继而形成实践的纲领、策略和具体的行动目标等[3]，因而一般认为"马克思主义中国化不仅包括实践诠释，而且包括文化解读"。[4]因此，我们可以说马克思主义经典著作在中国的早期翻译、出版传播和研究就是中国共产党人学习和掌握马克思主义的基本原理用来指导中国革命与实践的，"实践诠释"成了整个新民主主义革命时期马克思主义中国化的主题。毫无疑问，我们看到《发展》在中国的出版与传播也遵循这样一种逻辑范式，因为它为的是解决中国革命实际问题。例如朱镜我认为"现在正经验着这个狂风暴雨的时期，未死的而且要想努力于新社会的建设的青年，在踏进实践的行动的时候，应该把自己的思想及中国的现状来仔细地思量一番！"[5]朱镜我《社会主义的发展》的出版与传播正是为了想让中国青年能够用《发展》中的基本观点、方法和原理来思量和考察中国的现实问题，其改造客观现实世界的目的性是显而易见的。

［1］［德］恩格斯.社会主义从空想到科学的发展［M］.博古，校译.解放社，1943：73-75.
［2］中国社会科学家联盟底成立及其纲领［J］.新思潮月刊，1930（7）.
［3］陈宴清，杨谦.马克思主义哲学中国化的实践版本和理论版本［J］.哲学研究，2006（2）.
［4］郭建宁.马克思主义中国化的文化解读［J］.北京行政学院学报，2007（1）.
［5］［德］昂格斯.社会主义的发展：译者序［M］.朱镜我，译.上海：上海创造社，1928：4.

四、写实与观照：《发展》在中国出版传播的历史意义

《发展》从 20 世纪早期的零星移译，到后来的全译版本在中国的广泛出版与传播有着其对"自身自为的意义"。[1]《发展》在中国的出版传播对马克思主义在中国的传播具有重要的意义，它充实了马克思主义理论在中国传播的完整性，疏证了非科学社会主义理论的错误思潮，增强了马克思主义的科学社会主义理论在中国的实践和发展。

（一）充实马克思主义理论在中国传播的完整性

艾思奇曾认为，"全部马克思主义包括三个组成部分：第一是哲学，就是辩证唯物主义与历史唯物主义；第二是政治经济学；第三是科学的社会主义学说"。[2]"马克思主义在中国传播的完整性必然是哲学、政治经济学和科学社会主义的三位一体。"[3]哲学是时代发展的历史产物，时代的主题通常决定了作为时代精神精华的哲学主题，哲学应顺应时代发展的需要，解决时代发展所提出的具体问题。"唯物史观作为马克思主义哲学中的关于社会革命的哲学学说，正是在适应和满足时代需要的过程中成为时代的'显学'。"[4]因此，唯物史观也几乎成了马克思主义哲学的同义语，马克思主义哲学（唯物史观）开始在中国传播开来。北京《晨报》副刊、《新青年》、《每周评论》等成为马克思主义传播的主阵地，李大钊的《法俄革命之比较观》《庶民的胜利》《布尔什维克主义的胜利》都已经包含了马克思唯物史观的基本观点和原理。到 1919 年 5 月 5、6 日，北京《晨报》副刊《马克思研究》专栏发表了渊泉（陈博贤）译自河上肇的《马克思的唯物史观》，这是十月革命后唯物史观在中国最早的系统介绍。之后，李大钊的《我的马克思主义观》、郭泰译的《唯物史观解说》、李达的《现代社会学》、恽代英的《英哲尔士论家庭的起源》、

---

[１]　陈新夏.可持续发展与人的发展［M］.北京：人民出版社，2009：116.

[２]　艾思奇.艾思奇全书：第 6 卷［M］.北京：人民出版社，2006：646.

[３]　艾思奇.艾思奇全书：第 6 卷［M］.北京：人民出版社，2006：372.

[４]　徐素华.马克思主义哲学在中国传播应用形态前景［M］.北京：北京出版社，2002：73.

熊得山的《历史以前的文化阶段》《国家的起源》《未开与文明》等著作广泛地促进了马克思主义哲学（唯物史观）在中国的传播。尔后，瞿秋白的《社会哲学概论》《现代社会学》实现了唯物史观向辩证法的拓展，至 20 年代末 30 年代初关于马克思主义辩证法的著作有朱镜我的《理论与实践》、彭康的《思维与存在——辩证法的唯物论》、李初梨的《唯物辩证法精要》、李铁生的《辩证法的唯物论》等。另外马克思主义的政治经济学也得到了广泛地翻译和传播，例如陈博贤的《劳动与资本》《马氏资本论释义》，费觉天的《马克思底资本论自叙》，袁让的《工钱劳动与资本》，李季的《价值价格与利润》，李铁生的《哲学的贫困底拔粹》，许德珩的《哲学之贫乏》，郭大力、王亚楠的《资本论》等。《发展》是马克思主义的科学社会主义理论的直接表达与建构，因而我们看到同《共产党宣言》一样，《发展》在中国出版与传播的实质代表着马克思主义的科学社会主义理论在中国的传播，从这个角度看《发展》在中国的出版传播充实了马克思主义理论在中国传播的完整性。

（二）疏证马克思主义的科学社会主义理论在中国传播的准确性

首先应该指出，马克思主义的科学社会主义理论在中国传播的准确性应是渐进的相对准确。马克思主义理论中部分关于社会主义学说最早是通过资产阶级改良派、资产阶级革命派以及无政府主义者摘译、介绍和宣传的。但是，囿于各种历史条件，以孙中山为代表的国民党人在介绍马克思主义理论时不可避免地会存在某种误读和误解。例如，朱执信、胡汉民等人并不是信仰马克思主义才选择和传播社会主义，而是"为了配合解释孙中山的三民主义，实现民生主义的社会革命"。[1] 通过"榫接"的"新三民主义"，吸取了马克思主义的社会主义学说，孙中山的民生主义即被解释为所谓的"社会主义"。因此，在一定程度上"新三民主义""体现了中国社会条件下的马克思主义的主张"[2]。同时，无政府主义者也是出于说明无政府主义比马克思主义优越的需要，坚持认为随着社会主义的不断发展最终"必达无政

［1］ 王刚. 马克思主义中国化的起源语境研究：20 世纪 30 年代前马克思主义在中国的传播及中国化［M］. 北京：人民出版社，2011：137.

［2］ 胡为雄. 马克思主义哲学在中国传播与发展的百年历史：上［M］. 南昌：百花洲文艺出版社，2015：145，146.

府主义之一境"[1]，"无治社会主义"才是人类社会最终走向的社会。可见，"由于时代的局限，人们在宣传马克思主义时不可避免地存在着误读和误解，并从各自的政治需要出发宣传马克思主义中最适合自己的部分"。[2]这就决定了不够准确的和不够质朴的科学社会主义理论是马克思主义在中国早期传播的实然，也说明早期马克思主义的科学社会主义学说在中国传播存在误读。所以，作为马克思主义的科学社会主义理论集中表达的《发展》在中国的出版与传播，能够弥补中国共产党成立前马克思主义的科学社会主义理论在中国传播的不足，提高其准确性。

当然，疏证马克思主义的科学社会主义理论在中国传播的准确性不仅是对外，而且包括对其自身内容准确性的不断疏证。这主要体现在对一些专业术语的理解和表达。如对"现代社会主义"的理解，柯柏年的译文中使用的是"近代社会主义"，朱镜我和黄思越的译本使用的都是"近世社会主义"，吴黎平译本用的"近代社会主义"，直到博古的校正本才开始首次使用了"现代社会主义"，此表述延续至今，因而整个过程就经历了从"近代社会主义""近世社会主义"再到"现代社会主义"的这样一个演变；再如对"雇佣劳动"的理解同样经历了从"工钱劳动"，到"劳银劳动"，到"工资劳动"，再到最后"雇佣劳动"的阶段，只有"雇佣劳动"才能准确传达出资本家购买的是工人的劳动力的本质。综观这些译本，在对《发展》译本的文本内容的分析上，其准确性也在不断得到提高和完善。所以，每一阶段的《发展》的版本都是对前面版本的不断修正和完善。

（三）增强马克思主义的科学社会主义理论在中国的实践性

马克思认为，"理论在一个国家实现的程度，总是取决于理论满足这个国家的需要的程度"。[3]中国共产党正是在对各种主义的比较与思量中选择了把马克思主义作为自己实践行动的科学指导，因而用马克思主义的科学社会主义理论从在中国的早期传播、到实践再到最后在中国的实现来印证马克思的这一观点显得十分恰当。《发展》在中国的出版与传播，实质上就是马克思主义的科学社会主义理论在

［1］ 申叔.欧洲社会主义与无政府主义异同考（1907年9月）［M］//姜义华.社会主义学说在中国的初期传播.上海：复旦大学出版社，1984：428.

［2］ 胡为雄.马克思主义哲学在中国传播与发展的百年历史：上［M］.南昌：百花洲文艺出版社，2015：144.

［3］ 马克思恩格斯选集：第1卷［M］.北京：人民出版社，2012：11.

渐进地中国化。《发展》在中国出版与传播的主要版本是科学社会主义的理论逻辑在中国百年传承的衣钵，是实现这一理论中国化的一个重要桥梁和纽带，通过这些版本所表达出来的关于科学社会主义的基本原理则会增强马克思主义的科学社会主义理论在中国的实践性。从新民主主义革命时期的阶级革命的实践到社会主义革命和社会主义建设的实践，再到时下中国特色社会主义的实践，马克思主义的科学社会主义理论在中国实现了从实践追求到实践达成、再到实践的飞跃。从马克思主义中国化的角度来看"中国革命和建设的特殊道路还填补了马克思主义在落后国家中争取科学社会主义这一理论运用实践的空白"。[1]对此，习近平总书记曾做出了精确的概括："中国特色社会主义，是科学社会主义理论逻辑和中国社会发展历史逻辑的辩证统一，是根植于中国大地、反映中国人民意愿、适应中国和时代发展进步要求的科学社会主义。"[2]这说明中国对科学社会主义理论的需要是马克思主义的科学社会主义在中国成功实现的基本前提。新民主主义革命时期《发展》在中国的出版与传播不仅奠定了马克思主义的科学社会主义理论在中国早期实践的基础，而且奠定了其在当下中国特色社会主义建设时期的实践基础。

---

[1] 胡德平.改革放言录［M］.北京：人民出版社，2013：26.

[2] 中央宣传部.习近平新时代中国特色社会主义思想学习纲要［M］.北京：学习出版社，人民出版社，2019：25.

马克思主义中国化理论创新标准问题的再思考

王琳玲[*]

摘　要：中国特色社会主义进入新时代，马克思主义中国化的理论创新面临着诸多新问题、新任务与新挑战，此领域也仍然存在诸多空间值得探索与发现。马克思主义中国化的理论创新始终是学术界的热点话题，但关于理论创新标准的专题性探讨还有待深入。搭建马克思主义中国化理论创新标准的核心体系十分必要，本文从逻辑学角度对理论创新的标准进行分析，发现其由前提性要件、归属性要件、表征性要件、价值性要件四个部分共同构成，且各部分密切联系、缺一不可。

关键词：马克思主义中国化；理论创新；理论创新标准

创新是一个民族的灵魂。2021 年 2 月，习近平总书记在党史学习教育动员大会上指出，我们党的历史，"就是一部不断推进理论创新、进行理论创造的历史"[1]。因此，对什么是理论创新，马克思主义中国化的理论创新的标准是什么等基本问题的解决，对于深入理解党的理论发展的历史进程与习近平新时代中国特色社会主义思想的原创性贡献具有重要意义，也应成为进一步推动马克思主义中国化理论的创新发展的题中应有之义。

---

* 　王琳玲，南京师范大学马克思主义学院硕士研究生。
［1］习近平 . 在党史学习教育动员大会上的讲话［M］. 北京：人民出版社，2021：12.

一、问题的提出

理论创新的重要性与必要性毋庸置疑，这是马克思主义中国化理论发展得以持续推进的生命所在。中国共产党自成立之初便重视马克思主义理论的学习、发展与创新问题，并逐步取得了巨大的成就。20世纪以来，关于马克思主义中国化理论创新的相关研究十分活跃。马克思主义理论创新的表现、范式、要求、成果等问题始终是学界研究的热点，尤其是2009年新中国成立60周年前后、十八大以来、习近平新时代中国特色社会主义思想体系诞生与发展的过程中，逐渐形成了马克思主义中国化理论创新研究的研究热潮。尽管关于马克思主义理论创新的研究成果很多，但关于理论创新标准的专题研究仍然有较大的探讨和研究的空间。

目前，国内研究的重点聚焦于中国共产党百年来推进马克思主义中国化理论创新的历史考察及对其规律与基本经验的凝练与总结，学术性研究成果颇丰[1]。现有研究主要聚焦于以下几个层面：（1）内涵论，即什么是理论创新以及马克思主义中国化理论创新的科学内涵与具体表现等问题；（2）动因论，即马克思主义能够进行理论创新的原因与动力等相关问题；（3）机制论，包含如何在实践中进行理论创新，理论创新的推进与实现机制以及其中涉及的创新主体、创新途径等问题；（4）成果论，即百年来马克思主义中国化理论创新取得了哪些成果及对这些成果进行的专题性研究与探讨，特别是十八大以来对习近平新时代中国特色社会主义思想的理论创新及其原创性贡献的专题研究；（5）综合论，包含理论创新的特征、判定标准、基本原则、经验总结等基本问题。在对学术界相关研究进行梳理后，本文将

---

[1] 目前关于马克思主义中国化理论创新的代表性成果有：张森年著《中国马克思主义理论创新之道》（上海人民出版社2007年版）；侯惠勤、辛向阳、金民卿等著《马克思主义中国化理论创新30年（1978—2008）》（中国社会科学出版社2008年版）；李安增主编《马克思主义中国化研究》（中央编译出版社2009年版）；龚平主编《当代马克思主义理论创新与探索》（西南交通大学出版社2012年版）；《21世纪马克思主义理论研究的探索与创新》（中国人民大学出版社2016年版）；张彦、陈占安、白锡能主编《21世纪中国马克思主义理论的创新与发展》（中国社会科学出版社2017年版）；储著源著《中国马克思主义理论创新范式研究》（安徽人民出版社2018年版）；李海青等著《中国化马克思主义的理论探索与创新机制》（人民出版社2018年版）；等。

研究重点放在判定马克思主义中国化理论创新的标准问题上。

当然，在讨论理论创新标准之前，需要厘清的是理论创新的概念与内涵问题。对理论创新的概念与科学内涵进行界定与把握，是开展马克思主义中国化理论创新标准问题研究的逻辑起点与理论前提。在此之前，董京泉（2001）[1]，张国祚（2001）[2]，田丰、刘景全（2002）[3]，夏东民、陆扬（2012）[4]等学者均对理论创新的内涵进行过分析与论述。他们的观点虽然在话语表述等方面存在差异与部分分歧，但其核心内容相对一致，都认为理论创新是在实践以及继承前人理论的基础上对理论的新发展。因而，笔者尝试对以上各学者的观点进行整合与凝炼。首先，"理论"是指人们关于事物知识的理解和论述，人的认识产生于实践，因而理论产生于实践，理论的一切发展与创新也必然以社会实践的发展为基础。其次，"创新"应是指"抛开旧的，创造新的"。经济学家熊彼特（Joseph Schumpeter）最早提出"创新"这一概念，他将"新的或重新组合的或再次发现的知识被引入经济系统的过程"称为创新。这种定义既包含首创性的创造，也包含对现有内容的继承、发展与超越，也就是"重新组合"与"再次发现"，并且最后要把新知识"引入经济系统"才算完成，也即要将创新的内容引入实践，产生实际效果才能称为完整的创新过程。这实际上就在定义层面对创新的表征做出了质的规定。因此，"理论创新"就是在新的社会实践的基础上，突破原有理论体系与思想观念，对新问题、新现象进行新的理论分析、理论解答、理论提炼与理论创造，这样的理论创新过程最终要引入实践运用才算完成。在此基础上，对马克思主义中国化理论创新的内涵进行界定与分析，其内涵可以理解为面对马克思主义与中国实际相结合所产生的具体实践与时代问题，在原有理论的基础上融入中国文化要素，做出新的具有中国特色的分析与解答，并进行凝炼与提升，最终指导实践进一步发展。

讨论完理论的界定后，再来讨论标准。所谓标准，是指衡量事物的准则、榜样和规范。标准的确定事实上为理论创新与发展制定了较为客观的评价体系。脱离标

［1］ 董京泉.论理论创新［J］.文史哲，2001（4）.

［2］ 张国祚.关于理论创新的思考［J］.求是，2001（22）.

［3］ 田丰，刘景全.关于理论创新若干问题的探讨［J］.学术研究，2002（3）.

［4］ 夏东民，陆扬.论马克思主义中国化理论创新及其核心要素［J］.新华文摘，2012（8）.

准谈创新，只凭个人主观臆断，就如同水上浮萍，缺失了根本与客观依据，且会逐渐带有唯心主义色彩，陷入先验论的泥淖。关于理论创新的判定标准问题，学界也有过相关的研究基础。如杨凤城[1]在将理论创新分为一般理论创新与重大理论创新的基础上，从理论的问题背景和实践背景、理论的战略意义、理论性强且属于重大理论问题与原则性问题、"异端"特征明显四个方面界定理论创新的评价标准。他认为这四条是判断某理论成果是否为"重大理论创新的成果范型"的标准。张国祚在"全国马克思主义理论创新高层论坛"会议上也曾给出分析与回答。他提出，判断一个理论是否具有创新意义，主要看以下三个方面：一是它的创新性成果是否能够填补现有领域的不足与空白；二是看它是否能够推动理论研究的"深化、强化与拓展"；三是看研究成果是否能够对过去理论进行"合乎情理、合乎科学的心得分析和判断"[2]。以上三个标准是目前较为明确的判断理论创新的评价标准,具有重要的价值与意义。孙显蔚[3]与丰子义[4]等学者都曾指出,理论创新的标准最终只能来自实践,但并未对标准的具体内容进行阐释。李靖良[5]同样在其《哲理辩》一书中谈到，"理论创新要运用好理论标准"，理论创新的标准明确地讲就是理论符合现实，就是从实际出发，实事求是。除此以外，滕明政[6]认为理论创新及其标准均有层次性，要从理论创新的性质、理论创新的程度和理论创新的实践水平三个标准理解理论创新的层次。与上述学者从抽象层面对理论创新标准进行分析不同的是，多位学者从具体的学科领域对理论创新的标准进行了探讨。如余亚平就思想政治教育理论创新的具体标准进行分析，他提出：理论创新的标准是具体的，理论创新与否，"就是要看其能否突破原来思想政治教育的整个理论体系、理论框架，建立为全新质的理论体系；看其能否在思想政治教育理论原有的体系、框架基础上，对若干内容，甚至若干原理等，有所突破，有所修正；看其能否对理论上的人为禁区或

[1] 杨凤城.马克思主义中国化历程中理论创新的标准与重大创新成果[J].理论导刊，2007：12.
[2] 马凤强，吴琼，惠慧."全国马克思主义理论创新高层论坛"综述[J].教学与研究，2011：11.
[3] 孙显蔚.批判性思维的现代辨识[M].武汉：中国地质大学出版社，2012：136.
[4] 丰子义.走向现实的社会历史哲学[M].武汉：武汉大学出版社，2010：27.
[5] 李靖良.哲理辩[M].昆明：云南大学出版社，2014：50.
[6] 滕明政.马克思主义中国化理论创新的三个维度[J].思想教育研究，2017（3）.

认识上的未知领域做出积极的、大胆的探索"[1]。于伟也从教育学的角度对教育理论创新的标准进行界定，他认为，"不同的类型和层次的教育理论创新其标准是不同的""最高层次的教育理论创新应是具有划时代意义的、里程碑式标志的原创性成果"[2]；而基本标准应该是"有利于培养创新人才，有利于促进教育发展，有利于推进社会的全面进步"[3]。

总而言之，学界对于马克思主义中国化理论创新的相关问题展开了多维度、多层面的研究，但仍有问题亟待解决，其中判定马克思主义中国化理论创新标准的问题更是缺少系统研究。就仅有的研究成果来看，学界目前对理论创新标准的实践性特征有了基本的共识，但是具体判定创新标准体系的搭建还有待完善，特别是需要对理论创新标准的特点进行明确、对理论创新标准的具体内容进行明示、对理论创新的内在价值进行把握等。值得注意的是，诸如教育学、会计学等其他学科对此问题也有过相关研究，因此关于马克思主义中国化理论创新标准的确定或可借鉴其他交叉学科的理论内容。基于此，笔者将于下文尝试运用逻辑学的分析方法对马克思主义中国化理论创新标准的具体内容进行分析与界定。

二、马克思主义中国理论创新标准构建的逻辑学分析

在我们对马克思主义中国化理论创新标准的构建过程中，需要推理得出的问题是："满足什么样的条件才能称为马克思主义中国化的理论创新"，又或者可以表述为"只有……才是马克思主义中国化的理论创新"，这实质上也是一种命题的判断与肯定。而在标准的搭建过程中，单向度的条件或者说"前件"显然是不够的，理论创新的标准必然包含多方面、多维度的要件，这就需要进行更深层次分析与研讨。

[1] 余亚平.思想政治教育学新探［M］.上海：上海人民出版社，2004：10.

[2] 于伟，张夏青.教育理论创新的五个前提性问题［J］.当前教育论坛：宏观教育研究，2004（3）.

[3] 于伟.理性与教育［M］.合肥：安徽教育出版社，2009：143-144.

（一）前提性要件：实践主题的发展与转换

"全部社会生活在本质上是实践的。"[1]任何理论都不会凭空出现或自发产生，理论的产生、发展与创新必然来源于实践的需要。理论创新的过程，"既不是某个理论家的天才灵感所激发出的单纯创造欲望，也不是某个领袖人物纯粹基于主观意志的标新立异"[2]。可以说，不以实践为来源依据的理论创造都是凭空想象，最终只会走向唯心主义的歧路。

从充分性来讲，社会发展主题与实践条件的转换为理论创新提供发展来源，实践的发展必然会带来理论的进步，"实践一旦迫切需要新的理论来指导，理论创新就会呼之即出，成为历史的必然"[3]。从必要性来讲，实践的发展为理论创新提供可能与创新空间。实践有了需求，理论才能有价值、有生命力，才能有发展。中国共产党的伟大理论都必然以丰富的实践经验为源泉，都有丰富的实践成就来支撑。理论的发展总是在解决问题的过程中得以实现的。"问题是创新的起点，也是创新的动力源"，"从某种意义上说，理论创新的过程就是发现问题、筛选问题、研究问题、解决问题的过程"[4]。回顾马克思主义中国化理论创新与发展的历程，中国共产党始终坚持直面革命、建设与改革历程中不断提出的问题与挑战，把成功的实践上升为理论，实现理论的不断创新。五四运动后，中国民主革命运动高涨，中国共产党在国内外合力的作用下应运而生，开始有组织、有目的地将马克思主义的基本理论运用于中国革命的具体实践。然而国民革命的失败让中国共产党开始思考俄国十月革命的直接经验和中国具体国情与革命实际之间的适配性。当此之时，迫切需要转变思路，实现马克思主义基本原理与中国革命实践的结合与适配，于是毛泽东思想便第一次作为具有飞跃性质的马克思主义理论中国化应运而生了。"文革"结束后，面对国内政治、经济、文化的混乱局势，中国的社会主义建设陷入迷茫，当此之时，迫切需要在拨乱反正的基础上回答社会主义建设实践提出的现实问题与新型考验，弄清"什么是社会主义、如何建设社会主义"这样重大的根本性理论问题，

[1] 马克思恩格斯选集：第1卷［M］.北京：人民出版社，2012：135.

[2] 张国祚.关于理论创新的思考［J］.求是，2001：22.

[3] 张国祚.关于理论创新的思考［J］.求是，2001：22.

[4] 习近平.在哲学社会科学工作座谈会上的讲话［M］.北京：人民出版社，2016：14.

这便是邓小平理论的产生背景。20世纪末至21世纪初，面对新世纪国内国际形势的新变化以及中国共产党内部的建设出现的新问题与新挑战，迫切需要解决党的内部出现的信念淡薄、组织涣散等重大问题。当此之时，"三个代表"重要思想应运而生，创造性地回答了"建设什么样的党，怎样建设党"的问题。随后，面对中国改革发展关键时期出现的发展不协调、不全面，持续发展能力弱等关键问题，科学发展观进一步对"实现什么样的发展、怎样发展"作出回答。

总而言之，无论是从马克思主义认识论的"实践、认识、再实践、再认识"的基本循环过程而言，还是从党的理论创新的历史进程而言，马克思主义中国化理论创新的前提必然是实践条件的转换，这也是理论能够得以发展的来源与动力。正如习近平指出的："这是一个需要理论而且一定能够产生理论的时代，这是一个需要思想而且一定能够产生思想的时代。"[1]新时代背景下，实践的发展使得马克思主义中国化理论创新呈现出新的特色，习近平新时代中国特色社会主义思想也是在解决时代问题的过程中不断得到了创新与发展。

（二）归属性要件：马克思主义的理论底色

"无论时代如何变迁、科学如何进步，马克思主义依然显示出科学思想的伟力，依然占据着真理和道义的制高点。"[2]中国共产党是在马克思主义指导下诞生的无产阶级政党，自成立起便始终把马克思主义奉为核心与灵魂，并不断在实践的过程中推进着理论的创新与发展。这种创新，不是取代旧的，而是完善的、一脉相承的，是具有马克思主义底色的理论发展，更是在对马克思主义科学、真理形成清晰认识和理论认同基础上的创新。

理论创新的前提是继承，是对马克思主义的坚守。马克思曾指出：人们创造历史"是在直接碰到的、既定的、从过去承继下来的条件下创造"[3]。这种承继，对于理论创新而言，便是对既有的理论成果与思想方法传承与继续，尤指对根本指导思想的坚守与承继。习近平掷地有声地表明了我们党的鲜明立场："马克思列宁主

---

[1] 习近平.在哲学社会科学工作座谈会上的讲话[M].北京：人民出版社，2016：20.

[2] 习近平.在哲学社会科学工作座谈会上的讲话[M].北京：人民出版社，2016：8.

[3] 马克思恩格斯选集：第1卷[M].北京：人民出版社，2012：669.

义、毛泽东思想一定不能丢，丢了就丧失根本。"[1]社会主义理论的前进与发展，如果抛弃了马克思主义的理论底色，就会迷失方向、走上歧路，如同空中楼阁、缥缈不定。历史的经验与教训告诉我们，坚持马克思主义在意识形态领域的根本指导地位是社会主义能够平稳运行、持续发展的根本保障。苏联正是因为极力追求创新，而全盘否定了已有的理论根基，丢弃了根本指导原则，放弃了自身，才会走向极端，最终解体。俄国学者季诺维耶夫在总结苏联的教训时沉痛地说："现实社会主义的变形总是同马克思主义的教条化或对马克思主义的背弃一起开始的。……苏共领导开始疏远马克思主义，并用各种各样的自由主义和改良主义思想偷换马克思主义。"[2]反观新中国，尽管也曾出现过矛盾与冲突，出现过挫折与彷徨，但中国共产党始终坚持将马克思主义作为根本指导思想，"始终坚持培元固本与守正创新相统一，产生了毛泽东思想、邓小平理论、'三个代表'重要思想、科学发展观，产生了新时代中国特色社会主义思想"[3]。当然，马克思主义中国化的理论创新，锐意创新是关键。毛泽东曾就马克思主义理论创新如何指导中国实践作出回答时指出："马克思这些老祖宗的书，必须读，他们的基本原理必须遵守，这是第一。但是，任何国家的共产党，任何国家的思想界，都要创造新的理论，写出新的著作，产生自己的理论家，来为当前的政治服务，单靠老祖宗是不行的。"[4]既学习基本原理，又积极理论创新，才能推动马克思主义的发展。坚持马克思主义的指导地位必然不是僵化地全盘继承，不是教条地照搬照抄，马克思主义的经典著作中也没有写到中国如何进行革命、建设和改革的具体方案；同时，言必搬经典语录、循规蹈矩、墨守成规的做法，不可能、也不会产生理论创新。习近平新时代中国特色社会主义思想体系就是建立在马克思主义基本原理以及党的现有理论成果的基础上进行的原创性创新与继承性发展，是 21 世纪马克思主义的最强引领与最新创造。

　　总之，马克思主义中国化的理论创新必然要始终坚持马克思主义的理论底色，在全面地、系统地、深入地研究和掌握马克思主义，阅读、理解、掌握理论经典的

［1］习近平谈治国理政［M］.北京：外文出版社，2014：9.

［2］郭德钦.苏联解体：马克思主义意识形态建设上的沉痛教训［J］.红旗文稿，2018（2）.

［3］习近平.在党史学习教育动员大会上的讲话［M］.北京：人民出版社，2021：12.

［4］毛泽东文集：第 8 卷［M］.北京：人民出版社，1999：109.

基础上，不断推进马克思主义中国化的理论创新，但同时也要注意"既不走封闭僵化的老路，也不走改旗易帜的邪路"[1]，时刻警惕主观主义与教条主义。

（三）表征性要件：内容的实质性创新

衡量马克思主义中国化理论创新的重要标准之一就是，是否符合理论创新的具体表现形式。根据现有理论与现实实践的适配程度，可以将理论创新进行层次划分。因此，就不得不对理论与实践的适配关系进行分析（见表1），面对实践中出现的新问题进行的理论创新，笔者认为主要有以下几种情况：第一，先河性的创造，即现有理论体系中没有相关理论基础，需要进行开创性的理论创造；第二，历史性的超越，即现有理论体系中有理论基础，且为正确论述，尚能适用，但不够全面，需进行挖掘性或整合性的理论完善与发展；第三，理性的否定与"拨乱反正"，即现有理论体系中有理论基础，但已不适用，因而需要进行改造，实现"革故鼎新"。

表　1

是否存在理论	正确与否	是否满足现实需要	怎样创新
√	√	√	/
√	√	×	历史性的超越
√	×	×	理性的否定，革故鼎新
×	/	/	先河性的创造

1.先河性的创造

所谓"先河"，就是首先创造的事物。这一类的理论创新是指后继者用马克思主义思想、观点、方法分析新的社会发展实践，进而创造出的新的理论成果，这是原有马克思主义的具体理论尚未涉及的领域，也是前人从未讲过、经典著作中找不到的原创性理论。例如，毛泽东提出的"农村包围城市，武装夺取政权"的新民主主义革命道路的理论指导了中国人民取得了新民主主义革命的胜利；邓小平关于社会主义初级阶段以及社会主义市场经济的理论指导了中国人民走上了"富起来"的

[1] 习近平谈治国理政［M］.北京：外文出版社，2014：30.

征程；习近平新时代中国特色社会主义思想包含的"人类命运共同体"理念、党建理论、反贫困理论以及社会主义国家治理理论等，也正指引着党和人民向着中华民族伟大复兴的中国梦努力迈进。

2. 历史性的超越

这一种理论创新模式主要指的是，原有马克思主义的具体理论对该领域有过相关论述，但随着实践的发展，原有理论逐渐展现出不完善之处，需要在马克思主义中国化的过程中对原有理论进行深化、完善与超越。这种完善与超越，是一种局部性的、阶段性的创新，未涉及根本，而是立足于基本原理及现有理论成果基础上的继续创新与完善。这种创新表现出拓展性的特征，更突出地强调了对原有理论的发展与超越。例如，"三个代表"思想是立足新的时代变化、新的考验与挑战，在继承马克思主义建党学说的基础上形成的对党的建设相关理论的新概括与新拓展；科学发展观提出的"全面协调可持续"的发展理念，着眼于"创新发展观念、理清发展思路、破解发展难题、转变发展方式"[1]，是对马克思主义发展观与中国特色社会主义发展理论的继承与发展。

3. 理性的否定与拨乱反正

这一形式的创新，既指对"长期被颠倒了的理论是非进行清理，重新回到正确轨道上来"[2]，同时也强调在重新形成对真理的正确认知的基础上，结合新的实际增添新的内容[3]，实现批判基础上的创新。它既包含与错误思想的理性交锋，也包含对正确思想的肯定与发展。例如，"文革"后党的拨乱反正时期，邓小平不仅纠正了"两个凡是"的错误思想，完成了指导思想的拨乱反正，而且推动了党和国家的事业迈入健康发展的轨道。他在吸取错误发展教训的基础上指出，"贫穷不是社会主义，社会主义要消灭贫穷"[4]，更进一步从根本上回答了"什么是社会主义，怎样建设社会主义"的问题，使得中国走上了一条具有中国特色的社会主义发展道路。

[1] 十七大以来重要文献选编：中［M］.北京：中央文献出版社，2011：329.

[2] 任淑艳.回眸历史 关怀现实——指导思想拨乱反正的经典成果与历史经验［J］.理论月刊，2013（1）.

[3] 滕明政.马克思主义中国化理论创新层次的三个维度［J］.思想教育研究，2017（3）.

[4] 邓小平年谱（一九七五——一九九七）：下卷［M］.北京：中央文献出版社，2004：1037.

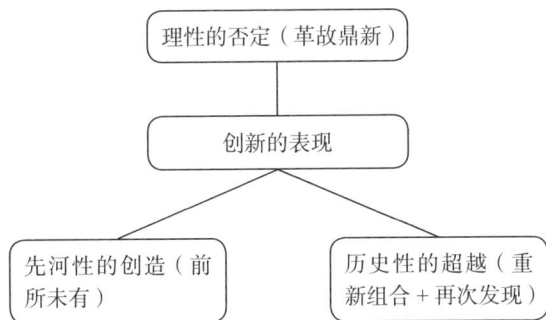

图 1

总而言之，理论创新的表征性标准是判断理论发展是否属于创新的最直接判断要件。以上三种理论创新表现形式既可以独立存在，也可以综合发展。（见图 1）值得注意的是，随着近些年话语体系的构建与术语表达的创新成为研究的热点，术语革命与形式创新是否属于理论创新也成为热议的话题。关于这个问题，笔者认为，术语是理论创新的产物，但简单的术语创新不能算作理论创新。恩格斯曾提出："一门科学提出的每一种新见解都包含这门科学的术语的革命"[1]，术语是理论体系建构时，用来表示概念称谓的集合。客观而言，术语能够直观地呈现出每一次理论创新与发展的核心要义，但理论创新还是要回归到内容的实质创新与发展，并最终回归实践。理论创新与发展的真正价值一定是能够指导社会实践向前发展的创新，一定是能满足人民的需要的，绝不能把这种理论创新当作一种文字新游戏、当作一种名词的新花样、当作一种术语的新演绎。进一步来说，新的话语表述更多是为了传播和教育的需要，能够最大程度推动党的理论成果深入人心。自十八大以来，习近平的重要讲话中总会出现许多掷地有声、耳目一新、言近旨远的"金句"，不仅是习近平新时代中国特色社会主义思想的生动展现，更是助力广大干部群众理解掌握党的最新思想的重要依托。但其中承载的核心要义仍然是习近平对党、国家和社会发展规律的把握，是对马克思主义的深刻认知与创新发展。

（四）价值性要件：回归实践，满足人民

理论创新的价值性标准实际上解决的是目的性问题"理论创新是否具有现实性

---

[1] 马克思恩格斯文集：第 5 卷［M］．北京：人民出版社，2009：32.

效用"与价值性问题"理论创新为了谁"。

从理论发展的目的导向来说，理论创新从来不是为创新而创新，而是研究新情况、解决新问题。理论创新是否科学、是否有价值，关键就在于实践中提出的问题是否能够得到解决，以及该问题解决得是否正确，相关实践是否能够得到推动与发展等。不能指导实践、不能解决实际问题的理论只能说是空有其形而无其神。众所周知，马克思主义的科学性与先进性的体现，一方面在于它庞大而严密的理论体系，但更重要的是它作为实践哲学，极大地改变了世界以及人们的思维方式，也即它能够影响群众，并最大程度转化为改造世界的物质力量，影响世界历史的发展。马克思早在《关于费尔巴哈的提纲》中就指出："哲学家们只是用不同的方式解释世界，而问题在于改变世界。"[1]马克思主义最初诞生之际，就不仅仅体现在书本中，而是体现在国际共产主义和工人运动中，走进了广大工人群众的头脑里。马克思主义传入中国之初，早期具有共产主义思想的先进知识分子也从未将其当作纯理论而束之高阁，而是带着这一理论走近工人群体，掀起了工人运动的高潮，在不断的革命实践中实现了马克思主义与中国具体实际相结合，这才有了几次马克思主义在中国的理论飞跃与发展。在中国共产党百年的发展历程中，党对马克思主义理论的发展始终保持着强有力的实践性特征。在革命、建设、改革的不同时代主题之下，实现了一系列伟大的实践成果与打造了完善的制度体系。如今，以习近平同志为核心的党中央在治国理政的实践中，围绕改革发展稳定、内政外交国防、治党治国治军提出了一系列新思想与新战略[2]，并进一步指导着中国特色社会主义实践的发展，不断推进中国向社会主义现代化强国的目标与中华民族伟大复兴的中国梦迈进。总而言之，马克思主义的出发点与归宿始终都是改造世界，那么马克思主义的理论创新也必然要以实现改造世界的"实践"为目的导向与归宿。

当然，这里的回归"实践"也必然是以满足人民的需要为目的的实践。马克思主义中国化理论的发展必然是对人民群众诉求的理论回应与解答。"为什么人的问题是哲学社会科学研究的根本性、原则性问题。"[3]以人民为中心是马克思主义中国

[1] 马克思恩格斯选集：第1卷[M].北京：人民出版社，2012：140.

[2] 郭建宁.续写中国特色社会主义新篇章的内涵和基础[N].人民日报，2016-05-18.

[3] 习近平.在哲学社会科学工作座谈会上的讲话[M].北京：人民出版社，2016：12.

化理论创新中需要把握的第一要义，也是党推动理论发展的宗旨与追求。百年来，毛泽东思想科学地回答了人民对国家独立、民族解放的迫切追求；邓小平理论回答了人民群众对人民富裕、国家富强的强烈渴望；三个代表重要思想反映了群众对党为人民、人民为党的热切呼唤；科学发展观是对人民群众关心的如何实现科学发展、持续发展的理论回答；习近平新时代中国特色社会主义思想关切了人民群众对民族振兴、人民幸福的期待与向往。总之，只有具有人民性，符合人民利益的理论创新，才是真正的理论发展。正如习近平所指出的："脱离了人民，哲学社会科学就不会有吸引力、感染力、影响力、生命力。"[1]

结论

综合而言，理论创新的问题来源、理论底色、表现形式与实践价值是判断理论创新的四个标准，共同构成理论创新的客观评价体系。（见图2）需要强调的是，前提性要件、归属性要件、表征性要件、价值性要件这四个标准要件是具有内在统一性的完整体系，并不能孤立存在，四者都是理论创新的充分且必要条件，只有同时满足四要件，才能称为理论创新。当然，以上标准体系的构建还仅属于一个尚不成熟的理论尝试与探讨，关于马克思主义中国化创新标准，我们仍然面临着诸多问题，例如，理论创新标准的制定是否能够融入定量要素使得评价体系更为客观；又如，理论创新标准的表征性要件是否还有其他形式可以补充；等等。不仅仅是理论创新的标准问题，关于马克思主义中国化理论创新的动力机

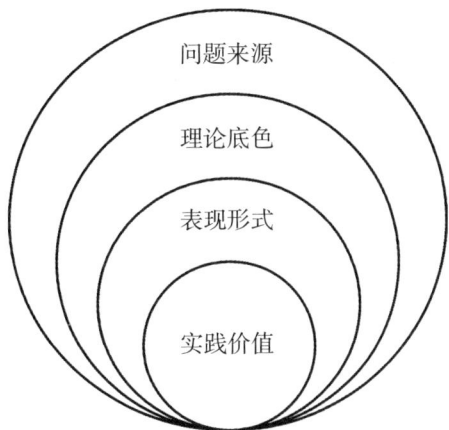

图2 理论创新标准体系

[1] 习近平.在哲学社会科学工作座谈会上的讲话[M].北京：人民出版社，2016：12-13.

制、演进规律、发展范式、主体构成等领域仍然有诸多问题等待我们探索、研究。其中，习近平新时代中国特色社会主义思想是马克思主义中国化理论创新的最新成果，对于它的研究与探讨仍有待进一步深化，尤其是对其中原创性理论贡献的挖掘、对其中继承性创新内容的整理、对其中理性反思的内容进行剖析，仍然是研究的重点。

党的十八大以来，我们党之所以能够历经考验磨难无往而不胜，关键就在于不断进行实践创新和理论创新，要不断把马克思主义中国化推向新的境界、把党和国家的事业推向新的阶段，既要善于从创新性的实践中提炼出新的语言概念或话语表述，也要形成创新性观点与理论，善于从党的历史中发掘和汲取党的理论创新智慧，在实践基础上推进理论创新的同时，让创新成果走入基层、走入群众、走进人心。

人类命运共同体对全球治理体系的"破"与"立"
——基于马克思对资本逻辑批判的思考*

朱　柳　李文勇**

摘　要：资本逻辑既是构建现行全球治理体系的根本法则和运转轴心，也是当前"制度失灵""治理失序"等全球治理乱象之"原罪"所在。以推动构建人类命运共同体的理念来积极参与和变革全球治理体系，必须以历史唯物主义视野批判隐匿其背后的资本逻辑，正确处理好人类命运共同体与全球治理体系之间的批判性与建设性关系，即"破"与"立"的关系，以"破"促"立"和以"立"带"破"。着力"破"资本增殖的一元逻辑，"立"人类命运共生的逻辑；"破"霸道的全球治理旧规，"立"公道的全球治理新则；"破"资产阶级的普世价值，"立"全体人类的共同价值；"破"资本逻辑内生之历史界限，"立""真正的人类命运共同体"之方案。

关键词：人类命运共同体；全球治理体系；资本逻辑

党的十八大以来，面对"世界怎么了""世界怎么办""人类应该向何处去"的时代发问，习近平总书记以深邃的历史眼光和卓越的政治智慧创造性地提出了构建

---

* 本文系中央高校基本科研业务经费项目（创新项目）"习近平关于铸牢中华民族共同体意识重要论述研究"（2020CXZZ063）、2020 年度华中师范大学马克思主义学院研究生科研资助项目的阶段性成果。

** 朱柳，武汉理工大学马克思主义学院 2020 级硕士研究生；李文勇，华中师范大学马克思主义学院 2019 级硕士研究生。

人类命运共同体这一"中国方案"。在党的十九届五中全会上，党中央作出的关于实现"十四五"规划和二〇三五年远景目标的建议中的重要内容之一，就是推动构建人类命运共同体，积极参与全球治理体系改革和建设[1]。思想是行动的先导。只有先对当前全球治理体系进行彻底的而不是形而上学的理论清算，深入厘清人类命运共同体在何种高度上超越旧的全球治理体系、又在何种程度上重塑新的全球治理体系这一核心问题，才能凝聚世界各国人民思想共识，以推动构建人类命运共同体，从而推进全球治理体系的建设和变革。

现行全球治理体系源于资产阶级开辟世界历史后的全球范围内的资本价值增殖活动。它经威斯特伐利亚体系、维也纳体系、凡尔赛—华盛顿体系和雅尔塔体系等旧式全球治理体系的演化革新，最终"分娩"出以发达资本主义国家为主导、以发展中国家为参与对象的一整套国际经济政治规则，具体来说就经贸往来、生态保护、移民管理、打击犯罪、医疗卫生等全球问题定制条约或国际组织各方权利义务、行为规范等。马克思主义认为，"一切社会变迁和政治变革的终极原因……应当到有关时代的经济中去寻找"[2]，资本作为"普照的光"和"特殊的以太"[3]，是撬动整个资本主义生产方式运转的"阿基米德杠杆"。资本主义的形成、发展和灭亡是围绕着资本的一系列运动规律展开的，可称为"资本逻辑"。虽然马克思没有明确提出"资本逻辑"这样的词语，但他在《资本论》及其手稿中已科学阐释了这一逻辑的自我扬弃过程。因此，马克思对资本逻辑的批判无疑为理解人类命运共同体对全球治理体系的"破"与"立"的关系提供了理论武器。

一、破资本增殖的一元逻辑，立人类命运的共生逻辑

当前全球治理体系仍然被资本增殖的一元逻辑所宰制。以马克思主义来看，

---

[1] 中共中央关于制定国民经济和社会发展第十四个五年规划和二〇三五年远景目标的建议 [N].人民日报，2020-11-04.

[2] 马克思恩格斯选集：第 3 卷 [M].北京：人民出版社，2012：797-798.

[3] 马克思恩格斯选集：第 2 卷 [M].北京：人民出版社，2012：707.

"资本只有一种生活本能,这就是增殖自身,创造剩余价值"[1],这种本能还滋生着对资本永无上限的贪婪欲望,驱动它不断地自我扩张来吮吸活劳动的鲜血以实现无限追逐剩余价值的满足。增殖价值,是资本的核心逻辑,是资本的本性使然。自资本诞生之日起,这种逻辑犹如强大且不可控的癌细胞,早已蔓延扩散至资本主义生产方式的每个角落,使得资本主义国家无论是在对内统治、还是对外扩张中都散发着追求资本增殖一元目标的腐朽铜臭味。当前全球治理体系也难以逃脱资本逻辑的魔爪,无法摆脱被资本增殖的一元逻辑而宰制的命运。从实质来看,资本逻辑下的全球治理体系是资本主义国家为分割世界剩余价值而伪造出的"秩序"假象。问题不仅在于"创造世界市场的趋势已经直接包含在资本的概念本身中"[2],还在于面对庞大的世界市场所展露出来的资本价值增殖诱惑,如果没有一个按照某种"约定成俗"的东西建立起来的所具有共同约束力的规则框框,那么"资本的代言家们"在世界意义上的剩余价值的生产、实现和分割便会陷入无序与混乱状态。为避免以上情况导致资本发生窒息的尴尬,资本主义国家便合谋在全球各个领域搭建起利于资本"吸食"的一系列所谓"原则"与"条约"。从表现特征来看,资本逻辑下的全球治理体系具有利益至上性和不稳定性。在全球化时代,资本按照自己的意志建构起了一个不断冲破单个民族国家界限、生产要素跨国流通的世界性资本生产、流通和循环网络,把所有国家都毫无例外地卷进资本漩涡的时空磁场。这就迫使世界各国总是基于这样或那样的利益考量加入国际组织或缔结国际条约。马克思指出:"资本害怕没有利润或利润太少,就像自然界害怕真空一样。一旦有适当的利润,资本就胆大起来"[3],毫无顾忌地通过践踏人间道德法律、还是鼓动骚乱和发起战争的方式来获取。然而由资本逻辑作为纽带链接起来的全球治理体系,表面上是国家间的利益共赢,实则一旦触及核心利益的敏感地带,它们便会露出自身利益至上的狰狞面孔和嗜血的獠牙,把所谓的"义务""秩序"抛至资本的九霄云外。两次世界大战的爆发、美国近年频繁地"退群"以及一些国家贸然撕毁与违反国际公约,就是最好的佐证。深思全球治理体系的"制度失灵""治理失序"乱象,根本

---

[1] 马克思恩格斯文集:第5卷[M].北京:人民出版社,2009:269.

[2] 马克思恩格斯文集:第8卷[M].北京:人民出版社,2009:88.

[3] 马克思恩格斯文集:第5卷[M].北京:人民出版社,2009:871.

在于"资本已经变成了一种非常神秘的东西"[1]，进化为"能动的主体"和"过程的主体"[2]。由此，资本逻辑在世界范围的大行其道必然颠倒人与资本在全球治理中的主客体关系，使资本成为全球治理的主体，而人却退居客体成为资本全球治理的附庸，结果自然是资本增殖成为了全球治理体系唯一的关切点。这一资本运动的核心内容之外的其他事情，甚至威胁人类生存与发展的一系列全球问题都不被关注。"问题就是时代的口号，是它表现自己精神状态的最实际的呼声。"[3]也就是说，新的全球治理体系不可能只围绕资本增殖的核心逻辑进行构建，必须要附加属人的且人占据主体的逻辑。

人类命运共同体为变革全球治理体系注入了资本核心逻辑之外的人类命运共生逻辑。马克思主义认为，"人是类存在物"[4]，既是能够以自由的有意识的活动与动物相区别开来的类存在物，又是与其他生物一样与自然界存在普遍联系的类存在物。这就决定了人类只能以宽广的类尺度而不是狭隘的个体尺度审视全球性问题、进行全球治理与变革全球治理体系。一方面，人类命运共同体在类尺度上以人的类特性重塑人与人之间的关系共同体。当今人类共同体超越了以地缘和血缘为特征的"原始的共同体"，并介之于由"虚假的共同体"向"自由人联合体"迈进的历史阶段，历史也不再是封闭孤立的单个民族史，而是相互关联、共生共存的世界历史。在这样一个特殊的人类共同体阶段，无论是"资本主义的人"，还是"社会主义的人"，都同属"地球的人"，和平赤字、发展赤字、治理赤字等全球问题都严重威胁全体人类的生存和发展。中国所倡导的人类命运共同体希冀世界各国"在追求本国利益时兼顾他国合理关切，在谋求自身发展中促进各国共同发展，不断扩大共同利益汇合点"[5]，同时也倡导将人的发展置于变革全球治理体系的优先地位和最终目标，寻求的是对被资本所异化了的人的异化关系的复归。另一方面，人类命运共同体在类尺度上以"人是类存在物"重塑人与自然之间的生命共同体。气候变化、重

［1］ 马克思恩格斯文集：第7卷［M］.北京：人民出版社，2009：937.

［2］ 马克思恩格斯全集：第31卷［M］.北京：人民出版社，1998：145.

［3］ 马克思恩格斯全集：第40卷［M］.北京：人民出版社，1982：289-290.

［4］ 马克思恩格斯文集：第1卷［M］.北京：人民出版社，2009：161.

［5］ 习近平谈治国理政：第1卷［M］.北京：外文出版社，2014：331.

大传染类疾病流行、生物物种濒临灭绝、人类生活垃圾堆积如山等全球生态问题的"达摩克利斯之剑",依然威胁人类。地球是人类赖以生存的唯一家园,对其倍加珍惜与呵护是人类的唯一选择。无论是以"一带一路"为依托的绿色发展联盟,还是人类卫生健康命运共同体,都折射出人类命运共同体内含着人与自然同呼吸、共命运的生命共同体意涵。

综上,人类命运共同体在人与人、人与自然两方面附加了人类命运共生的逻辑。

二、破霸道的全球治理旧规,立公道的全球治理新则

无限追逐剩余价值、无限追求自我增殖的资本核心逻辑必然会产生资本扩张逻辑。正如马克思、恩格斯所指出的那样,资本"驱使资产阶级奔走于全球各地。它必须到处落户,到处开发,到处建立联系"[1],为完成资本积累及其权力的无限扩张开辟更加广阔的道路。然而,贩卖非洲黑人的罪恶"三角贸易"、屠杀美洲印第安人等资本主义的殖民历史,以及唯强国独尊、恃强凌弱的威斯特伐利亚体系等旧式全球治理体系,都深刻表明资本扩张的霸道逻辑与强权色彩。虽然当下全球治理体系高呼"和平与发展"这一时代主题,资本主义也在不断利用自身的"新陈代谢"来遮蔽资本主义的嗜血本质,但是只要发达资本主义国家仍在主导全球治理体系,就必然消除不了资本扩张逻辑带来的霸道式的全球治理旧规。一是治理权力"唯资本权力论"。应当承认的是,发展中国家在当前全球治理体系中被赋予了全球治理的合法参与身份和一定的话语权,这较之于以往无疑是一大进步,但发达资本主义国家凭借长期以来形成的强大经济实力、军事实力、科技实力和文化软实力更能助其构筑起全球治理的主导权。在发达资本主义国家的主导下,资本是支配一切的经济权力,在所谓共同协商、共同治理的全球治理假象背后,仍然遵循着"强国说了算,弱国看着办"的旧思维,重演着世界划分为"中心—边缘"地带的"强国共

---

[1] 马克思恩格斯文集:第2卷[M].北京:人民出版社,2009:35.

治—弱方排斥"的全球治理格局，固化着资本全球治理成果的私利性和排他性。二是治理内容"唯资本意志论"。资本家深知他们的目的也不是取得一次利润，而是谋取利润的无休止的运动，所以在历史由民族史向世界史过渡的阶段不得不迎合民主、自由、人权等价值理念在全球化时代的革新，他们也因此需对全球化时代的治理形式和治理方式进行反思，即"不再动则诉诸暴力和战争的方式，而是转而寻求更为柔性、隐蔽和技术化的手段施展和巩固其绝对统治权"。[1] 因而对于毒品问理、艾滋病传播、气候治理等全球性问题，全球治理体系所设置的问题议案、划分责任归属或制定规则秩序，只是发达资本主义国家利用他国转移矛盾、解除自身危机为幌子，美化资本主义的统治，为以资本扩张逻辑为基础的全球治理披上"合法统治的外衣"。因此，建立新式全球治理体系，也就意味着要对旧式全球治理体系中治理主体的狭隘性、治理权力的不平等性、治理内容的片面性和治理成果的私利性等形形色色的霸道的全球治理旧规进行重塑。

人类命运共同体秉承共商共建共享的全球治理观，为变革全球治理体系建立起了公道的全球治理新则，对霸道的全球治理旧规完成了以下重塑：一是倡导治理主体的平等性。当今世界多极化、经济全球化、信息社会化和文化多样化深入发展，人类社会不可避免地成为一个休戚相关的命运共同体，各个民族、各个国家之间利益高度融合、相互依存，因此世界各国需要站在一个更加广阔的角度来考虑人类及各自的利益。虽然不同国家领土面积有异、强弱有别、贫富有距，但人类命运共同体主张主权平等，倡导所有的民族国家应平等参与到国际秩序和全球治理体系的决策商讨和权利义务落实之中。二是倡导治理内容的全面性。人类命运共同体不再是为资本逻辑统治下的全球治理体系服务，而是在马克思主义世界历史视域下重新审视人类共同体和人与自然的共同体的关系。人类命运共同体内涵深刻、内容全面：从宏观上看，涉及领域包括经济、政治、文化、社会、生态等内容；从微观上看，细化问题包括互联网问题、毒品问题、人类疾病问题、粮食问题等内容；从目标实现的展望来看，就是要实现党所倡导的"建设持久和平、普遍安全、共同繁荣、开

---

[1] 刘同舫.人类命运共同体对全球治理体系的历史性重构［J］.四川大学学报（哲学社会科学版），
　　2020（5）.

发包容、清洁美丽的世界"[1]。也就是说，人类命运共同体既要构建人与人的关系共同体意义上的利益共同体、责任共同体、安全共同体，也要构建人与自然意义上的生命共同体。三是倡导治理成果的共享性。推动构建人类命运共同体作为中国共产党人提出变革全球治理体系的"中国方案"——"强调和坚持整个无产阶级共同的不分民族的利益"[2]，自然不会奉行弱肉强食、赢者通吃的旧法则和我赢你输、零和博弈的旧思维，倡导全球治理以共享为目标，实现正和博弈和所有人的合作共赢。"中国方案"下的人类命运共同体超越了固有全球治理体系内隐和外显的霸道治理旧规，以全球治理主体的平等、全球治理内容的全面和全球治理成果的共享为变革全球治理体系树立起了公道的全球治理新则。

三、破资产阶级的普世价值，立全体人类的共同价值

当前全球治理体系充斥着资产阶级的价值观。资本在对外扩张中总是"迫使一切民族——如果它们不想灭亡的话——采用资产阶级的生产方式；它迫使它们在自己那里推行所谓的文明"[3]，但在价值增殖逻辑的支配下，资产阶级的文明却手握着主宰世界文明生成发展抑或消解毁灭的权力。其一当前全球治理体系内含的资产阶级的价值在消解与毁灭着非资本主义文明。马克思关于资本的"伟大的文明作用"[4]论及它总是可以促使社会不断发展生产力和变革科学技术，总是可以打破地方的民族界限和民族的闭关自守状态，总是可以以摧枯拉朽般的力量"摧毁一切阻碍发展生产力、扩大需要、使生产多样化、利用和交换自然力量和精神力量的限制"[5]。资本运动产生的创造文明或消解文明的结果，只是作为实现价值增殖的手段，它自始至终的目的都绝不是要去创造人类生活的美好。因此，在资本逻辑下建

---

[1] 习近平.决胜全面建成小康社会 夺取新时代中国特色社会主义伟大胜利[N].人民日报，2017-10-28.

[2] 马克思恩格斯文集：第2卷[M].北京：人民出版社，2009：44.

[3] 马克思恩格斯文集：第2卷[M].北京：人民出版社，2009：35.

[4] 马克思恩格斯文集：第8卷[M].北京：人民出版社，2009：90.

[5] 马克思恩格斯文集：第8卷[M].北京：人民出版社，2009：91.

立起来的全球治理体系必然会裹挟着资产阶级意识形态，非资本主义文明要么选择顺从，要么选择被宰制与毁灭的命运，而绝无第三条——中间道路的可能。其二，现行全球治理体系内含的资产阶级价值实质是在进行"价值殖民"的思想统治。在资本逻辑的操纵下，自由、民主、平等、人权等理念，只是迎合资产阶级自身特殊历史文化和经济发展需求的观念形态表征，根本不可能把其他民族国家在全球治理问题上的诉求纳入其中。资本主义国家在全球治理体系中宣扬的价值，只是竭力为粉饰西方文明湮灭世界性文明、西方价值观念掩盖世界价值体系的布道工具。西方中心论、历史终结论等理论中内蕴的"资产阶级关系就被乘机当作社会一般的颠扑不破的自然规律偷偷地塞了进来"[1]，"其目的无外乎是继续固化西方社会不平等的奴役关系，致使资本不仅在物质上而且在精神上实现对世界的双重统治"。[2]

人类思想、观念、意识的产生与人们的生产活动和交往活动密不可分，因此决定了不同民族文化、国家文明必然存在差异，隐匿其背后的价值理念体系也必不相同。但人们改造世界的活动为的是证明人之所为人的那份独特性。在一定意义上，人类由较低文明向较高文明的演进都是对扬弃假恶丑、追求真善美的价值理解趋同的历程。所以，无论是不同民族文化，还是不同国家文明，它们都可以折射出人类具有共同的"价值公约数"。人类命运共同体为变革全球治理体系树立起了人类的共同价值。与资本主义对待异己文明的狭隘不同，党所倡导的人类命运共同体"尊重世界文明多样性，以文明交流超越文明隔阂、文明互鉴超越文明冲突、文明共存超越文明优越"[3]，平等、交流、互鉴和包容构成了其核心精神，因而这种文明观可以有效引导不同民族文明间的求同存异和文化的百花齐放。习近平还强调："和平、发展、公平、正义、民主、自由，是全人类的共同价值。"[4]这也是人类命运共同体一贯主张的人类价值共识。一方面，和平和发展是人类共同的基本价值诉求。从公元前的伯罗奔尼撒战争到两次世界大战，再到"二战"后延

[1]马克思恩格斯文集：第8卷[M].北京：人民出版社，2009：11.

[2]刘同舫.人类命运共同体对全球治理体系的历史性重构[J].四川大学学报（哲学社会科学版），2020（5）.

[3]习近平.决胜全面建成小康社会　夺取新时代中国特色社会主义伟大胜利[N].人民日报，2017-10-28.

[4]习近平.携手构建合作共赢新伙伴　同心打造人类命运共同体[N].人民日报，2015-09-29.

续 40 余年的冷战和世界局部的地区战争，给人类带来了惨痛教训，也使人类意识到和平与发展的弥足珍贵，各民族国家都渴望全球治理体系的转型能够为人类提供一个和平环境和注入发展动力。另一方面，公平和正义是人类共同期盼的重要价值准则。从《威斯特伐利亚和约》确立的平等和主权原则，到《联合国宪章》明确的四项宗旨和七项基本原则，再到万隆会议倡导的和平共处五项原则，折射出人类对建立公正合理的国际秩序目标的孜孜追求[1]，也反映了各民族国家对全球治理体系变革兼顾公平和正义的渴求。此外，民主和自由是人类价值共识的根本轴心原则。民主和自由是亘古以来人类社会追求的价值轴心，各民族国家也都希冀实现真正的人民民主和人民自由。在全球治理的过程中，这些就外延为对推进国家关系民主化和尊重彼此发展道路的统一诉求。人类命运共同体之所以将以上价值理念作为全球治理体系应确立的人类共同价值，是基于其倡导的人类新型文明观，不仅尊重了不同文明的价值索求，而且统一了不同文明背后的价值形态的个性与共性差异，既保证各民族国家在追求实现自身价值的同时关照人类共同价值，也在主张人类共同价值的同时给予了不同民族国家探寻自身发展道路和走向现代化的多元价值关切。

四、破资本逻辑内生之历史界限，立"真正的共同体"之方案

在马克思看来："资本一方面确立它所特有的界限，另一方面又驱使生产超出任何界限，所以资本是一个活生生的矛盾。"[2]资本逻辑在追求剩余价值的过程中，既为自身埋下了一个个无法突破的界限，也在想尽办法努力克服一个个界限，"这种本能，可以归结为资本逻辑的自我扬弃"[3]，这也间接导致现行全球治理体系遗传了它的寄生宿主—资本逻辑—自我扬弃的本能。2008 年全球金融危机后，新兴市场和发展中国家经济上的高速增长与发达国家经济乏力增长形成了鲜明对比，面对

［1］习近平.共同构建人类命运共同体［N］.人民日报，2017-01-20.
［2］马克思恩格斯全集：第 30 卷［M］.北京：人民出版社，1995：405.
［3］张三元.资本逻辑的自我扬弃与历史极限［J］.江汉论坛，2016（7）.

短期内呈现的"东升西降""南升北落"的全球化发展带来的红利差异，发达国家在资本意志的支配下掀起了逆全球化的"惊涛骇浪"。譬如，在经济领域上，欧美国家纷纷筑起贸易壁垒、对他国贸易往来随意挥舞"大棒"，借助资本权力建立起来的国际主导话语权随意更改和罢免有利于资本增殖的"游戏规则"；在政治领域上，西方奉行零和博弈的旧思维和弱肉强食的丛林法则，推行霸权主义和强权政治，密谋"颜色革命"干涉他国内政，肆意鼓吹孤立主义、民粹主义、极端民族主义、新自由主义思潮，竭力输出西方模式、西方道路；在生态领域上，有些西方大国不愿承担大国责任和履行大国义务，不但无法提出全球气候变暖、大气污染、垃圾处理等问题的有效治理方案，还贸然撕毁《巴黎协定》（2016 年签署的气候变化协定）等全球公约。无论资本逻辑的自我扬弃本能如何驱动现行全球治理体系作出新的调整变化，不变的是资本在世界范围的输出仍会间接助推雇佣关系在全球确立，进而帮助发达国家奴役发展中国家以攫取发展中国家的绝对剩余价值和相对剩余价值；不变的还有世界划分东西方为"中心—边缘"地带的全球治理空间格局促使全球剩余价值都流向西方，使世界各国都平摊了西方转移的经济危机。但正如马克思所说，资本本身就是矛盾，任凭资本逻辑如何自我扬弃其内生的历史界限，也无法逾越资本主义生产资料私人所有和生产社会化这一最为内核的资本主义基本矛盾。这就决定了资本逻辑在每一个具体阶段的自我扬弃，只是以治标而不治本的"外科式手术"试图冲破已经显露出的一个个历史界限。因此围绕这种逻辑所建构起来的全球治理体系必然自己也开始敲响丧钟。

推动构建人类命运共同体为引导全球治理体系变革而迈向"真正的共同体"提供了切实可行的方案。在马克思看来，人类共同体最初脱胎于以血缘、地缘为纽带的"自然的共同体"，资本逻辑及其世界扩张瓦解了前一个共同体并将人类带入了"虚假的共同体"，而资本逻辑最终的自我扬弃将创造并带领人类进入"真正的共同体"。应当明确的是，我们当前仍处于资本逻辑宰制的历史时期，全球化发展的历史方位仍是资本主导的"物的依赖"关系阶段，因而全球治理体系只是资本主义国家为实现资本逻辑的全球扩张而建立的"虚假的共同体"的联合体的意志工具。马克思认为，资本逻辑的自我扬弃具有其条件性和规律性，如果它没有完成充分发展社会生产力而为新质社会形态奠定基础的历史使命时，"新的更高的生产关系，在它的物质存在条件在旧社会的胎胞里成熟以前，是决不会出现的"。[1] 因此，超越和重塑已有的全球治理体系不能简单地拒斥资本逻辑、扼杀资本逻辑，但资本逻辑内在固有的"这些限制在资本发展到一定阶段时，会使人们认识到资本本身就是这种趋势的最大限制，因而驱使人们利用资本本身来消灭资本"。[2] 基于此，面对当前全球治理体系暴露出的"制度失灵""治理失序"乱象，中国共产党人提出了推动构建人类命运共同体以积极参与全球治理体系变革的主张，其核心考量就是在资本逻辑宰制的历史阶段凝聚人类命运共同体意识，以正确对待资本、发挥资本、规训资本以驯服资本。需要指出的是，人类命运共同体仅是从"虚假的共同体"走向"真正的共同体"总体阶段的一个具体阶段，其与"自由人联合体"的特有内涵存在着明显差异。在主体维度上，人类命运共同体的主体包括了世界上 200 多个不同国家和地区；在价值目标上，人类命运共同体聚焦的是维护人类共同利益，满足人类对美好生活向往的需要；在实现路径上，以推进"一带一路"建设为重要实践平台谋求世界性贫困难题、旧国际秩序命题和其他全球性问题的解决[3]，以上内容彰显出人类命运共同体内蕴的科学性、人民性和目标性。人类命运共同体以历史唯物主义的理论视野关照现实，以规导与规制资本逻辑的方式引导全球治理体系变革，为促进"各个人在自己的联合中并通过这种联合获得自己的自由"[4]，为推动"虚假的共同体"迈向"真正的共同体"提供了可能的历史性方案。

结语

习近平总书记指出"我们依然处在马克思主义所指明的历史时代"[5]，深入资本主义生产方式的"暴风眼"和洞察资本主义世界的秘密依然离不开马克思《资本

［1］ 马克思恩格斯文集：第 2 卷［M］. 北京：人民出版社，2009：592.
［2］ 马克思恩格斯文集：第 8 卷［M］. 北京：人民出版社，2009：91.
［3］ 李文勇，卢成观 ."一带一路"倡议的哲学意蕴［J］. 中国石油大学学报（社会科学版），2020（6）.
［4］ 马克思恩格斯文集：第 1 卷［M］. 北京：人民出版社，2009：571.
［5］ 习近平谈治国理政：第 2 卷［M］. 北京：外文出版社，2017：66.

论》及其手稿的逻辑，离不开马克思对资本逻辑批判的深邃思想。现行全球治理体系只要寄宿在资本逻辑这个矛盾统一体的"病瘤"上，它在全球治理中就会附生唯资本增殖的资本核心逻辑，霸道式全球治理旧规的资本扩张逻辑，推行资产阶级普世价值的资本"创造文明—消解文明"的基本逻辑，以及资本形成、发展、灭亡的总逻辑[1]所分化出的一个个历史界限。以推动构建人类命运共同体来积极参与和变革全球治理体系，我们就要超越当前全球治理体系已有的逻辑范式，赋予人类命运的共生逻辑、创立公道的全球治理新则逻辑、树立全体人类的共同价值逻辑，才能在以往全球治理及其体系上重塑新的全球治理体系。

［1］ 刘志洪.超越整体的混沌表象——资本逻辑系统结构的当代理解［J］.教学与研究，2019（1）.

中国共产党在新民主主义革命时期的省制建设：建置表现、内在逻辑及历史意义

程　凯*

摘　要： 中国共产党在新民主主义革命时期的省制建设作为中国共产党人建立地方行政制度的最初尝试，不但为党开辟新的革命道路、独立从事政权建设积累下丰富经验和宝贵教训，相关实践与制度安排也对建国之后的省制建设产生深远影响。基于建置省制的地域基础、组织载体及运作规范，可以从省区划分、机构设置及运行机制三个层面分别考察党在土地革命时期、抗日战争时期及解放战争时期的省制建设。同时，党在革命时期的省制建设作为中国共产党人运用马克思主义基本原理、吸取历史传统与经验教训、立足现实国情与实际需要的建构产物，其制度设计及发展完善呈现出理论逻辑、历史逻辑及现实逻辑的有机统一。党在革命时期的省制建设虽然受到各种复杂因素的限制，导致制度规范化程度普遍不高，但无论是在实质内容还是在程序形式方面，这一时期的省制建设均已显现出不同程度的制度优势，并对中国共产党的组织建设、近代中国的现代国家转型以及建国之后的省制建设产生了积极且深远的历史影响。

关键词： 中国共产党；省制建设；行政区划；党的建设

省制作为最高一级的地方行政制度，本质属于中央政府针对公共权力和社会资

---

*　程凯，吉林大学行政学院 2018 级博士研究生，政治学理论专业。

源在地域层面进行纵向配置的规范化表达。一个国家省制建设合理与否，不仅直接决定着央地政府之间的权限划分和职能配置，而且关系到国家结构形式的选择取舍与行政管理的有效实施，因此省制往往被视作影响政权建设和国家治理的关键因素。中国共产党自成立之日起，就以实现民族独立和人民解放为己任，相继建立了包括工农民主政权、抗日民主政权和人民民主政权在内的新民主主义政权以及社会主义的人民民主专政政权，并据此开展针对地方行政制度的持续探索和发展完善，从而在省制建设方面积累下一系列独具特色的成功实践。当前学界虽然对党在新中国之后的省制建设积累下丰硕研究成果，但却较少关注党在新中国之前的相关探索。持平而论，党在新民主主义革命时期的省制建设，虽然受到各种复杂因素的影响与制约，导致省建制度规范化程度普遍不高，但其作为中国共产党人结合马克思主义基本原理和中国具体实际的实践产物，依然为党开辟新的革命道路、独立从事政权建设积累下丰富经验和宝贵教训，相关实践与制度安排也对新中国之后的省制构造产生深远影响。因此，总结回顾并系统梳理党在新中国之前的省制建设，不仅能够对当前乃至今后一段时期的省制改革提供经验参考和理论指导，也有助于加深对党领导中国人民开展政权建设、成立现代国家有深刻认识和充分理解。从这个意义上说，追溯回顾并研究分析党在新民主主义革命时期开展省制建设的建置表现、内在逻辑及历史意义，具有重要的理论价值与现实意义。

一、中国共产党在新民主主义革命时期的省制建设：建置表现

省制作为中国一项渊源有自且独具特色的地方行政制度，对其研究至少应该包括三个方面：一是省区划分，二是机构设置，三是运行机制。具体来看，省制首先表现为对统一国家内部的特定区域实行政治统治和行政管理的制度安排，因此省区划分通常属于省制得以建立的地域基础；通常，中央政府在对辽阔疆域进行合理划分之后，往往需要设置一定的地方行政机构建立起常规管理，因此省级政府的机构设置也成为省制研究的重要内容；省级行政管理机构建立之后，则会涉及中央与地方以及地方各层级之间的权限划分和行政运作问题，因此省级行政组织的

运行机制也应纳入省制建设的考察范畴。据此而言，本节将立足于新民主主义革命时期的三大阶段划分，逐一梳理并考察党在土地革命时期、抗日战争时期及解放战争时期的省制建设，尝试理清党在革命时期开展省制建设的具体表现和历史演变。

（一）土地革命时期的省制建设

党在土地革命时期的省制建设作为中国共产党在建立武装政权之后，针对地方行政制度的首次探索，无论是在作为省制建置地域基础的省区划分层面，还是在作为省制建置组织载体的机构设置层面，抑或是在作为省制建置规范保障的运行机制层面，普遍具有历时短暂且较为粗糙的典型特征，但它作为中国共产党人针对地方行政制度的初次尝试，依然为此后党的政权发展和国家的省制建设积累下丰富经验和宝贵教训。

第一，就省区划分而言，中国共产党分别在其所直接建立的革命根据地内积极开展区划调整，为省制建设提供必要的行政辖区。[1]在中央革命根据地内，党先后建立以宁都县七里坪为首府的江西省、以长汀县汀州镇为首府的福建省、以黎川县为首府的闽赣省、以会昌县文武坝为首府的粤赣省以及以于都县为首府的赣南省；而在中央革命根据地之外，党在各分散隔绝的革命根据地相继建有以横峰县葛源为省政府驻地的闽浙赣省、以永新县禾川为省政府驻地的湘赣省、以平江县长寿街为省政府驻地的湘鄂赣省、以光山县新集为省政府驻地的鄂豫皖省、以监利县瞿家湾为省政府驻地的湘鄂西省、以巴中为省政府驻地的川陕省、以大庸为省政府驻地的湘鄂川黔省，以恩隆为省政府驻地的右江革命根据地等。[2]

第二，就结构设置而言，党在土地革命时期于各革命根据地建有省级苏维埃政权，其省级政府的组织建设普遍依据《苏维埃政府临时组织法》《中华苏维埃共和国宪法大纲》以及《中华苏维埃共和国地方苏维埃暂行组织法（草案）》等制度规范予以开展，因此在机构设置方面大同小异。以中央革命根据地为例，其境内各省

［1］张明庚，张明聚.中国历代行政区划［M］.北京：中国华侨出版社，1996：514-532.

［2］考虑到党在新民主主义革命时期尚未取得全国政权，所能直接控制的革命根据地范围也始终处于收缩与扩张的动态调整之中，相应地，省制得以依托并管辖的行政区域也呈现复杂局面，因此针对党在土地革命时期、抗日战争时期及解放战争时期的省区划分问题，本文一概取党在政权建设全盛时期的现实情况予以分析。

普遍设有省级苏维埃代表大会作为全省最高政权机关，设置执行委员会作为省级苏维埃代表大会闭会期间的全省最高政权机关，省执行委员会下设劳动、土地、军事、财政、粮食、教育、内务、国民经济等政府部门，在省执行委员会闭会期间由其选举产生的主席团代行全省最高政权机关的相关职权。[1]其他革命根据地的省级政府，其机构设置基本内容大致相同，多在机构名称方面存在出入，比如闽浙赣省的省级政府是以委员会作为分管全省各项事务的职能部门；[2]此外也不乏依据实际需要单独设置的各类机构，比如鄂豫皖省在全省苏维埃代表大会之下同时设置监察委员会，部分省份则在政府机构内部设有秘书处、外交委员会、经理部以及妇女保障等部门。

第三，就运行机制而言，考察这一时期省级政府的权限划分及行政运作，需要同时关注省与中央政府、省与下级政府以及省级政府内部机构的互动关系。其中，就中央与省的关系而言，各省普遍遵循下级服从上级、地方服从中央的组织原则，既在整体层面接受中央政府的直接领导，同时各省的所属部委也受到中央政府对口部门的业务指导；而就省与下级政府的关系来讲，县为省的直接行政隶属单位，各省同样对县级政府实行双重领导体制，并对县级政府工作实行监督检查；此外在省级政府内部，则普遍实行议行合一的政治体制，由各省苏维埃代表大会统一行使立法权与行政权，政府内部各个部委的业务工作则同时受到同级政府和上级部门的双重节制，并在部门内部采取首长负责制。

（二）抗日战争时期的省制建设

党在抗日战争时期的省制建设一方面受到战争局势的直接影响，导致省制辖区的置并立废颇为复杂；另一方面鉴于南京国民政府的"管辖"与"指导"，因此无论是在省级政府机构的设置与命名，还是在省级政府的组织与运作等方面，均受到不同程度的"节制"与"约束"。但党在这一时期的省制建设，不仅通过开辟新的战场为抗日战争的全面胜利作出巨大贡献，更为党赢得新民主主义革命胜利和夺取全国政权保存并发展了有生力量和组织网络。

---

[1] 傅林祥，郑宝恒.中国行政区划通史：中华民国卷［M］.上海：复旦大学出版社，2007：122-123.

[2] 中国共产党组织史资料：第二卷（上）［M］.北京：中央党史出版社，2000：649-650.

第一，就省区划分而言，中国共产党依托于陕甘宁革命根据地，通过广泛开辟敌后抗日根据地的方式建立省制。红军长征胜利之后，党中央决定在陕甘宁革命根据地成立苏维埃中央政府西北办事处，其后为了促成抗日民族统一战线的形成，则将中央工农民主政府西北办事处改组为陕甘宁边区政府，作为国民政府"管辖"下与省同级的一个地方政府。此后中国共产党在敌后广泛创建抗日根据地，并仿效陕甘宁边区政府模式相继建立不同形式的抗日民主政权，具体包括地跨山西、察哈尔、河北、热河及辽宁五省的晋察冀边区政府，地跨山西、河北、山东及河南广大地区的晋冀鲁豫边区政府，地跨山西及绥远的晋绥边区政府，以沂蒙山区为中心的山东抗日根据地，以鄂豫边区为中心的华中抗日根据地以及包括琼崖、珠江等地区在内的华南抗日根据地。[1]这些抗日民主政权虽然多以边区政府命名，但其作为中国共产党直接领导下的、受南京国民政府"指导"的中华民国特区政府，实质属于省级政权组织，其所开辟并管理的区域同样可被视作省制辖区。

第二，就机构设置而言，党在抗日战争时期的省制建设是在没有中央政府的前提下予以展开的，因此并未颁布规范统一的地方政府组织法；同时基于维护抗日民族统一战线的现实需要，边区政府在组织设置以及机构命名方面，基本上执行南京国民政府的相关要求与规定，因此这一时期的省制建设极具特色。以陕甘宁边区政府为例，边区政府全称为边区政府委员会，是管理边区政务的最高行政机关。边区政府委员会则由边区参议会选举产生。而边区参议会作为边区的民意机构和立法机构，是由边区苏维埃代表大会转设而来，目的是同南京国民政府的省级政府机构组织在名称方面保持一致。边区政府设有正副主席作为边区最高行政长官，由边区参议会从边区政府委员会中选任产生。边区下设秘书处、民政、财政、教育、建设、安保、审计等职能部门，负责边区的各项具体事务。[2]其他边区政府的组织设置大多效仿陕甘宁边区政府予以展开，基本结构大同小异，而在机构名称方面则有所差别，比如晋察冀边区政府的最高行政机关为行政委员会，而在晋绥边区则由行政公

［1］ 傅林祥，郑宝恒.中国行政区划通史：中华民国卷［M］.上海：复旦大学出版社，2007：540-555.

［2］ 中国共产党组织史资料：第三卷（上）［M］.北京：中央党史出版社，2000：103-107.

署总理边区政务。[1]

第三，就运行机制而言，考察这一时期边区政府的行政运作，可以从边区政府与上下级政府间关系以及边区政府内部机构间关系两个层面予以展开说明。其中就边区政府与上级政府间关系而言，南京政府在"法理"上拥有对边区政府的"领导权"，边区参议会选举产生的政府委员会成员，须呈请南京政府加以委任，边区参议会选任产生的边区正副主席同样需要报请南京政府进行任命；[2] 而就边区政府与下级政府间关系来讲，边区政府为了同南京政府在地方行政制度保持形式上的一致，在政府层级方面将原苏维埃体制下的省、县、区、乡四级制改为边区、县、乡（村）三级制，边区政府基于民主集中制原则对县级政府实行管理；在边区政府内部则依旧实行条块并重的领导体制，政府部门不仅要对上级对口部门负责，也要接受同级政府的领导。

（三）解放战争时期的省制建设

党在解放战争时期的省制建设因战争形势的变化而处于频繁且深刻的变动之中，尤其是作为建置省制之地域基础的行政区划调整更为剧烈，省制建设下的机构设置和运行机制也基于巩固解放成果的需要经历着复杂变化。总体来看，党在这一时期的省制建设开始摆脱仅存于几块分散革命根据地的局限，日渐成为真正具有全国性意义的地方行政制度，对于巩固解放区的政权建设、加快民主建国进程、推动解放战争发展、实现政权平稳过渡都起到了积极作用。

第一，就省区划分而言，随着解放战争形势的快速变化，中国共产党领导下的各解放区在管控区域方面的变动调整极其剧烈，因此本节大致以建国前夕的行政区划为主介绍这一时期的省区划分。总体来看，党在解放战争时期的省制建设是伴随着解放区面积的不断扩大、原先分散隔绝的小解放区逐渐联结成片而同步展开的。同时为了集中力量进行全国规模的解放战争以及各方面的建设工作，党中央决定将原先各边区抗日民主政权进行合并，建立起若干大行政区作为最高一级的地方政府，因此考察这一阶段的省区划分必须关注各大行政区的管辖范围。至新中国成

---

[1] 中国共产党组织史资料：第三卷（上）[M]．北京：中央党史出版社，2000：136、163．

[2] 李良志．抗日民族统一战线的形成及其特点（续）[J]．教学与研究，1981（2）．

立前夕，东北解放区下辖辽东、辽西、黑龙江、松江、吉林、热河等省及沈阳、抚顺、鞍山、本溪等直辖市；华北解放区下辖河北、山西、绥远、察哈尔、平原等省及北平和天津等直辖市；西北解放区下辖陕西、甘肃、宁夏、青海等省及西安直辖市；中原解放区下辖河南、湖北、湖南、江西等省；华东解放区下辖山东、浙江、福建等省、苏南行政公署以及南京、上海等直辖市。[1]

第二，就机构设置而言，党中央在各根据地联结成大片解放区的基础上决定组建大区行政组织，相继成立东北人民政府、华北人民政府、中原临时人民政府、陕甘宁边区政府等人民政权。一般而言，各区先由下辖省市派遣代表召开代表会议，再由代表大会选举产生若干委员组成行政委员会或政府委员会负责全区行政事务，比如东北行政委员会作为东北解放区的最高行政机关，便是由东北各省市代表联席会议产生；大行政区政府下设财政、教育、建设、交通等部门分理各项行政事务。而原先作为省级政权的边区政府在成为大行政区下属的二级地方政府之后，其在结构设置方面的最大变化表现为各省取消参议会恢复人民代表大会体制，并重新以省冠名。

第三，就运行机制而言，审视党在解放战争时期大区行政组织的权限划分与行政运作，同样可以从大区行政组织与上下政府间关系、大区行政组织的同级政府间关系以及大区行政组织内部的部门关系三个层面加以分析。需要说明的是，这一时期的华北人民政府曾一度代理中央人民政府相关职权，因此考察各个大区行政组织同中央政府的权限划分及职能配置，需要着重关注华北人民政府的相关实践。解放战争时期基于统一全国政令、调动社会资源的战时需要，大区政府与中央政府在权力配置方面呈现出权力由各区向中央集聚的典型特征，而在各区政府与省市政府之间同样存在权力由下向上逐层集中的现象，诸如华北人民政府的财政委员会就曾负责领导统一华北、东北及西北三区的财政、税率、货币等工作；而在大区政府内部的职能部门中，依旧实行条块并重的双重领导体制；此外就同级的各个大区政府之间，则在中共中央的统一领导下实行密切合作为主，并伴随货币及税率政策的统一建立起常态化的经济交往。

---

[1] 傅林祥，郑宝恒.中国行政区划通史：中华民国卷［M］.上海：复旦大学出版社，2007：556-588.

二、中国共产党在新民主主义革命时期的省制建设：内在逻辑

党在新民主主义革命时期的省制建设作为中国共产党人运用马克思主义基本原理、吸取历史传统与经验教训、立足现实国情与实际需要的实践产物，其制度设计及发展完善呈现出理论逻辑、历史逻辑及现实逻辑的有机统一。其中，理论逻辑蕴含着党开展省制建设的基本主张，包括马克思主义的单一制国家结构理论与人民民主专政理论、中国共产党人探索总结的工农武装割据革命道路理论；历史逻辑反映出党推动省制建设的历史考量，包括沿袭自元肇始的省制建置传统，尊重少数民族地区实行差异体制的治理传统以及对于省制自身的演进规律的遵循；现实逻辑表现为党领导省制建设的实践关切，包括党在不同时期革命任务的位序排布，批判继承民国政府建设省制的经验以及在辽阔疆域开展有效治理等实际问题。

（一）中国共产党在新民主主义革命时期的省制建设并非是缺乏理论依据的盲目试验，而是基于严密逻辑论证和科学理论指导下的积极探索和有序实践。

马克思主义关于国家结构形式的单一制主张为党在革命时期的地方省制的权限划分与职能配置奠定了理论基础。马克思主义关于人民主权和民主专政的认识思考为党在革命时期的省制机构设置及行政运作提供了理论指导。中国共产党人对于实行工农武装割据革命道路的科学分析为党在革命时期的省制建设提供了明确方向指引。

第一，国家结构形式作为体现统一国家内部整体与部分、中央与地方相互关系的一种基本模式，常被中央政府用作确定行政区划、设立行政单位、规范行政运作的基本依据。中国共产党是在马克思列宁主义指引和武装下成长起来的无产阶级政党，其省制建设无可避免地受到马克思主义国家结构形式理论的深刻影响。具体来看，马克思主义经典作家从推动社会进步、促进经济发展、维护民族团结以及开展革命斗争的立场出发，历来主张建立单一制国家。比如恩格斯针对1848年德意志武装革命结束的国家形式选择就曾指出，应当用单一制的共和国来代替长期处于封

建割据状态的旧德国。[1]只有这样才能打破狭隘的地方主义，保证革命活动发挥最大效力。[2]列宁在国家结构形式方面也持有相同立场，明确指出只有中央集权的单一制国家才是通往社会主义的唯一道路。[3]但在面对因长久的分裂割据而难以在短期实现集中统一的情况时，马克思主义经典作家也主张先建立联邦制，再逐步过渡到单一制。[4]基于这样的逻辑思考，中国共产党在早期革命战争中曾坚持以自由联邦制为武器遏制民族分裂、维护国家统一，并在解放战争胜利后建立起单一制的多民族国家。[5]

第二，民主作为以多数人统治为核心要义的一种政治形式，不仅被视作决定公共事务的有效手段，也被看成是组织政权机构的重要原则，因此民主在很大程度上影响并制约着一个国家的统治形式和制度安排。而在马克思主义理论者看来，一切阶级社会中的民主本质上属于一种阶级民主，即民主都是同一定的阶级统治相联系的，为了建立和维护真实有效的阶级统治，民主与专政缺一不可。因此在无产阶级居于统治地位的国家与社会，一方面要对广大劳动人民实行最广泛的民主，切实保障公民的地位平等和政治参与；另一方面也要对一切敌对势力实行最严厉的专政，并据此确立和巩固无产阶级政权。基于这一理论指导，人民民主专政成为中国共产党人组建各级政权的基本原则。党在各个时期的省制建设也始终坚持贯彻落实人民至上的民主精神，比如各省普遍依据民主集中制处理上下级政府关系以及政府职能部门事务，再比如各省在建立政府组织、规范行政运作方面也广泛采取议行合一原则，确保省级政府的权力运作与治理活动既能反映社情民意也不失迅捷高效。

第三，工农武装割据作为毛泽东针对中国革命发展道路的深刻反思和科学总结，不仅为中国共产党的组织发展和政权建设开辟出新的天地，也为党在不同时期的省制建设提供了重要的理论支撑。毛泽东早在土地革命时期就曾对"工农武装割据"的思想进行过明确阐释，指出共产党人应在农村领导工农群众举行武装暴动，

---

[1] 马克思恩格斯全集：第22卷[M].北京：人民出版社，1965：275.
[2] 马克思恩格斯选集：第1卷[M].北京：人民出版社，1972：390.
[3] 列宁全集：第25卷[M].北京：人民出版社，1988：149.
[4] 谢一彪.中国共产党建立单一制的民族国家是历史的必然[J].中共福建省委党校学报，2008（11）.
[5] 杨小云.中国共产党对国家结构形式的早期主张述论[J].中共党史研究，2004（311）.

建立工农民主政权，进行土地革命，开辟一块块农村革命根据地，对国民党统治的城市形成包围之势，一片片地打碎国民党统治的国家机器，以此为革命阵地和出发点，就有可能逐步取得全国胜利，夺取全国政权。[1]纵观党在革命时期的省制建设，很大程度上是对工农武装割据这一革命策略的贯彻与落实。比如土地革命战争时期，伴随革命根据地的建设由小及大，中共中央相继成立省委组织领导各省工农兵政府的筹建工作，并在此基础上通过各省选派代表参加中央苏区工农兵苏维埃第一次全国代表大会，遂于江西瑞金正式成立中华苏维埃共和国临时中央政府。

（二）中国共产党在新民主主义革命时期的省制建设也非无源之水无本之木，而是属于继承省制传统底蕴和吸取相关经验教训基础之上的必然延伸。

发轫于元朝的省制在长久历史传承中对后世地方行政制度的建立与运行提供了一定的路径依赖，中国自古以来在少数民族地区实行差异体制的治理传统也成为中国共产党建置省制的重要考量，省制自身在长达七百余年的历史演进中所形成的内在特征成为党在省制建设中学习并遵循的客观规律。

第一，党在革命时期的省制建设虽然在不同历史阶段呈现出差异性面相，但同时也表现出继承沿袭省制建置相关传统的鲜明特征和发展走向。一方面，就行政建置而言，无论是党在土地革命时期所创建的各省苏维埃政权，还是抗日战争时期受南京政府"指导"下的抗日民主政府，虽然在建制名称上有所差异，但均将省制视作最高一级的地方行政制度；解放战争时期基于战争形势和政权过渡，"党改造了清末的总督辖区、北洋政府的巡阅使署和南京国民政府的政治分会，创设了大行政区制度"[2]。省制遂成为大区之下的二级地方政制,但在新中国成立后不久大区体制即遭撤销，省制重新成为最高一级的地方行政建制。另一方面，就政区设置而言，党在革命时期的省制建设虽然是在尚未取得全国政权的基础上予以进行的，但考虑到自元正式推广省制以来，民众在省籍意识的影响下逐渐铸就省情鲜明的地域观念，因此党的省制建设力求在辖域、名称、驻地等方面同传统省制保持基本一致，这一现象尤以解放战争时期的省制建置最为显著。从这个意义上说，党在革命时期

［1］ 毛泽东选集：第1卷［M］.北京：人民出版社，1991：47-56.
［2］ 李金龙.中国共产党领导创建的地方行政制度研究［M］.上海：上海人民出版社，2009：347.

的省制建设从来都不是凭空生造的无根之物，而是对省制建置传统的延续与承袭。

第二，在民族地区采取不同于中原汉地的管理办法作为我国自古以来的治理传统，也对中国共产党的省制建设提出了相应诉求。具体来看，中国历代封建王朝在治理边疆方面形成两条基本经验。其中之一即在始终保持政治统一的基础之上，在少数民族地区采取异于汉地的政治体制和治理方式，即所谓"修其教不易其俗，齐其政不易其宜"。比如秦朝就曾在少数民族地区建立"属邦"和"道"进行统治；唐代则在少数民族地区设置大量的羁縻府州予以管控；元朝则建立省制之后在吐蕃地区沿袭政教合一制度、在西南地区则推行土官制度、在蒙古部落则保持"千户制"；明朝在西南地区设置土司制度；清朝前期则在蒙古族地区实行盟旗制度、在新疆实行"伯克"制度，而在西藏和西南则沿袭明朝政策继续实行政教合一的管理体制以及土司制度。可以看出，依据少数民族自身特点特别在其聚居地区实行差异化的管理体制属于中国政治社会的一个悠久传统。中国共产党在少数民族地区实行的民族区域自治制度就是对这一传统的继承与发扬。从这一层面看，南京国民政府在20世纪30年代大力推行的一概设省政策既不科学也不合理。

第三，我国省制在历经七百余年的历史绵延和演进变迁中逐渐形成一定的内在规律，这也对党在革命时期的省制建设产生不同程度的影响。自元以来，为了克服省域规模过大的固有弊端、加强政治统治和行政管理，历代政权广泛运用置、并、废、立等手段完善既有省制，致使我国省制在建置数量方面总体呈现由少到多，省制在政区幅员方面则总体呈现由大到小。[1]事实上，在开展省制建设的过程中，中国共产党人自始至终都对省制数量过少和辖域过大的既有弊端持有清醒认知，并采取了相应举措予以调整完善。比如土地革命时期颁布的《中华苏维埃共和国划分行政区域暂行条例》中就曾明确指出，"中国旧有行政区域，过于广大"，由临时政府颁布的《关于苏维埃建设的重要训令》同样认为行政区域过宽是导致各级苏维埃组织建设不甚完善的重要因素。[2]基于解决因省区过大导致的行政不便和指挥不利，中央决定缩小省区，并以新划区域为基础建置新省。比如《中央执行委员会关于重

［1］华林甫，等.中国省制演进与未来［M］.南京：东南大学出版社，2016：103-111.
［2］中共江西省委党校党史教研室，江西省档案馆.中央革命根据地史料选编（下册）［M］.南昌：江西人民出版社，1982：192，196.

新划分行政区域的决议》就曾指出，鉴于江西省区辖域过大，同时为了配合南方战争需要，于是从江西划出七县组建粤赣省。[1] 以此视之，中国共产党在新中国之前的省制建设虽然不乏发挥主观能动性的积极创造，但也离不开对于省制自身演进规律的尊重与运用。

（三）中国共产党在新民主主义革命时期的省制建设并非滞后于现实需要的消极应对，而是基于满足革命中心任务和政权建设实际的积极创新和自觉回应。

中国革命在不同历史阶段的核心任务为党在革命时期的省制建设设定短期目标，国土面积辽阔的现实国情对省制建设提出了内在诉求，清末民初的中央政府在建置地方省制方面的成败教训为党的省制建设提供启迪与借鉴。

第一，中国共产党在新民主主义革命时期的省制建设是在中国革命的宏观背景下循序展开的，因此党在不同历史阶段的革命中心任务也对省制的制度供给与效能转换提出迫切需求。党的省制建设被正式提上日程是在大革命失败之后，为了贯彻落实"八七会议"关于开展土地革命和发动武装起义的革命方针，中共中央先后成立十数个省委组织，作为在具有良好群众基础和可观武装力量省份发动暴动的领导机构，从而形成大大小小的割据区，并渐次汇聚成为大的苏区革命根据地，最后则以这些根据地作为地域基础正式组建省级行政建制和政权组织。[2] 由此可见，党的省制建设最初是在满足并服务于党在土地革命时期的中心任务时应运而生的。而随着抗日战争的全面爆发，中共中央提出停止内战、一致抗日的主张，其后为了巩固并维护抗日民族统一战线更是表示愿意接受南京中央政府的统一"指导"，并据此对政权组织和革命武装进行相应调整。调整反映到地方省制领域，其相关变化则包括在行政区划、组织设置及机构名称方面尽量同国民政府的相关规定保持一致，比如将省苏维埃政权改组为边区政府作为民国下辖的一级地方政府。解放战争时期，中央为了统筹战争推进和实现政权过渡，决定在根据地联结成片的基础之上组建大行政区，并在已解放地区相继成立省级人民政府作为各省政权组织，因此这一时期的省制虽然在形式上成为二级地方政制，但其建立统治、实施管理的制度效能并未

[1] 中央执行委员会关于中心划分行政区域的决议 [N].红色中华，1933-08-02.
[2] 翁有为.土地革命战争时期中共省委的创设与运用 [J].中共党史研究，2020（5）.

改变。

第二，国土面积辽阔作为我国长期存在的现实国情，也对党在革命时期的省制建设提出了普适性要求和差异化诉求。具体来看，省制作为中央政权为了实现对于领土疆域的政治统治和有效管理而建立的政治制度，多见于国土面积较为辽阔的国家，因此省制的构建与运作不仅需要关注省制本身能否发挥统治与管理等制度效能，而且需要重视一级地方政制同国家领土面积是否相互适应。正是基于这一考虑，中国共产党人从一开始就坚决反对"化省为邦"的省制建设，而是主张在中国内部依旧建立传统省制，并且认为只有此才能实现对于辽阔疆域的有效管理，不至出现民国初期以省称国的畸形政治。[1]

第三，党在革命时期的省制建设作为同国民政府地方政制直接对立的制度安排，也是对国民政府建设地方省制经验教训的借鉴与扬弃。清末民初的省制建设是在消除地方分离主义的预期目标上得以开展的，但北洋军阀政府一方面缺乏足够权威推行各项制度，另一方面又试图复辟帝制，从而导致这一时期的省制建设收效甚微，不但未能将省制纳入健康合理的发展轨道，反而激发地方分离主义的反弹与扩张。鉴于这一历史教训，中国共产党的省制建设从一开始就极为注重强化中央权威，并通过实行省委领导制、民主集中制等组织手段强化管理，从而建立起一套区别于传统省制和既有省制的创新性制度体系，在保证各省的独立运作的同时，也极大增强了中央政权的政治权威，因此虽然党在这一时期的省制建设是在分散隔绝的根据地状态下推进的，但却拥有统一调配、统一指挥的协同效应与聚合优势。[2]

三、中国共产党在新民主主义革命时期的省制建设：历史意义

中国共产党在新民主主义革命时期的省制建设虽然长期受到根据地分散割据的限制，同时在机构设置以及运行机制方面也呈现出依势而变的战时特征，这也导致

---

[1] 中共中央文件选集：第 1 册［M］.北京：中共中央党校出版社，1989：111.

[2] 翁有为.中国近代制度转型中的省制刍论［J］.史学月刊，2019（3）.

这一时期的地方省制始终未能完全发挥制度应有的预期效能。但对比肇始于元的传统省制和国民政府的既有省制，党在革命时期的省制建设无论是在实质内容还是在程序形式方面，均已显现出不同程度的制度优势，并对中国共产党的组织建设、现代民族国家的建设以及建国之后的省制建设产生了积极且深远的历史影响，这也成为党在革命时期开展省制建设的重大历史意义和深刻的历史启示。对此，可以从作为省制建设领导核心的中国共产党、作为省制建设任务目标的现代国家构建以及省制建设的制度自身三个方面予以理解。

（一）党在革命时期的省制建设虽然属于中国共产党人因应危局的急迫之举，但当省制充分适应革命形势之后则反过来促进了党的组织建设事业。

具体来看，革命时期的省制建设既是挽救党于生死存亡之际的有效手段，也是保存中国革命有生力量的关键支撑，还是推动组织发展壮大的重要保障。我们甚至可以认为，党在新民主主义革命时期的省制建设史就是一部中国共产党由小到大、由弱变强的组织发展史。

第一，诞生于大革命失败之际的中共省制，通过满足党开展土地革命和掌握革命武装的现实需要，成功于生死存亡的危急关头挽救了党。大革命失败之后，中国共产党的党员人数锐减，各级党组织几乎处于瘫痪状态。在此背景下，中共中央决定在各省省委的领导下发动武装暴动，恢复和重建党的组织。中央先是将原先设置在白区的原中共区执行委员会改制为省委，并由其代表中央负责指挥与协调白区内各省的暴动起义工作，再在成功开辟革命根据地的基础之上，相继建立省委领导下的各级苏维埃政权组织。也正是通过在规模日渐扩大的苏区建置省制，中国共产党为各级党组织的恢复重建提供了一个相对和平稳定的内部环境，从而在革命危急关头挽救了党。

第二，建立在革命根据地地域基础之上的中共省制，为党的组织和武装力量在白色政权的恐怖统治下的建设发展提供了宝贵空间，这也致使党的省制建设成为保存中国革命有生力量的关键因素。革命作为人类社会发展历程中不可避免的一种政治活动，往往依赖于一定的时间和空间才能得以进行。尤其对于选择以武装斗争作为主要革命形式的中国共产党而言，无论是向敌人开展积极的进攻还是实行战略性的退却，都需要一定的根据地作为休养生息和积蓄力量的基础，因此革命根据地的开辟、建设及管理，在中国共产党的组织建设中显得尤为突出和急迫。如果没有一个坚实可靠的后方根据地，党的武装斗争就会沦为一种无所依靠的"游击运动"，既无法通过资源汲取和组织发展实现长久的坚持，更难以通过巩固革命成果取得最终的胜利。[1]从这个意义上说，包括陕甘省和陕甘边省在内的陕甘宁革命根据地之所以被视作中国革命圣地，不仅在于其作为党在土地革命时期所创建的众多苏区中的仅存硕果，为中共中央和工农红军的长征胜利提供必要落脚点，更为重要的是其作为党领导下的边区政府为中国革命保存了有生力量。

第三，革命时期的省制建设也为建立党的组织、发展新的党员提供了积极支持，成为推动中国共产党的组织发展的重要保障。具体来看，党在革命时期的组织建设普遍以省作为基本单位予以展开。中共六大前后，全国各地省委的组织领导下，先后划分出数十个省区，这些地方省制的建立也为大量发展党员提供了可能，甚至在部分地区党可以近乎公开地发展党员。[2]因此党在指示各地发展党员数量、建设基层组织的过程中也将是否开辟出革命根据地并建有省制视作重要的考量因素，比如土地革命时期的党员发展工作中，在省制建置相对完备的广东、江苏及湖北等地，中央明确要求至少发展上千名党员，而在尚未建置省制的云南等地，则只需发展一百名左右即可；[3]再以抗日战争时期的组织发展为例，建立省制的革命根据地在发展党的组织方面往往表现得更为高效。比如晋冀鲁豫根据地在开辟之初只有不足三十名党员，而在建置其省委领导下的省级政权组织之后，在不足一年的时间里，仅晋中、冀西两地的党员就发展到八千多人。[4]总体来看，这一时期的省制建设不仅通过省区划分和行政层级为党的组织成长奠定基本单元，而且也在局势不明的战争年代为党的发展壮大提供了一个相对安定有序的内部环境。

（二）党在革命时期的省制建设通过理顺央地关系、促进民族团结和奉行民主原则，为建立以工农联盟为基础的人民民主专政的社会主义多民族国家奠定坚实的

［1］　童雪.试论农村包围城市的革命道路［J］.安徽大学学报（哲学社会科学版），1981（4）.

［2］　何益忠.大革命失败后中共党员的"征收"运动［J］.史林，2012（1）.

［3］　中共中央组织部，中共中央党史研究室，中央档案馆.中国共产党组织史资料：第8卷［M］.北京：中共党史出版社，1997：160.

［4］　总政治部办公厅.军队政治工作历史资料（二）［M］.北京：解放军出版社，2002：173.

制度基础。

具体来看，党在革命时期的省制建设不但推动省与中央的位序关系重新回归健康轨道，而且在单一制的结构前提下最大限度地保留了少数民族的自治权利，同时也较好地培育了现代国家所需的民主价值和民主精神。

第一，党在革命时期的省制建设通过重塑省与中央的层次关系，成为维护国家统一、保障领土完整的关键制度力量。自元以来，省制作为最高一级的地方行政制度，在国家政治体系中居于承上启下的枢纽地位，因而不但属于中央政府治理辽阔疆域和维护国家统一的重要机制，而且成为影响国家政权建设和社会安定有序的关键因素。比如中国古代历史上的藩镇之乱和清末民初的军阀割据，根本原因都是省制这一最高地方政制出现失序。中国共产党的省制建设因为从一开始便是在省委领导下得以进行的，从而极大保证了中共中央的决策、命令和指示能够畅通无阻地直达地方。从这个意义上说，"中共之所以强大和有序，相当程度上就在于中央的地方最高层级——省权力体系对中央的维护和拱卫"。[1]换句话讲，中国共产党在各地的省制建设通过省委的轴心联动和核心领导，一改近代以来省级权力体系与中央权力分析乃至对抗的关系模式，成功将省与中央的关系重新纳入正常轨道，从央地关系的和谐有序层面为现代国家的构建奠定统一基础。

第二，党在革命时期的省制建设还包括在少数民族地区建立民族区域自治制度，不仅反映出中国共产党人对于少数民族平等地位和自治权利的尊重，而且有力促进并巩固了多民族团结。"大杂居、小聚居"的民族分布和相互依存的民族关系作为我国民族问题的集中反映，同样属于党开展省制建设时无法回避的重要方面。中共二大在对国家结构形式的初次探讨中就曾提及，鉴于蒙古、西藏、新疆等地尚处于游牧经济，倘若实行一致的地方政制，将会"阻碍蒙古等民族自决自治的进步，并且于本部人民没有丝毫利益"，[2]因此可在蒙古、西藏及回疆三地实行自治，这一主张也成为孕育民族区域自治思想的最初胚胎，并在中国共产党的省制建设中付诸实践。比如抗日战争时期，中共中央就曾在陕甘宁边区政府相继设置回民自治

［1］翁有为.土地革命时期中共省委的创设与运用［J］.中共党史研究，2020（5）.

［2］中共中央文件选集：第1册［M］.北京：中共中央党校出版社，1989：111.

区和自治乡，为其后党建立少数民族区域自治制度积累了宝贵经验；其后在解放战争时期，党领导建立了我国第一个实行民族区域自治制度的省级民主政权，即内蒙古人民政府，不但为党领导创建的省制提供了宝贵经验，更是成功解决了现代国家构建所面临的民族问题。而民族型省制的创建也充分表明中国共产党在革命时期的省制建设从来不是拘泥于形式的墨守成规，而是立足现实国情和实际需要的积极创新，这也极大鼓舞了其他少数民族，成功树立起实行区域自治的典型模式，在民族团结层面为现代国家建设奠定了共识基础。

第三，贯彻落实人民民主、保障人民主体地位作为党在革命时期开展省制建设的重要原则，为中国共产党的现代国家构建积累了丰富的民主建设经验。早在土地革命时期，中华苏维埃政府在对中央苏区的省区划分予以调整时就曾以是否利于民主集中制作为主要考虑因素，"中国旧有行政区域，过于广大，适合于封建统治，不适合于苏维埃的民主集中制"[1]，"每个革命群众都要参加政权，区域大了就很不便利"；[2] 而在机构设置方面，中国共产党的省制建设普遍实行议事机关、执行机关与行政机关高度统一的议行合一体制。此外，就行政运作方面，在政府关系层面也很好地贯彻了包括民主集中制的原则。由此可见，党的省制建设从一开始就已沿着有利于民主发展的脉络予以行进，这也为党在取得全国性政权之后开展民主政治建设提供了宝贵经验。

（三）党在革命时期的省制建设对已有省制进行批判式继承和渐进式完善。

党在革命时期的省制建设不仅在内容形态、制度作用等方面同传统省制形成分野，而且也对新中国成立之后的省制建设产生极大影响，这也是中国共产党在建设省制具体过程中对于省制本身所具有的重要意义。具体来看，党在新中国成立之前的省制建设不仅在类型层面对传统省制实现了丰富与扩充，而且从"先省后国"的建国时序层面重构了省制的政治作用。

第一，党在革命时期的省制建设已跳出依据地域建置省制的历史狃习，开始在城镇区域、民族部落及特殊地区设立省制，从而推动省制整体达到较高水平。从管

［1］ 中共江西省委党校党史教研室，江西省档案馆.中央革命根据地史料选编（下）［M］.南昌：江西人民出版社，1983：192.

［2］ 中央执行委员会关于中心划分行政区域的决议［N］.红色中华，1933-08-02.

理要求和设置标准出发，现代社会的省级政区一般分为四种类型，即地域型、城市型、民族型及特殊型。[1]省制作为依托于一定空间予以建置的地方政制，同样可以依据上述标准进行类型学分析。事实上，中国共产党的省制建设从一开始就对在普通地域之外的特殊地区建置省制投入了极大关注。比如就在城镇地区建立一级政制而言，早在土地革命时期就曾设置与省同级且直属中央的瑞金市和汀州市；[2]在民族地区建置地方政制最早见于延安时期的回民自治区等行政建制，其后在解放战争时期更是筹集了与省同级的内蒙古自治区；此外，党的省制建设也不乏对于特殊性省制的探索。抗日战争时期的陕甘宁边区政府就曾基于特殊目的和用途设置了垦区、盐业中心区以及移民开垦区的特殊性省区。[3]总体来看，党在革命时期的省制建设并不局限于依据一般地域建置省制，其依据城镇差异、民族因素及特殊需要而设置的特殊省制不仅顺应了党开展革命任务和推动政权建设的现实形势，而且这些特殊省制在对传统省制予以丰富的基础之上，也对新中国成立之后地方政制建设提供了宝贵历史经验。

第二，党在这一时期的省制建设也暗含着"先省后国"的革命道路和建国方略，即地方政制的建设普遍先于中央政府的成立，党的省制因此成为创建国家政权的重要制度基础，这也致使省制在政权建设层面的制度作用有所强化。一般而言，省制作为最高一级的地方政制，是相对于中央政治制度而设立的。因此如果说不存在中央政权，自然也没有设置省制的必要。但纵观中国共产党在革命时期的省制建设，并不符合"先国后省"的建置规律，其要么是在完全缺乏中央政府领导指挥的情况下进行的，要么表现为时间层面的位序颠倒，即先建省后立国，前者包括抗日战争时期的省制建设，后者则以土地革命和解放战争时期的省制建设最为典型。客观分析这一奇特现象的产生，一方面同党在革命时期的政权建设频繁遭受的封堵围

---

[1] 刘君德、靳润成、周克瑜.中国政区地理［M］.北京：科学出版社，1999：5-7.

[2] 中共江西省委党校党史教研室、江西省档案馆.中央革命根据地史料选编（下）［M］.南昌：江西人民出版社，1982：60-61.

[3] 需要说明的是，抗战时期的陕甘宁边区政府虽然在形式上属于南京政府下属的一级地方政府，但无论是从其作为中共中央驻地的事实层面，还是从其曾作为中华苏维埃政府西北办事处的历史层面，都可以将其视作中国共产党在抗战时期所建立的"有实无名"的"中央政府"，因此就陕甘宁边区政府独立设置的盐区等特殊性政区而言，我们也可将其视作中国共产党在这一时期对于建立特殊性省制的积极探索。

截不无关系，但另一方面也反映出中国共产党人对于建国方略的深刻认识。具体来看，在八七会议决定为中国革命寻找新的方向之后，中国共产党人开辟出一条农村包围城市、武装夺取政权的革命道路，并在省制建设层面予以严格贯彻落实。"农村武装和根据地的使命，从制度上说，就是要达到建立红色区域的'省'进而建国。"[1] 从这一逻辑出发，也就不难理解为何中华苏维埃共和国中央人民政府的成立，远远晚于各省苏维埃政权。同样的逻辑也足以解释为何抗日战争与解放战争时期的省制建设，虽然没有中央政府的协调指挥，但依旧能够有条不紊地予以开展。因为从根本上说，一方面中国共产党的省制建设是在白区统治的缝隙空间内得以发展起来的，并不属于传统意义上的政权直接交接之后再由中央政府统筹规划的制度实践；另一方面，这一省制建设虽然缺乏中央政权统一的指挥，但中国共产党在其中起到了居中调控的关键作用，这也为省制建设的有序开展提供了坚强的领导核心和力量保障。

[1] 翁有为.土地革命战争时期中共省委的创设与运用［J］.中共党史研究，2020（5）.

新时代党的社会整合能力的生成逻辑和提升机制
——基于政党适应性视角

侯月英[*]

摘　要：社会整合能力的提升是一个系统性工程，利益整合机制是社会整合能力的前提性要素，组织整合机制是社会整合能力的关键性要素，意识形态凝聚机制是社会整合能力的基础性要素，政治参与机制是社会整合能力的保证性要素。社会整合是执政党的基本功能属性，社会整合能力是执政能力的重要表征。政党适应性理论是观察政党转型和发展的一个有效视角，为了适应改革开放和社会主义现代化建设的需要，政党要强调社会整合能力的持续性建构和提升。中国共产党的社会整合能力是建立在马克思主义使命型政党整合性特质的理论基础、百年发展进程中逐步累积经验的历史基础和推进中国式现代化的必然要求的实践基础之上的。

关键词：党社关系；社会整合；政党适应性；执政能力

　　审视当下，我国实现现代化的进程既需要应对"百年未有之大变局"的国际形势，又需要面对社会转型背景下社会经济成分、组织形式、就业方式、利益关系和收入分配方式等发展的趋势。而政党作为现代化发展的产物，在各国政治发展中扮演着不可替代的角色。为了适应改革开放和社会主义现代化建设的需要，中国共产

---

*　侯月英，山东大学马克思主义学院博士研究生。

党作为执政政党需要强调社会整合能力的持续性建构和提升。

一、问题的提出

目前，学术界关于"中国共产党社会整合能力"的研究缘起于改革开放以来中国经济跨越式发展过程中利益多元化、思想多样化的社会发展趋势，兴起于社会整合机制和治理体系相对滞后所带来的执政挑战，尤其是"执政能力建设"命题的提出，引发了学者从执政能力建设的视角对党的社会整合能力的研究旨趣。目前关于这一问题的研究主要集中在以下三个方面：

第一，关于中国共产党社会整合能力内在规定性的研究，侧重于将社会整合能力具体化分为若干能力，"价值整合能力、利益整合能力、制度整合能力、组织整合能力"[1]。朱前星从政党功能的角度出发，认为社会整合是执政党的基本功能，并需要依据客观环境的变化进行调适。[2]

第二，关于中国共产党社会整合历史进程和基本经验的研究。刘子平指出中国共产党社会整合经历了起步、发展、曲折、调整与优化的渐进发展进程，新时代推进和加强社会整合应以强调利益整合为核心、价值整合为基础、制度整合为保障、组织整合为依托[3]。

第三，对政党社会整合能力培育方式的研究。其一，对中国共产党社会整合方式的研究。王邦佐等认为执政党社会整合的内在机制包括机制整合、制度整合和组织整合[4]。其二，对国外政党社会整合方式的研究。为了适应时代和社会发展、拓展群众基础、应对复杂多变的社会环境的需求，国外政党进行社会整合的方式突

［1］ 陈果，朱前星．论社会治理现代化视域下执政社会整合功能的提升［J］．湖湘论坛，2018（4）．

［2］ 朱前星．中国共产党的社会整合及其功能调适研究——社会治理现代化视角［J］．宁夏社会科学，2018（4）．

［3］ 刘子平．中国共产党社会整合的百年探索与基本经验［J］．探索，2021（2）．

［4］ 王邦佐．执政党与社会整合——中国共产党与新中国社会整合实例分析［M］．上海：上海人民出版社，2007：27.

出表现在利益融合趋势增强、意识形态中间化日益凸显和组织网络不断优化和完善上[1]。

从既有的研究来看，对中国共产党社会整合能力的研究多从社会整合功能及其调适、社会整合机制等维度展开，为本文的研究奠定了理论基础，但对党的社会整合能力的产生逻辑和提升路径的思考仍具有进一步研究的空间。作为高速发展中的超大型国家，我国社会当下的发展与亨廷顿（Samuel Huntington）所说的相似——"现代化之中的社会，其政治共同体的建立，应当在'横向'上能够将社会加以融合，在'纵向'上能把社会和经济阶级加以同化"[2]。在中国政治场域下，这一"政治共同体"的核心是中国共产党。鉴于此，本文提出的问题在于中国共产党为什么能够整合超大型的中国社会？在适应社会环境的变化中党的社会整合能力是如何生成的，它是如何适应社会发展继续提升社会整合能力？

政党适应性理论是观察政党转型和发展、回应上述问题的一个有效视角，本文从政党适应性视角入手研究党的社会整合能力，主要原因有三：一是从政党的组织特质及其运作规律来看，作为一种特殊的政治组织，政党既要适应自身发展规律，又要适应外部社会环境变迁，"组织理论视角下的政党组织，不只是达成既定目标的工具，本质上还是力图在特定环境中适应并生存下来的社会团体"。[3]经济体制转轨和社会结构转型同步进行的转型社会要求党的社会整合能力不断提升。二是从社会环境的变迁来看，政党社会基础的巩固需要充分发挥社会整合功能，这样，党在适应和改造环境的过程中，才能展现其强大的生命力。三是从社会整合功能是政党的基本功能来看，政党功能调适本质上说是政党的适应性调适。因此，从政党适应性视角理解党的社会整合能力的生成逻辑和提升路径，对于实现党的执政能力现代化和有效应对社会转型中出现的各种社会问题，具有重要的理论意义和实践价值。

---

[1]　贾绘泽.当代国外政党社会整合方式发展趋势及其启示[J].理论导刊，2014（6）.

[2]　[美]塞缪尔·P.亨廷顿.变化社会中的政治秩序[M].王冠华，刘为等，译，上海：上海人民出版社，2015：332.

[3]　沈建红.执政组织资源与执政党的政治建设[M].杭州：浙江大学出版社，2011：136.

二、政党适应性：执政党社会整合能力的内在要求

改革开放以来，随着市场经济体制改革和民主政治建设的有效推进，党领导和执政所处的现实社会环境也随之发生变化，外部环境的变化与党的建设的互动关系在客观上体现着政党适应性，同时也需要党的自身建设来有效整合社会，保证现代化进程的顺利进行。

（一）政党适应性是政党长期执政的优势所在

政党适应性是政党生存能力和发展能力的体现。首先，政党适应性是衡量一个政党执政能力和生命力的重要标志。"适应性是评价组织质量的重要标准，任何组织都必须立足具体的外部环境才能存在，组织的适应性则体现为对外界环境的积极认知和应对措施，适应性越强，组织的复杂性和生存能力就越强。"[1]塞缪尔·亨廷顿较早地提出政党的适应性问题："适应性就是后天获得的组织性；概而言之，就是适应环境挑战的能力和存活能力。"[2]因此，居于主导现代化地位的执政党更要适时地主动变革。政党适应性指的是政党与内外环境的关系问题，党在适应和改变环境的过程中所展现出强大的自我调适能力和主动适应能力——政党既要实现适应社会发展变迁基础上的政党发展，进行组织结构调适和政策策略的更新，同时还要展现其引领社会发展的能力，有效吸纳整合社会资源。

其次，政党适应性强调一个政党能够根据外部社会政治环境的变化进行组织与策略的调整，体现了政党与社会的有机互动，进而有效汲取资源、信息以及获得政治支持和政治认同的过程。政党适应性建立在政治体制稳定基础之上，一些长期执政的老党、大党失去执政地位的主要原因在于自身的发展变革无法适应急剧变革的社会。"苏联和东欧共产党、印度国大党、墨西哥革命制度党、印度尼西亚

---

[1]［美］约翰·H. 霍兰. 隐秩序：适应性造就复杂性［M］. 周晓牧，韩晖，译，上海：上海科技教育出版社，2019：174.

[2]［美］塞缪尔·P. 亨廷顿. 变化社会中的政治秩序［M］. 王冠华，刘为等，译，上海：上海人民出版社，2015：11.

专业集团等强大政党失去了对国家权力的垄断地位"[1]，苏联甚至在转型中解体，很大程度上源于执政党丧失了应对危机的自我适应能力，政策和策略的调整或是迟缓或是急进。特别是在非竞争性条件下，执政风险的化解有赖于执政党的自我感知和自我调适，即自我革命的同时，实现执政基础的稳定性。因此，政党的自身变革以及政党发起的社会变革，需要把握好"度"的问题，应是阶段性的渐进式改革过程。

总的来说，对政党适应性理论认识的深化，来源于党领导社会革命的实践经验总结，动因于现实政党政治实践的需要，立基于政党自身发展规律和社会发展规律。政党适应性结构性要素主要有三个方面：一是政党与外部环境的良性互动；二是政党内部结构的动态性稳定；三是适应环境变迁的社会整合功能提升。

（二）社会整合能力是政党适应性的内在需要

社会整合概念最早是由西方社会学者提出的，缘起于对现代化进程中展现出的社会秩序失衡、阶级矛盾冲突增多等社会失范图景。经过杜尔凯姆、斯宾塞、马克思、韦伯、哈贝马斯、帕森斯等西方社会学家的研究，社会整合理论得到系统的发展，也形成了一系列的理论研究范式。学者们希冀于通过社会革命、合理配置社会资源、调整利益格局等方式缓和社会矛盾、促进社会公正。其中，按照马克思主义社会有机体理论，社会整合的基础是生产力和生产关系的适应，前提是社会利益的协调，根本目标是形成一个"自由人的联合体"。面对与西方不同的现代化发展道路和社会发展问题，中国的社会整合理论经过了一个吸收、借鉴、批判和创新的过程，最终形成了符合中国国情的社会整合理论。总的来说，政治学意义上的社会整合表现为以主体、价值和利益多元为前提，以多元协同、社会稳定为目的实现对社会关系的协调。

社会整合与党的社会适应性密不可分。从一定程度上说，社会整合能力是政党适应性的重要体现。党的社会整合需要在进一步适应中国经济包容性增长的发展方向、社会结构变迁日益多元的情势下，继续保持适应性、活力与生机。社会整合既能使社会维持作为社会系统的完整性，又能使社会具有更高级的适应能力。美国政

---

[1] 杨光斌.跳出观念的困笼：国际比较视野下的中国之治［M］.北京：中国方正出版社，2021：116.

治社会学家李普塞特把政党称作"冲突的力量和整合的工具"[1]，改变了过去长期将政党仅仅作为社会冲突和阶级斗争工具的观点。在政治生活实践中，执政党的"整合工具"特质更为明显，需要执政党采取相应的政治策略和政治行动，以缓解社会矛盾冲突，维护社会政治稳定，协调社会利益关系，促进社会和谐有序发展。因此，从社会整合的角度来看，执政党的执政过程是通过一定的方式将社会分散的、多元的、异质的要素纳入一个能够保证社会有序运行的结构性框架之内的过程。

从中西政党政治实践的比较来看，中西方政党展现出了截然相反的社会整合能力。为适应社会环境的变化，世界范围内西方政党政治变革中存在三个普遍现象：一是民众自主意识、权利意识增强的同时，政治参与的意愿降低，主要表现为党员人数的减少和选民人数的减少，政党社会基础的空心化进程不断加剧，国外学者纷纷抛出所谓"政党衰落论"甚至"政党结束论"的观点。二是极端化政党的数量逐渐增多，如欧洲的极右翼政党和美国"茶党"深受民粹主义影响。极端化政党的出现反映了社会的异质化程度。三是主流政党主要通过媒体等宣传机器制造舆论和话题来吸引选民，反而又被舆论裹挟。这三大现象反映了西方政党在面对社会异质化时需作出的功能性调整。政党的政策调整和政治变革并不意味着社会整合能力的提高。和西方政党相比，中国共产党与国家、社会的关系，显示出两大独特性：一是党在地位上的绝对领导性；二是党在功能上的全面性[2]。其政党功能也不局限于西方政党的利益表达、民意吸纳、政治沟通等内容，中国共产党对政治体系和社会系统的重构，具有整体性和系统性。

三、提升适应性：现代化进程中党的社会整合能力的生成逻辑

（一）理论逻辑：马克思主义使命型政党的整合性特质

政党在政治生活中发挥着重要作用，在多党竞争型政党体制下，政党主要以赢

[1] ［美］西摩·马丁·李普塞特.一致与冲突［M］.张华青，译，上海：上海人民出版社，1995：136.
[2] 刘建军，邓理.国家治理现代化：新时代的治国方略［M］.上海：上海人民出版社，2021：92.

得选举为目标，发挥着组织动员功能、社会代表功能和利益整合功能等；而对于以"社会整合"为特征的使命型政党来说，主要是以社会整体性发展为直接目标，更多承担着社会整合功能。从政党属性上看，中国共产党是典型的马克思主义使命型政党，融革命党、执政党、领导党的政党特质，为人民谋幸福的初心使命和责任担当，代表整合、利益整合功能于一体，其"整合性"特征内蕴贯穿其中。

马克思主义使命型政党的整合性特质主要体现在领导力、凝聚力、组织力和先进性四个方面。第一，党中央权威和集中统一领导的领导力。政党权威从根本上说是群众对政党组织的自觉政治认同，"政党权威生成、拓展的过程，也是一个社会一体化的过程，因而也是一个社会整合的过程"。[1] 即政党权威的持续性塑造是中国共产党社会整合能力的内在规定。第二，具有强大凝聚力和引领力的社会主义意识形态的凝聚力。意识形态是一个政党的"政治灵魂"，内蕴着一个政党的政治信仰和价值选择，在社会整合中发挥着"水泥"和"凝合剂"的作用，是价值观的整合。作为以思想形式表现出来的占统治地位的物质关系[2]，执政党的意识形态承担着整合社会多元价值观念和引领社会舆论导向的作用。第三，庞大的组织网格所具有的组织力。基层党组织是党整合社会的组织基础，党要同人民群众保持密切联系，要充分发挥党员的先锋队作用，"先锋队只有当它不太脱离自己领导的群众并真正引导全体群众前进时，才能完成其先锋队的任务"。[3] 具有先锋队特性的中国共产党，不能仅仅是群众意志表达的机器，还是扎根于群众、教育群众、组织群众的引领者。第四，勇于自我革命的先进性。以伟大自我革命引领伟大社会革命成为新时代中国特色社会主义伟大实践的一个鲜明特征。勇于自我革命体现党的自我纠错能力和自我修复能力，是政党生命力的体现，也是使命型政党能够始终保持先进性、纯洁性的内在品格，是社会整合能力的内在支撑。

（二）历史逻辑：中国共产党社会整合能力的百年积淀

中国共产党的社会整合能力是在逐步累积经验的过程中的持续性提升，需要针

---

[1] 罗峰.嵌入、整合与政党权威的重塑：对中国执政党、国家和社会关系的考察［M］.上海：上海人民出版社，2009：57.

[2] 马克思恩格斯选集：第1卷［M］.北京：人民出版社，1995：98.

[3] 列宁选集：第4卷［M］.北京：人民出版社，1995：243.

对不同时期的历史任务探索有效的整合方式。在党成立之初，在国家支离破碎、民族危亡的历史背景下，中国共产党承担起了组织群众、凝聚社会、巩固民族团结的历史使命。通过组织动员人民群众，发展壮大革命力量，建立遍布在全国各地的自上而下的基层组织，通过"统一战线""群众工作""党的建设"等方式，实现有效的社会整合。"党扎根于社会，与社会保持密切联系的根基，是党有效整合社会的组织基础。党的组织形式和工作方法，是依据党所处的内外环境和党的政治任务来决定的，必须具有一定限度的灵活性。"[1]基层党组织通过组织和动员，有效整合起强大的革命力量，保证了革命的胜利。新中国成立之初，面临着经济凋敝、百废待兴、积贫积弱的社会现实，社会自治和自我组织功能缺失，迫切要求社会秩序的重新整合和建立强有力的社会动员机制。党对社会整合的基本思路是"组织化"。1956年，毛泽东在《论十大关系》中强调要最大限度地"把党内党外、国内国外的一切积极的因素，直接的、间接的积极因素，全部调动起来"[2]，在打破旧的社会结构的基础上，构筑起统一的社会组织体系，以有效地集中国家和社会的力量，推进大规模的工业化建设。将社会各部分、各阶级基层组织起来，既是恢复社会发展的现实需要，也是彻底摆脱旧社会窠臼的革命性要求。因此，中国共产党辅以单位制、人民公社为主，街居制、户籍制为辅的城乡基层社会管控体系，使一个有着几亿人口的贫穷大国在较短的时间内顺利实现了社会秩序的稳定和社会结构的变革，最大限度地实现了社会整合，完成了社会的整顿和新建。

改革开放后，原有阶级、阶层分化，新的社会阶层涌现，社会组织数量增加，社会各人群流动速度加快，社会活力显著增强，不可控因素增多。党特别注意到部分基层党组织出现了"悬浮化"现象，组织在基层社会中"空转"，无力发挥联系群众、整合社会的功能，社会矛盾和社会问题增多。因此，党在探索中寻找有效的社会整合方式，区域化党建对社会的整合，是一种"有机整合"模式，它要求党的基层组织必须在广泛的社会参与中重塑其"公共性"的品格。[3]党的十八大以来，

[1] 中共中央文献研究室，中共中央党校编.刘少奇论党的建设 [M].北京：中央文献出版社，1991：626.

[2] 毛泽东著作选读（下册）[M].北京：人民出版社，1986：744.

[3] 唐文玉.区域化党建与执政党对社会的有机整合 [J].中共中央党校学报，2012（2）.

党高度强调"有效实现党的组织和党的工作全覆盖"。党的十九大提出，要把基层党组织"建设成为宣传党的主张、贯彻党的决定、领导基层治理、团结动员群众、推动改革发展的坚强战斗堡垒"。对新时代基层党组织的功能做了明确的阐释，也为其发挥整合功能指明了方向。

建党百年来，从社会整合变迁的整体过程来看，中国共产党展现出超强的社会整合能力。从新民主主义革命时期的动员型社会整合模式、社会主义革命和建设时期的组织型社会整合模式、改革开放和社会主义现代化建设新时期的回应型社会整合模式，到中国特色社会主义新时代的治理型社会整合模式。党的社会整合经历了一个夯基垒台、局部探索到积厚成势、协同高效的发展过程。

（三）实践逻辑：党的社会整合能力推进中国式现代化的必然要求

中国是一个典型的后发的现代化赶超型国家。在现代化发展进程中，中国共产党作为主体力量的执政党，一方面，要适应社会转型所引发的社会结构变迁、利益诉求多样化、城乡二元结构对立、新社会阶层和新兴群体涌现、社会成员流动性空前提高等问题，特别是经济发展进入新常态后，经济增速放缓，利益驱动力减弱，利益整合机制的影响力式微，社会的可持续性、稳定性发展要求进入关注议程；另一方面，中国实现现代化具有的艰巨性、复杂性和多维性。中国的现代化是人口规模巨大的现代化，是全体人民共同富裕的现代化，是物质文明和精神文明相协调的现代化，是人与自然和谐共生的现代化，是走和平发展道路的现代化。必须坚持稳中求进、协同推进，要求提高政党整合能力，以巩固党的执政基础。

提升社会整合能力是适应现代化发展要求的客观需要。"求生存和发展是任何社会组织的本能，而增强对组织内外环境的动态适应能力是保障组织生存与发展的基本条件。"[1]从政党政治发展的角度看，中国共产党要适应的是一个超大规模发展中的社会。老龄化社会、网络社会的出现，是中国历史上从未有过的状况，能够应对和主动适应社会结构性挑战，整合多样化社会群体、社会资源是党执政能力的重要体现。从政党政治生态的角度，一个政党特定的政党体制结构、经济发展基础、社会结构以及历史文化特性，构成了执政党的政治生态环境。区别于西方政治社会

---

[1]　唐皇凤.增强执政党调适性：中国政治发展的核心战略取向［J］.浙江社会科学，2013（2）.

建立在个人主义基础上的权利本位逻辑，中国政治社会是建立在集体主义基础上的政治共同体本位逻辑。中华民族有着悠久的大一统历史和稳定的政治模式，这根植于中国特殊的政治生态环境中。这就要求对传统社会整合方式进行扬弃，既要适应历史文化传统，更要利于现代化发展需要。从政党制度运行的角度，党的社会整合能力是执政党治国理政的基础和关键，贯穿于政党制度运行的全过程。"中国现代国家的建设和成长完全依赖于政党的领导与支撑作用，政党是中国现代国家建设的决定力量。"[1] "中国共产党建构了一个以自身为核心和中轴的国家政权结构。"[2] 政党是现代国家建设的主导力量，纵向上立基于一套与国家行政区划相并行的三级组织系统，从而整合起中央和地方；横向上党的基层组织作为领导角色和组织力量分布于城市乡村、群团组织、新经济组织等各个地区和领域，能在横向上组织、整合和治理中国超大规模社会。

四、新时代中国共产党的社会整合能力适应性提升机制

新时代，中国共产党以实现广大人民群众向往的美好生活为目标引领，以公平正义为价值引领，领导全国各族人民致力于解决好人民群众最关心最直接最现实的利益问题。我国社会主要矛盾已经转化为人民日益增长的美好生活的需要与不平衡不充分发展之间的矛盾，聚焦主要矛盾和矛盾的主要方面，要求党的社会整合能力适应利益格局调整、思想观念多元的发展，探索适应客观环境变化和未来发展趋势的载体、平台、工具和手段。

（一）适应利益格局调整，以利益整合机制为核心，提高党的利益整合能力

随着市场经济的发展和经济体制改革的持续推进，我国居民收入水平和生活水平得到大幅提升的同时，所有制结构和利益分配格局也随之发生改变。具体表现在：社会矛盾多样且"无直接利益冲突"事件增多；社会结构由相对封闭到相对开

---

[1] 林尚立.中国共产党与国家建设［M］.天津：天津人民出版社，2009：3.

[2] 景跃进.当代中国政府与政治［M］.北京：中国人民大学出版社，2016：7.

放，城乡结构、社会阶级基层结构、就业结构发生了巨大变化，新兴社会群体日益活跃；尤其是全面建成小康社会后实现共同富裕提上关注议程，如何调整利益分配格局，考验着党的领导能力和社会整合能力。马克思曾指出："人们奋斗所争取的一切，都同他们的利益有关。"[1] 在社会生活实践中，人们总是以自身利益为基础结成各种社会关系，并以利益需求作为行为导向。执政党建立起的一套利益整合机制，在利益的代表、协调和补偿中实现群众利益，是获得群众支持和认同的出发点。因此，利益整合机制是执政党社会整合能力的前提性要素。

利益格局的调整不是完成时而是进行时，因此利益整合机制需要具备全局性、前瞻性和可行性，具体包括三个方面的内容：利益表达、利益调控、利益补偿。其一，畅通的利益表达机制和平台的建构是党提高利益整合能力的前提和基础。这就需要不断完善信访制度，创新建构网络问政等多样化的群众表达利益的渠道。其二，致力于构建公正的利益调控机制是提高利益整合能力的关键。公平正义是社会主义制度的核心价值，也是衡量社会进步的根本标准。社会主义初级阶段仍然存在不平衡不充分发展的问题，以及社会转型过程中的利益格局调整必然产生收入差距和地区发展差距问题。因此，需要制定合理的收入分配政策，减小贫富差距。其三，探索合理的利益补偿机制是提高社会整合能力的落脚点。共同富裕是社会主义的本质要求，是中国式现代化的重要特征。全面建成小康社会和完成全面脱贫的历史任务后的"共同富裕"问题提上议程，这就要求突出重视对弱势群体和低收入人群的利益关怀，除了提供一定的政策支持外，更重要的是为全体社会成员提供相对公平的发展环境。

（二）适应社会阶层分化，以组织嵌入机制为依托，提高党的组织整合能力

在中国社会结构深刻调整的背景下，"社会阶层结构是政党制定各项政策议程的社会基础，也是政党领导国家建设与转型的社会结构要素"。[2] 即加强对新的社会阶层的党建引领。2021年颁布的《中国共产党统一战线工作条例》第三十一条明确指出："新的社会阶层人士主要包括：民营企业和外商投资企业管理技术人员、

[1] 马克思恩格斯全集：第1卷［M］.北京：人民出版社，1956：82.
[2] 雷明贵.新的社会阶层社会整合［M］.北京：中国社会出版社，2021：48.

中介组织和社会组织从业人员、自由职业人员、新媒体从业人员等。"新的社会阶层是在经济社会发展过程中出现的一些新的社会群体。这些新的社会群体分散在社会的各个新兴领域，具有行业多样化、分布复杂化和流动性大的特点。如何把这些新的社会阶层进行再组织，也考验着党的社会整合能力。应对社会阶层新分化的趋势，关键在于发挥基层党组织的功能。故此，组织整合机制是社会整合能力的关键性要素。

党的基层组织作为实现党的有效领导的"战斗堡垒"，是党与人民群众密切联系的"关节点"，是贯彻落实党中央决策部署的"最后一公里"。党要有效整合各社会阶层，需要发挥好基层党组织的战斗堡垒作用，与社会发展要求相适应，开发其内在的政治功能和社会功能。一是组织有形覆盖到有效覆盖，实现从组织嵌入到功能嵌入。在发挥组织力基础上突出政治功能，主要是通过发挥政治优势组织、统筹、整合社会资源，加强对党的最新理论成果的宣传和普及，以及发挥党员的先锋模范作用。二是要落实各级党委的主体责任。"新的社会阶层人士所在街道、社区、园区、企业等的党组织应当落实主体责任，把新的社会阶层人士统一战线工作纳入重要工作职责,研究解决突出问题。"[1]建立相应的责任清单和问责清单。三是积极探索创新党建引领的方式方法。突破单位、行业限制，继续探索创新区域化党建和网格化党建等方式，以及组织多样化的活动与服务，如宣讲活动、公益服务、红色文艺演出活动等，激发党组织活力，将更多的社会成员凝聚在党的具体活动中。

（三）适应思想观念多元化，以意识形态凝聚机制为纽带，提高党的思想整合能力

在人类社会的发展历史中，意识形态总是和国家政权紧密地结合在一起，某一阶级、集团掌握了意识形态的话语权，就可以控制社会的舆论走向，引领人民的意志，从而实现对整个社会的整合，主导社会发展的前进轨迹，并对其他文化形式和思想意识产生强大的渗透力和影响力。在繁芜的社会思潮和多元价值观并存的时代条件下，如何最大限度地凝聚共识，是党的社会整合能力的重要体现。意识形态的适应性发展一方面体现在能够为党的社会整合功能提供合法性证成；另一方面体现

[1]　中共中央统战部编著.中国共产党统一战线工作条例［M］.北京：人民出版社，2021：21.

为能够及时回应多元异质性社会环境中对多元价值的诉求。故此，意识形态凝聚机制是社会整合能力的基础性要素。

意识形态凝聚机制主要包括三个部分的内容：一是"牢牢掌握意识形态工作领导权"[1]，不断巩固马克思主义在意识形态领域的指导地位。如同过去社会中各种的意识形态一样，社会主义社会意识形态也是一个复杂多样的领域，这种多样性的意识形态是对社会经济生活的反映，是不以人的意志为转移的。但是，多样性的意识形态存在不能没有主导，解决好意识形态是领导权的首要问题。二是意识形态的创造性转化。即主流意识形态社会化问题，使党的意识形态成为社会共同的理想和目标，转化为社会的"核心价值观"，体现为群众对执政党意识形态内容的认同。习近平指出："培育和弘扬核心价值观，有效整合社会意识，是社会系统得以正常运转、社会秩序得以有效维护的重要途径，也是国家治理体系和治理能力的重要方面。"[2]其三，需要落脚于意识形态话语权的建构。从本质上看，马克思主义意识形态话语权，是指无产阶级为实现本阶级的利益诉求和政治信仰，通过多种传播方式，以确保凝聚社会意识，引领社会发展的权力。马克思主义意识形态话语权的确认，取决于广大人民群众是否认同并将其转化为个人意志并指导个人行为，取决于马克思主义意识形态是否与社会发展规律相符，取决于马克思主义意识形态对现实社会问题的解释能力和批判能力。当代中国的马克思主义意识形态话语权，其实质是中国化马克思主义的话语权，强调马克思主义中国化与中国问题马克思主义化的有机结合，即实现用中国话语讲中国故事、用马克思主义分析诠释和解决中国问题。具体来说，当代中国的马克思主义意识形态是以马克思主义及其中国化的一系列重要理论成果为根本内容，以社会主义核心价值观为价值内核的意识形态体系，是中国社会话语权当代建构的理论起点。

（四）适应现代民主政治发展，以政治参与机制为平台，提高党的政治整合能力

现代化发展进程中的经济体制的转换和社会关系的重构，必然带来更深层次的

---

[1] 习近平谈治国理政：第3卷［M］.北京：外文出版社，2020：17.

[2] 把培育和弘扬社会主义核心价值观作为凝魂聚气强基固本的基础工程［J］.党建，2014（3）.

政治结构的改革，特别是民主政治的发展，政治参与意识和政治参与能力随之增加，网络信息技术的普及及应用也拓展了公民政治参与的空间。广泛、有序、具有影响力的政治参与是政党提升整合能力的关键之处。不同的政治制度、经济体制和文化传统下的政治参与形式是不同的。西方资本主义国家的公民政治参与多体现在政党选举的投票、加入政治组织和民众上街游行等形式。其中，政党活动是公民政治参与的重要制度化形式。中国的政治参与是建立在强大政党领导基础上的民主政治，政党是现代民主运行的关键主体，能够为社会多元利益主体提供参与政治的有效机制。因此，政治参与机制是社会整合能力的保证性要素。

政治参与是指公民通过合法渠道，间接地参与和影响公共政策的制定和执行。"历史的活动是群众的活动，随着历史活动的深入，必将是群众队伍的扩大。"[1]公民的政治参与是人民当家作主的具体体现，是党进行社会整合的保障机制。一是在坚持党的领导基础上，建构民主党派和社会各界力量参与国家事务管理的政治协商机制，为其提供制度化的政治参与渠道的同时，完善座谈会、听证会等社会层面有序政治参与渠道的法律规范保证。二是完善基层群众自治完善合作共治机制。在城乡社区、基层公共事务和公益事业中，针对群众关心的议题，增强群众议事协商和有序参与的积极性及参与意识。

---

[1] 马克思恩格斯全集：第 2 卷［M］.北京：人民出版社，2005：104.

提升中国共产党文化领导力的思维方法[*]

骆　丹　李青嵩[**]

摘　要： 中国共产党文化领导力是党在革命、建设和改革的长期实践中形成的文化领导能力，事关国家文化生活的根本方向，影响着社会主义文化建设的整体进程。在党的文化领导中，以历史思维提升党在文化领导中的历史眼光，以战略思维提升党在文化领导中的战略能力，以创新思维提升党在文化领导中的创新能力，以法治思维提升党在文化领导中的治理能力，有利于形成强大合力，从而全面提升党的文化领导力，加强党对我国各项文化工作的有力领导，推动新时代中国特色社会主义文化事业的繁荣发展。

关键词： 中国共产党；文化领导力；思维方法

中国共产党文化领导力是党在长期的探索实践中逐渐形成的文化领导能力，党的文化领导力关乎着我国文化领域的整体发展，影响着我国实现建成社会主义文化强国伟大目标的进程。党的文化领导力的有效发挥有赖于科学思维方法的充分利用，历史思维、战略思维、创新思维和法治思维的综合运用是提升党的文化领导力

---

*　本文系国家社科基金项目"新时代中国共产党党内政治生态建设研究"（20BDJ026）；教育部人文社科"中特专项""基于绿色发展理念的生活方式构建研究"（20JD710006）；重庆市社会科学规划重点项目"习近平人民为中心思想研究"（2018ZDMK02）；重庆第二师范学院"中特专项"重点项目"习近平关于全面建成小康社会重要论述研究"（KY2020ZTA02）。

**　骆丹，西南大学马克思主义学院博士研究生，主要研究马克思主义中国化。李青嵩，重庆第二师范学院副教授，主要研究思想政治教育。

的必要条件，是推动新时代中国特色社会主义文化事业不断发展的必然要求。党只有以科学的思维方法领导国家文化工作，才能立足现实、谋划长远，实现我国文化事业的创新发展，增强党的文化治理能力，全面提升党的文化领导力。

一、提升中国共产党文化领导力的历史思维

历史思维是指以整体视野分析历史传统，总结历史规律，研判历史趋势，用联系、发展的眼光看待事情发展的过去、现实和未来。列宁说过："在分析任何一个社会问题时，马克思主义理论的绝对要求，就是要把问题提到一定的历史范围之内。"[1] 这就要求中国共产党在文化领导过程中必须做到科学总结历史规律、理性分析客观现实、努力探寻未来发展，只有这样，才能够真正发挥好历史思维在提升党的文化领导力过程中的应有价值。

（1）历史思维要求党对文化领导的过去要有反思性。习近平指出："历史是一面镜子，它照亮现实，也照亮未来。了解历史、尊重历史才能更好把握当下，以史为鉴、与时俱进才能更好走向未来。"[2] 历史虽然已经成为过去，但它遗留下来的经验沉淀却是一笔宝贵的财富，它记录着一个国家、民族荣辱兴衰的真实足迹，对现实具有重大的借鉴和警示作用。回顾中国共产党百年领导中国人民的历史，其中不乏许多值得深思的成功经验和失败教训。五四运动开启了中国新民主主义文化的大门，中国共产党成为中国崭新文化的生力军。中国共产党领导的新民主主义文化不是为少数人谋利益的文化，而是为绝大多数工农群众服务的大众的民主的文化，体现了中国共产党鲜明的人民属性。在党的革命、建设和改革各个时期，正是因为党始终坚持把人民属性贯穿于文化领导工作的方方面面，积极团结广大人民群众，善于汇聚最广泛的群众力量，才赢得了人民群众对党的大力支持，促使党赢得了革命战争的胜利，取得了中国特色社会主义的辉煌成就。然而，党的文化领导过程并不

[1] 马克思 恩格斯 列宁 斯大林论评价历史人物 [M].北京：人民出版社，1975：40.

[2] 习近平.携手共创丝绸之路新辉煌——在乌兹别克斯坦最高会议立法院的演讲 [N].人民日报，2016-06-23.

总是一帆风顺，曾经犯过的一些错误给我们留下了深刻的教训，如"文化大革命"留下的历史教训告诫党在文化领导中要善于明辨文化领域出现的问题，遵循文化发展的客观规律，采取正确的方式处理文化领域中的矛盾。只有这样，才能充分调动知识分子、文艺工作者的建设热情，增强文化领域各项工作的发展活力，促进国家文化事业的创新性发展。总之，历史是最好的教科书，党只有从正反两方面进行全面思考总结，才能够避免重走历史弯路，为新时代党正确发挥文化领导力提供正确的发展方向。

（2）历史思维要求党对文化领导的现实要有判断性。所谓判断性是指党要站在历史高地上放眼全局，准确研判当前所处的时空方位，找准现阶段的现实定位。从国内看，党的十九大报告作出了"中国特色社会主义进入新时代"的重大政治判断，作为中国特色社会主义伟大事业重要组成部分的文化事业也随之进入了新的历史阶段，新的历史阶段意味着中国共产党文化领导面临着全新的机遇与挑战，能否准确把握新时代文化领域新生的发展契机和化解风险矛盾，是衡量中国共产党文化领导力高低的重要标准。

在机遇方面，首先，当前中国共产党文化领导力具有更加深厚的文化滋养。从中华文化的发展史看，中华文化同世界其他民族文化相比拥有千年延续的优良文化基因。从古至今，特别是建党以来，中国共产党人在进行革命、建设和改革的历史进程中，十分注重中华文化的建设与发展。随着中国共产党伟大实践的不断深入，中华优秀传统文化、革命文化和社会主义先进文化叠加的文化厚度更加丰富，党的文化领导力底蕴更加深厚。其次，当前中国共产党文化领导力具有更加坚实的物质基础。当下，我国社会生产力水平有了大幅提高，人民生活水平有了明显提升，人们对精神生活的追求热度是物质生活幸福感在文化层面的心理折射，经济实力的快速增强为党的文化领导力提供了强大的物质支撑。

在挑战方面，首先，世界新变局对中国共产党的文化领导力提出了更严峻的考验。当前国际格局正在发生深刻调整，各国之间的力量对比出现了新的变化，世界经济中心呈现"自西向东"的位移趋势，以美国为首的西方国家通过各种手段企图遏制中国的发展，在意识形态方面，打着自由民主的口号向我国意识形态领域进行猛烈的文化渗透，严重威胁着党的领导下马克思主义指导思想在我国文化领域的主导地位。其次，社会主要矛盾的转变对中国共产党的文化领导力提出了更高的要求。党的十九大报告明确指出："我国社会主要矛盾已经转化为人民日益增长的美好生活需要和不平衡不充分的发展之间的矛盾。"[1]人们不仅追求富足的物质生活，而且追求更高品质的精神文化生活，如果党不努力提升自身的文化领导水平，实现精神文明建设的高层次发展，很难满足人们对美好生活追求的文化需求。

（3）历史思维要求党对文化领导的未来要有预测性。进入新时代，党和全国各族人民迎来了全新的历史时期，世界文化发展将去向何处、我国文化发展将面临哪些难题，都要求我们党必须做出科学的预判，以此做好充足的准备迎难而上。首先，不断坚持兼收并蓄的态度。这是中国共产党对文化交往未来发展采取的科学态度，我们党深刻认识到，当今世界多极化、经济全球化、网络信息化发展越来越深入，各国之间的政治、经济、文化等交流日益频繁，世界各国和地区之间的联系更加紧密，并且随着现代化、信息化发展的不断推进，各国之间文化交融交锋将进一步扩大，因此，我们党对世界其他文化始终坚持开放包容的态度，善于在文化交流中兼收并蓄、取长补短，这不仅是文化自信的表现，而且也是党对自身文化领导力充分的自我肯定。其次，始终坚守中华文化立场。这是中国共产党对文化交锋未来冲突所表明的立场方向。我们党牢牢坚守中华文化立场，占领文化制高点，就是为了能够在与西方思想文化的交流博弈中赢得主动，紧紧掌握我国文化阵地的领导权。

二、提升中国共产党文化领导力的战略思维

战略思维是指基于对事物整体把握的基础上对根本性重大问题所作出的包括分析、判断和决策在内的全局考量和长远谋划。习近平说过："战略问题是一个政党、一个国家的根本性问题。战略上判断得准确，战略上谋划得科学，战略上赢得主

[1] 习近平.决胜全面建成小康社会　夺取新时代中国特色社会主义伟大胜利——在中国共产党第十九次全国代表大会上的讲话［M］.北京：人民出版社，2017：11.

动,党和人民事业就大有希望。"[1]这就要求中国共产党在文化领导过程中必须具备高瞻远瞩的政治眼光、谋篇布局的科学智慧和总揽全局的驾驭能力，真正做到向前展望、超前布局、提前准备，提升党在文化工作全局中的领导力。

（1）战略思维要求党在文化领导中要有高瞻远瞩的政治眼光。习近平总书记强调："要树立战略思维和全球视野，站在国内国际两个大局相互联系的高度，审视我国和世界的发展，把我国对外开放事业不断推向前进。"[2]在全球化治理体系深刻变化的今天，大国治理绝不是坐井观天，一国发展必须统筹国内国际两个大局，全面分析国情世情，立足本国实际，正视我国文化发展面临的机遇与挑战，善于利用发展契机，规避风险矛盾，找好文化发展定位，把准未来前进方向。首先，党必须充分把握有利于提升党的文化领导力的多种机遇。党的十九大报告作出的"中国特色社会主义进入了新时代"这一新的历史方位的重大政治论断，意味着我国社会主义各项事业更换了新的时代底色，对于文化建设而言，意味着将迎来许多前所未有的时代机遇。从国内看，新时代社会生产力为党提升文化领导力奠定了更加坚固的物质基础。当前，我国成为全球第二大经济体，经济已由高速增长转向高质量发展，经济结构实现了重大变革，经济实力明显提升，为党增加文化投入、增强文化领导提供了更加有力的物质支撑。从国外看，世界百年大变局为党提升文化领导力提供了更加广阔的发展空间。在世界百年"历史隧道"上，当今新兴发展中国家群体性崛起，无疑会引起国际力量对比最具革命性的变化，亚非拉国家和民族地区在国际事务中的参与频率越来越高，世界政治正进入新的历史周期，新的世界秩序逐渐形成。世界多极化日益发展，国际格局逐渐均衡化，世界发展中国家队伍日益壮大，全球化的驱动引擎已不再仅由发达国家掌握，许多重要发展中国家已经日渐取得国际话语权，文化霸权主义在以规则为基础的多边体系中受到严重制约，这使得包括中国在内的许多新兴发展中国家获得了更多文化发展的自主空间。

其次，党必须科学应对不利于提升党的文化领导力的各种挑战。从国内看，社会主义初级阶段基本国情没有改变。生产力水平是判断社会主义初级阶段的根本标

[1] 中共中央文献研究室.习近平关于协调推进"四个全面"战略布局论述摘编［M］.北京：中央文献出版社，2015：19.

[2] 习近平.习近平谈治国理政：第2卷［M］.北京：外文出版社，2017：127.

准，当前我国生产力水平还没有达到一定的高度，依然处于社会主义初级阶段。党的十九大报告指出，我国社会生产力水平从总体上看有了显著提高，但这主要是从国家自身发展的纵向历史来看的。然而，同整个世界发展水平相比较，我国生产力发展水平仍处于中等。当前，我国各个领域发展不平衡不充分问题从根本上说源于生产力水平还不够高，党只有理性认识到这一点，才能立足初级阶段正确谋划长远。以美国为首的西方强国戒惧倍增，并将敌对重点指向了中国，采取软硬兼施的手段向中国进行威胁恐吓，尤其在文化领域，更是将意识形态阵地作为斗争焦点，给党的文化领导提出了严峻的考验。

（2）战略思维要求党在文化领导中要有谋篇布局的治理智慧。战略谋划是战略思维的集中表现，是一种"提前知道"的主动设计。作为我国社会主义文化建设的核心领导者，党必须统筹各项文化工作进行科学部署，切实明确文化战略目标、抓住文化建设重点、谋划文化发展出路，未雨绸缪，以科学的战略谋划引领文化建设方向，指导文化发展实践，增强文化工作成效。

首先，明确文化战略目标。文化战略目标是关于文化未来、着眼长远发展的长期方向，决定着文化战略重点的选择和文化战略对策的制定。不同时期，文化发展的基础和面临的时代条件各有不同，人们对文化生活的满足需求也相应地发生变化，多重压力对党的文化领导力提出了更高的要求。党必须审时度势，立足文化发展的客观实际，遵循文化发展规律，科学预判文化发展趋势，制定出既立足现实又高于现实的合理目标，努力把现实与目标的高低差控制在最佳范围，这样既有利于党更好地领导文化工作，又能够进一步激发人民群众进行文化建设的热情。现阶段，党致力于带领全国各族人民建成社会主义文化强国，这一伟大的战略目标明确了党在未来文化领导工作中的前进方向，对党的文化领导力提出了时代性的内在要求。

其次，抓住文化建设重点。毛泽东同志在分析党内班子谋划工作问题时曾指出："任何一级的首长，应当把自己注意的重心，放在那些对于他所指挥的全局说来最重要最有决定意义的问题或动作上。"[1]战略思维不但是重全局轻局部，而是全

---

[1] 毛泽东军事文集：第1卷［M］.北京：中央文献出版社，1993：728.

局下有重点、重点中顾全局的思维方式。党是我国文化生活的总指挥，掌握着整个文化工作"大棋盘"，在这个"大棋盘"中，并不是每一步都平均用力，而是择其重点、用其重力，优先解决突出问题，维持全局的相对稳定。譬如，随着时代的变化发展，文化领域的矛盾可能也随之发生了变化，次要矛盾可能上升为主要矛盾，主要矛盾可能下降为次要矛盾，一些矛盾的解决又引起了其他矛盾的产生，如果党不密切关注文化工作动态、及时掌握主要问题的变化动向，就无法定位文化建设的重点区域、方面和环节，影响党在整个文化工作中的领导效力。

最后，谋划文化发展出路。党对文化工作未来发展的谋篇布局是在文化战略目标牵引下和充分把握文化建设重点基础上所进行的前瞻性探索，是实现文化战略目标，解决文化建设重点难题的必经之路。纵观中国共产党百年的文化领导历程，文化的大发展大繁荣都是顶层设计和摸着石头过河有机统一的结果，这是我们党在长期的文化探索中总结出的科学经验。基于对文化工作发展的全局把握，为文化发展的未来做出可能性的实践预测是提升党的文化领导力有效性的必要条件。党的文化领导力能否发挥最大效用关键在于顶层设计和基层探索的有效链接。对文化发展出路进行谋篇布局（给出遵循文化规律、超前于客观现实的具有可操作性的顶层设计），给基层文化探索提供了比较科学的理论指导，体现了党在文化领导中深谋远虑的战略远见。

（3）战略思维要求党在文化领导中要有总揽全局的驾驭能力。党作为统领一切文化工作的核心力量，必须具备领导文化大局的组织能力、管理能力和协调能力，这是党发挥文化领导力的基础。首先，强化文化组织能力。从社会关系看，领导是领导者与被领导者之间的互动过程，党的文化领导前提是党在和人民大众联结互动基础上的全员组织，把分散的个体通过共同认可的核心组织串联起来，集结成强大的群体力量。在新民主主义革命时期，党深刻认识到要让广大人民群众在马克思主义指导下开展革命运动，必须要把人民群众集中组织在无产阶级队伍中进行统一教育。在党的有力组织下，亿万人民群众自觉接受党的思想文化教育，为党发挥文化领导力提供了组织基础。

其次，强化文化管理能力。党的文化管理能力是对组织所拥有的人力、物力等资源进行有效管控的能力。社会主义文化建设是一个复杂的庞大系统，包括教育、科学、文艺、广播等多个方面，在社会主义市场经济条件下，党和政府必须加以制度化管理，规范市场个人或组织的市场行为，严厉打击一切违法乱纪行为，维护整个文化工作开展的正常秩序。

最后，强化文化协调能力。党在文化领导中的协调能力主要表现在解决问题、化解矛盾方面。矛盾无处不在，无时不有，能否妥善处理文化领域中的各种矛盾，及时协调各行业、各部门之间的分歧，事关整个文化领域建设的和谐安定。党的文化领导力的有效发挥需要安定有序的文化环境，和谐的文化环境有赖于党充分发挥总揽全局、统领四方的协调能力，譬如，文化资源分配不均、文化投入比例失衡、文化供需缺口明显等突出问题需要党和政府采取一定的措施加以协调，通过资源再配置、控制文化投入差、改善文化结构等方式对文化环境进行有效整合，维持文化环境的总体稳定，从而提升党的文化领导力。

三、提升中国共产党文化领导力的创新思维

创新思维就是要顺应时代发展变化求新、求变，立足客观现实，寻找新思路，解决新矛盾。重视创新思维是马克思主义政党的优良传统，"全部问题都在于使现存世界革命化，实际地反对并改变现存的事物"。[1]这要求中国共产党在文化领导过程中必须树立问题导向的意识、提倡敢于质疑的精神、遵循破旧立新的方法。

（1）创新思维要求党在文化领导中坚持问题导向的意识。习近平总书记指出："问题是创新的起点，也是创新的动力源。"[2]只有清楚了问题在哪里，才能够有的放矢，切实解决好问题，推动事物进一步发展。坚持问题意识，必须认真做好发现问题、研究问题、解决问题各个环节的工作，否则不能从根本上推陈出新。首先，发现问题是坚持问题意识的基本前提。党在领导文化工作中，要善于发现文化工作中存在的主要问题，及时把握不同时期工作中出现的各种新情况。革命时期，如何

[1] 马克思恩格斯选集：第1卷［M］.北京：人民出版社，1995：111.
[2] 习近平.在哲学社会科学工作座谈会上的讲话［M］.北京：人民出版社，2016：18.

带领全国各族人民赢得新民主主义革命的胜利是党面临的重大问题；建设时期，如何对党和国家各项事业进行恢复与发展是党面临的攻关难题；改革时期，如何进一步深化中国特色社会主义事业，巩固改革发展的胜利成果是党面临的又一时代课题。在各个历史时期，中国共产党注重发现和捕捉主要问题，对中国发展作出创新性谋划。

其次，研究问题是坚持问题意识的重大关键。在研究问题过程中，要弄清楚问题产生的根源是什么、需要哪些条件、如何产生等多个方面，深刻把握问题的来龙去脉，透过现象看本质，挖掘问题表象背后的深层原因。比如，党在研究文化工作创新力不足问题上，需要从文化管理、文化体制、文化投入等多个方面考虑，在理论层面作出全面到位的应然回答，形成比较完善的理论系统，便于党在文化工作领导中形成有效的指导。

最后，解决问题是坚持问题意识的最终目的。党在文化领导过程中，不仅善于敏锐发现问题、立体化分析问题，而且十分注重聚焦文化发展中的突出矛盾，制定针对性措施。比如新中国成立以后，社会主要矛盾是人民内部的矛盾，文化领域中封建主义及资本主义的文化阴霾与新民主主义文化思想矛盾尖锐，中国共产党确立了文化建设的"二为"方向和"双百"方针，领导全国人民掀起了文化建设的高潮，大力破除旧的文化体制，发展社会主义文化事业，有力推动了我国文化工作的迅速恢复，为迈上新的历史台阶奠定了基础。

（2）创新思维要求党在文化领导中提倡敢于质疑的精神。党在文化领导中提倡敢于质疑的精神就是鼓励文化工作者要敢于挑战权威，打破墨守成规的工作惯性，激发文化工作者的批判精神和创造精神，增强文化工作的生机活力，确保党的文化领导力具有源源不断的动力补给。首先，敢于质疑要求具有文化批判精神。这里所说的文化批判精神是具有辩证性的批判精神，绝不等于全盘否定，如果不能正确理解和发扬文化批判精神，就不能真正推动民族创新力的发展。敢于质疑、勇于创新是中国共产党人长期以来的优良品质，敢于向具有几千年思想根基的封建主义文化发起挑战展现了中国共产党人强大的文化领导魄力。正是因为党具有善于思考、敢于质疑的批判性精神，各族人民才能在党的正确领导下实现我国文化建设的不断进步。

其次，敢于质疑要求具有文化创造精神。马克思说过："哲学家们只是用不同的方法解释世界，而问题在于改变世界。"[1]对事物的批判性思考可以看作是从理论层面进行的否定性假设，这种否定性假设还停留在创新实践化的理论形态。只有通过实践创造，把观念形态转化为实践，才能真正实现创新。中华民族是一个具有五千多年文化底蕴的古老民族，前人给我们留下了丰厚浩瀚的中华传统文化。然而，由于时代的变迁，传统文化中有部分内容已不再适应时代发展需要，针对这部分内容，我们不仅需要用批判的眼光进行甄别，而且还需要进行创造性转化。世界上任何一个民族的优秀文化都是在传承延续中得到繁荣发展的，这是人类社会文化发展的内在规律。因此，我们党在文化领导过程中要特别注重文化的创造性发展。如果说文化批判是文化创新的前提条件，那么文化创造就是文化创新的最终落脚点，二者相互结合不仅提升了党的文化再生力，而且通过后者的发展，党的文化领导力得到进一步彰显。

（3）创新思维要求党在文化领导中遵循破旧立新的方法。破旧立新是事物创新发展的一体两面，只有做到破立并举，才能不断焕发文化工作活力，增强人民对党的文化领导的信服力，进一步提升党的文化领导力。首先，党必须坚决破除不合时宜的文化桎梏。所谓"破旧"就是要剔除过时的、错误的文化要素，打破固有的文化发展模式。随着时代的变迁，文化发展的条件也在不断发生变化，文化生产力不断提高，原有的文化机制体制已经不适应现有的文化发展水平。如果不及时加以修正改革，便会成为文化工作正常发展的严重束缚。因此，党必须审时度势，敢于打破常规，对那些不适应文化发展的机制体制要及时进行废除或变革，清除不利于党文化领导力发挥的消极因素，提升党在整个文化工作中的领导效用。

其次，党必须及时建立和深化适应文化发展水平的制度体系。经过长期的实践探索，党在文化工作领导过程中对文化发展有了比较全面的把握，对文化生产创作规律有了更加深刻的认识，为有效发挥文化产品的商品属性和意识形态属性提供了有力的政治保障。在社会主义市场经济条件下，文化作为商品需要通过市场流通来实现自身价值，完善的文化市场运营机制有利于保障文化产业健康有序发展，提升

---

[1] 马克思恩格斯文集：第1卷［M］.北京：人民出版社，2009：502.

党和国家对文化市场的宏观调控能力。在意识形态方面，党必须牢牢把握文化发展的风向标，坚持社会主义先进文化的前进方向，制定各种文化政策，建立健全各种考核评价机制，加强社会各界主流价值观的政治引领。正是在文化发展的一"破"一"立"中，党的文化领导力得到充分发挥，旧的过时的文化制度框架在党的领导下有计划、有步骤地逐渐消亡，新的文化机制体制在党的领导下逐渐建立发展成熟，文化工作在"破立"交替中不断新陈代谢。文化的创新性发展正是党强大文化领导力的鲜明体现。

四、提升中国共产党文化领导力的法治思维

法治思维是指以法律规范为基准认识、分析和处理问题的思维方式。当前，文化多元化、信息网络化日益深入，人们思想复杂多变，价值观冲突日渐凸显，党只有运用法治手段才能有效整合社会各种文化分歧，化解矛盾，为文化发展提供良好的法治环境。这要求中国共产党在文化领导过程中既要全面从严治党严格要求自己，同时又要全面落实依法治国战略，推动文化工作在法治轨道内有序开展，确保各项工作有法可依、有法必依，由内到外增强党的文化领导力。

（1）法治思维要求党在文化领导中坚持全面从严治党。习近平强调："党政军民学，东西南北中，党是领导一切的。"[1]党是最高政治力量的坚强领导，发挥着总揽全局、协调各方的作用。打铁还需自身硬，作为中国特色社会主义伟大事业的带头人，中国共产党必须勇于自我革命，加强自身文化修养，这是提升党的文化领导力的内在要求。首先，党必须强化思想建党。中国共产党是以马克思主义理论武装起来的先进政党，经常保持马克思主义理论学习是我们党的优良传统，重视思想建党、理论强党是我们党一贯保持的优良作风。强化理论教育，深入推进马克思主义中国化最新理论成果学习，从精神层面坚定中国共产党人的理想信念，加强党员干部的政治觉悟，提升广大党员的文化素养，为人民群众做好文化学习的表率，增强

---

[1] 中国共产党第十九届中央委员会第三次全体会议文件汇编［M］.北京：人民出版社，2018：52.

人民对党文化领导的公信力，提升党的文化领导力。

其次，党必须加强制度治党。党的文化领导力不是随着时间推移而不断增强的，近些年来，党内存在不少违规违纪现象，譬如，一些党员干部存在重实绩轻文化的政绩观，利用职权之便不合理分配文化建设资金，文化建设项目浮于表面，存在应付检查的侥幸心理。还有部分党员干部存在说一套做一套的形式主义作风，表面上积极响应和支持党的文化政策，在实际执行中走马观花式地开展工作，给党的文化领导造成了不小的阻力。针对上述类似情况，党只有加大对地方各级部门的制度化监督和管理，及时掌握基层单位文化建设动态，严肃处理不作为、走形式的领导干部，严厉打击党内违法乱纪行为，把文化领导融于法治轨道之中，用制度法规促进党的廉政建设，打造出一支带头守法、作风优良、纪律严明的党员队伍，提升党的纯洁性、组织性、纪律性，为党有效发挥文化领导力提供先进的主体条件。

（2）法治思维要求党在文化领导中坚持全面依法管理文化生活。全面依法管理文化生活要求党在文化领导中切实把法律法规贯彻到文化工作的方方面面，使法律效力在文化工作的各个环节发挥作用，只有把国家文化生活纳入法治场域，使文化工作各个方面、各个环节有法可依、有法必依、执法必严、违法必究，才能更好地维护党在社会主义文化建设中的领导权威，从而增强党的文化领导力。首先，有法可依是党有效发挥文化领导力的理论前提。科学立法是有法可依的基本前提，推进科学立法是提高法律有效性、可执行性的必然要求。中国共产党自成立以来，十分注重文化建设制度化发展，从新民主主义文化的提出到社会主义文化的建设，再到中国特色社会主义文化的发展，我们党始终沿着社会主义先进文化的前进方向，建立了相应的文化制度，使各项文化工作能够在法律框架下有序进行，有法可依从理论层面为文化建设提供了有力的法律依据，为党充分发挥文化领导力奠定了坚实的法治基础。

其次，有法必依是党有效发挥文化领导力的中心环节。有法必依是党运用法律效力提升文化领导力的重要一步，如果说有法可依为党的文化领导设计好了法律蓝图，那么有法必依便是理论实践化的过程。各项文化工作必须依法进行，法律既是行为底线，也是工作红线，在社会主义法治社会中，任何文化主体都必须在法律规定的范围内进行活动，文化建设必须严格遵守相关的法律法规，切实发挥法律的权威性，有法必依从实践层面为党规范文化主体行为、领导文化工作建立起了普遍的文化秩序。再次，执法必严是党有效发挥文化领导力的关键环节。"执法"代表党和国家的意志，以国家名义对社会生活进行法治化管理，执法主体分布于政治、经济、文化、教育、科技等各个领域，执法机关和执法人员是否严格执法直接关乎到法律的权威性和社会生活的有序性。文化产业是社会主义文化建设的重要组成部分，也是党领导文化工作的重要方面。在社会主义市场经济下，市场对文化资源配置起着决定性作用，但是当市场调节无能为力或调节得不完善时，就需要政府进行必要的宏观调控，来弥补市场调节的不足。文化产业的繁荣发展有赖于文化市场的良性运转，而文化市场的良性运转需要市场调节与国家宏观调控的相互结合，必要时党和政府将采取法律手段予以规范。例如，在市场利益驱动下，一些市场主体为了攫取利润，伺机出售低俗、劣质的文化产品，传达与社会主流价值观相悖的文化内容，给党和国家文化思想宣传工作造成一定的阻力，对于此类行为，执法机关人员必须严以待之，才能为党增强文化领导力营造干净清朗的市场空间。

最后，违法必究是党有效发挥文化领导力的重要保障。法律面前，人人平等，针对文化工作中一切违法行为，党和政府必须采取零容忍态度，予以坚决打击和制裁。无论是文化事业中的机关单位，还是文化市场中的企业法人，都要遵守党和国家制定和颁布的相应规章制度，任何个人和组织都没有凌驾于法律之上的特权，法律是保障党的文化领导力权威性和公正性的坚固防线。以上四个环节环环相扣，层层递进，共同构成了党的文化领导法治化的天然屏障，以法律效力增强党的文化领导力，是法治思维在党的文化领导力中的充分显现。

党的自我革新能力的多重属性、
生成机理与现实意义

刘　江*

摘　要： 自我革新能力是中国共产党实现国家治理能力和治理体系现代化所需的关键能力。创新性、时代性、先进性、自觉性构成了党的自我革新能力多重属性。在这四重属性当中形成了两对关系：创新性所代表的内生性力量与时代性所代表的外生性力量对立统一；先进性蕴含的个性与自觉性蕴含的共性对立统一。中国共产党自我革新能力的生成具有严密的内在机理：自我警醒是先决状态；自我反思是前置条件；自我否定是蜕变过程；自我超越是最终目标。新时代增强党的自我革新能力对于党自身的长期性与目标性建设具有重要的时代意义。

关键词： 自我革新；中国共产党；创新性与时代性；先进性与自觉性

一、研究缘起及问题提出

习近平总书记指出："我们党历经百年沧桑依然风华正茂，其奥秘就在于具有自我净化、自我完善、自我革新、自我提高的强大能力。"[1]十八大以来，在全面

---

*　刘江，兰州大学马克思主义学院 2020 级硕士研究生，研究方向为党的建设。

[1]　习近平在中共中央政治局第三十一次集体学习时强调用好红色资源赓续红色血脉努力创造无愧于历史和人民的新业绩［EB/OL］. 人民网，http://cpc.people.com.cn/n1/2021/0627/c64094-32141593.html.

深化改革背景下，"党的自我革新能力"在党建话语体系中的重要性尤为凸显。纵观世界政党发展史，没有哪一个政党不在发挥自我革新能力来保持政党活力，没有哪一个执政党不是发挥自我革新能力以确保执政地位。中国共产党历经百年发展，百年恰是风华正茂，这背后的"青春密码"就是党的自我革新能力。深刻理解和把握中国共产党的自我革新能力的概念和内涵对于回答百年大党未来"走向哪""怎么走"具有重要意义。

国内学者从不同视角对这一概念进行阐释和研究，提出诸多见解，已有研究成果大多集中在两个方面：一是立足概念本身做内涵阐释。袁峰从自主性与适应性的视角出发，分析了政党自我革新的内涵和主要原则，认为政党自我革新能力的关键在于使政党的自主性和适应性得以良好的相互促动与互动循环。[1]李冉认为自我革新能力是中国共产党凭借自主性力量，自觉提升政党适应性，克服外部刺激从而规避被动性危机的能力。[2]在此基础上进一步提出这一概念的三个基本分析框架和行动逻辑。二是建立在自我净化、自我完善、自我革新、自我提高能力（以下简称"四自能力"）分析框架下研究自我革新能力。赵付科、季正聚从"四自能力"视阈下分析苏共执政能力建设的经验教训，强调自我革新力建设要把握好改革动机与效果的关系。[3]李俊斌将四自能力视角分析与全面从严治党相互联系，强调自我革新是"政党通过改革自身，为推动政党政治实践提供内生动力"。[4]陈锡喜强调"四自能力"是新时代党的自我革命内涵，而自我革新能力是自我革命在战略思维上的要求。[5]较之于国内学者，国外学者对于中国共产党的自我革新能力研究更早，其中代表性观点：有学者认为是中国共产党的"适应性"使其有效地回应了外部压力[6]；还有学者用"弹性"一词来解释中国共产党为什么能够成功应对

［1］袁峰.自主性与适应性视角下的政党自我革新能力分析［J］.理论与改革，2014（4）.

［2］李冉.从概念到行动逻辑："党的自我革新能力"的政治学分析［J］.理论学刊，2014（4）.

［3］赵付科，季正聚."四自能力"视阈下苏共执政能力建设的经验教训及启示［J］.理论学刊，2014（4）.

［4］李俊斌，张征珍.从"四自能力"把握全面从严治党的发展路向［J］.西南大学学报（社会科学版），2020（4）.

［5］陈锡喜，董玥.论党的自我革命命题提出的历史逻辑和内涵［J］.思想理论教育，2020（11）.

［6］Dickson B. J. *Democratization in the Adaptability of Leninist Parties*［M］. Oxford: Clarendon Press, 1997.

挑战。[1]

　　总结来看，学界对于"党的自我革新能力"的思考或依托于西方政党适应性理论，或架构在"四自能力"分析框架下联系现实问题，而对"党的自我革新能力"这一概念缺乏从党建话语体系出发进行概念本身的阐述。基于此，从党的建设总体布局的宏观视角来看，党的自我革新能力是中国共产党实现国家治理体系和治理能力现代化所需的关键能力。从党的政治能力发挥的微观视角看，党的自我革新能力是中国共产党通过自我警醒、自我反思、自我否定、自我超越四个环节促成能力生成以达到塑造政治形象，发扬斗争精神，保持党的先进性与纯洁性，进而实现助推社会革命的能力。

二、党的自我革新能力的多重属性及其辩证关系

　　党的自我革新能力具有多重属性，其中创新性、时代性、先进性、自觉性构成了党的自我革新能力的主要属性特征。创新性是内在属性，时代性是外在属性，先进性是偶有属性，自觉性是固有属性。四重属性相互关联，相互影响，构成两对关系：内生性与外生性相统一；先进性与自觉性相统一。（见图1）

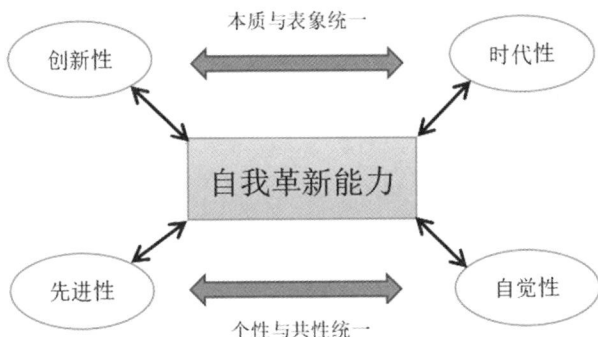

图1　党的自我革新能力的属性特征

[1] Nathan, A. J. Authoritarian Resilience [J]. *Journal of Democracy*, 2003, 14(1).

（一）党的自我革新能力的四大属性

1.创新性：党的自我革新能力的内在属性

内在属性是指事物凭借自身而具有的属性。创新性是党的自我革新能力的内在属性，在这一属性加持下，党的自我革新能力成为推动中国共产党自我革命的根本动力。习近平指出："我们党之所以能够历经考验磨难无往而不胜，关键就在于不断进行实践创新和理论创新。"[1]纵观党的百年发展历程，中国共产党运用自我革新能力驱动创新主要体现在两个方面：一是理论创新；二是实践创新。理论创新形成了毛泽东思想和中国特色社会主义理论体系，实践创新走出了一条中国特色社会主义发展道路。在实践创新和理论创新的双向互动下，中国共产党自我革新能力得到真正彰显。

2.时代性：党的自我革新能力的外在属性

外在属性是指事物基于其他外物发展而具有的属性。时代性是党的自我革新能力的外在属性，在这一属性加持下，党的自我革新能力需要不断调整以适应社会发展需要。从实践逻辑出发，党的自我革新能力的时代性具体体现在两个方面：一是不断调整党的路线、方针、政策。新中国成立很长时间内，党的中心任务强调"以阶级斗争为纲"，改革开放后强调"以经济建设为中心"。二是革新党的顶层设计。新民主主义革命时期，中国共产党将思想建设摆在党的建设首位。毛泽东强调"思想建党"的重要性。党的十九大以来，党的建设总体布局明确了政治建设的首要地位，政治建设是党的根本性建设。总之，两方面的革新都对中国共产党适应社会发展起到了功能性调整和结构性调整。

3.先进性：党的自我革新能力的偶有属性

偶有属性是指一类事物中的某些对象具有而其他对象所不具有的属性。先进性是党的自我革新能力的偶有属性，在这一属性加持下，党的自我革新能力是无产阶级政党区别于其他政党的独特标识。先进性表明马克思主义政党的自我革新能力具有彻底的革命性和批判性，而不同于资产阶级政党的自我改良。这种自我革新能力的独特属性来源于两个方面：其一坚持无产阶级的科学世界观和方法论。无产阶级

---

[1] 习近平瞻仰中共七大会址［EB/OL］.人民网，http://politics.people.com.cn/n/2015/0215/c1024-2657 2269.html.

正是在科学世界观和方法论的指导下，洞悉人类社会发展规律，掌握了"无产阶级运动的条件、进程和一般结果"[1]；其二无产阶级革命的彻底性。在恩格斯看来过去资产阶级革命实质上是"少数人的，或者为少数人谋利益的运动"[2]，而无产阶级革命是"绝大多数人的，为绝大多数人谋利益的独立的运动"。[3]

4. 自觉性：党的自我革新能力的固有属性

固有属性是指同类事物当中共同具有的属性。自觉性是党的自我革新能力的固有属性，更是成熟型政党所展现的基本特征。在这一属性加持下，党的自我革新能力将革新状态与革新目标实现有机结合。需要明确的是，自觉性特征在宏观层面是成熟型政党革新能力的基本特质。而在微观层面，中国共产党从思想来源到具体实践上明显区别于其他政党。从思想来源看，党的自我革新能力的自觉性来源于对中国传统文化思想和马克思主义建党理论的结合。中国传统文化思想历来强调个人在修身方面的自觉性，诸如"吾有三失，晚而自觉""吾日三省吾身"；而马克思主义建党理论中有关于无产阶级政党的自觉纠错能力的论述，恩格斯强调："最好的道路就是从本身的错误中学习。"[4]从具体实践来看，党的自我革新能力的自觉性在党的历次自我革命当中得到了有力印证，特别是在民主革命时期能够主动反思，主动改变。

（二）党的自我革新能力的两对辩证关系

1. 内生性与外生性相辩证统一

创新性作为自我革新能力的内在属性突出"本质特征"，强调党的自我革新能力具有的内生性力量。自我革新能力的内生性力量包括党的指导思想、执政地位、学习能力等，这些因素决定了中国共产党随时审视自身的价值功能。时代性作为自我革新能力的外在属性凸显"表象功能"，强调党的自我革新能力具有的外生性力量。党的自我革新能力的外生性力量包括如时代主题、社会需求、人民认同等，这些因素决定了中国共产党需随时自我革新。在此基础上，"创新性"所代表的内生

［1］ 马克思恩格斯选集：第 1 卷［M］.北京：人民出版社，2012：413.

［2］ 马克思恩格斯选集：第 1 卷［M］.北京：人民出版社，2012：411.

［3］ 马克思恩格斯选集：第 1 卷［M］.北京：人民出版社，2012：411.

［4］ 马克思恩格斯选集：第 4 卷［M］.北京：人民出版社，2012：586.

力量与"时代性"所代表的外生力量共同推动并全面增强了党的自我革新能力。

2. 个性与共性相辩证统一

先进性作为党的自我革新能力的偶有属性突出"个性"，强调党的自我革新能力具有无产阶级优越性和革命性。而自觉性是党的自我革新能力的固有属性，强调自我革新能力是世界上众多成熟型政党保持长期执政所必须携带的"共性"基因。共性寓于个性，个性体现共性。放眼世界，凡屹立于本国政坛百年的政党无不拥有自我革新、自我造血的能力，中国共产党作为百年大党同样具有自我革新能力。但作为无产阶级政党，中国共产党的自我革新能力所表现的先进性在利益表达、革新目标等上超越了绝大多数西方资产阶级政党。

三、党的自我革新能力的生成机理

党的自我革新能力的生成机理主要通过自我警醒、自我反思、自我否定、自我超越四个环节实现。自我警醒是党的自我革新能力的先决状态；自我反思是党的自我革新能力的前置条件；自我否定是党的自我革新能力的蜕变过程；自我超越是党的自我革新能力的最终目标。

（一）自我警醒：党的自我革新能力的先决状态

自我警醒要求中国共产党对于自身发展过程中取得的成功和存在的问题始终保持高度清醒的认知状态。正如习近平总书记所言："我们不敢有丝毫的自满，但怀有无比的自信。"[1]中国共产党之所以能够始终发挥自我革新能力，一个很重要的原因是在其发展过程始终保持一种自我警醒的状态。毛泽东同志在党的不同时期曾多次强调党要保持高度的自我警醒。特别是中国共产党在即将夺取新中国政权时，他提出"赶考"命题，强调："务必使同志们继续地保持谦虚、谨慎、不骄、不躁的作风，务必使同志们继续地保持艰苦奋斗的作风。"[2]习近平总书记在党的十九大报

---

[1]　"不敢有丝毫的自满，但怀有无比的自信"——共产党人的清醒与自信［EB/OL］．人民网，http://fanfu.people.com.cn/n1/2019/0718/c64371-31241092.html.

[2]　毛泽东选集：第4卷［M］．北京：人民出版社，1991：947-948.

告中指出，中国共产党人的初心和使命，就是为中国人民谋幸福，为中华民族谋复兴。中国共产党时刻牢记初心和使命就是要始终保持自我警醒，不忘来时路。

中国共产党保持自我警醒状态主要从四个方面入手：

一是始终保持理论清醒。能否保持理论上清醒是个基础性和前提性问题。[1]中国共产党保持自我警醒状态必须首先做到理论清醒，只有理论清醒，才能真正明确无产阶级政党区别于其他政党的先进性；只有理论清醒，才能真正运用马克思主义的立场、观点、方法认识问题解决问题；只有理论清醒才能确保指导思想不偏差，加强党中央权威领导，凝聚全党团结力量。二是始终保持忧患意识。"我们党是生于忧患、成长于忧患、壮大于忧患的政党"，[2]党的历史表明中国共产党就是怀着忧患意识从忧患走向胜利，而这种忧患意识确保全党上下始终保持谦虚谨慎的作风，绝不躺在过去的功劳簿上。三是加强党员队伍的党性教育。共产党员的党性不是随着党龄增长和职务提升而自然提高的。党性教育常态化是不忘初心，牢记使命制度化的重要保障，是全党保持自我警醒状态的必由之路。四是加强完善党内监督体系。通过党内巡视等手段形成外部监督机制促进中国共产党不断接受政治体检，始终保持自我警醒状态。

（二）自我反思：党的自我革新能力的前置条件

自我反思要求中国共产党基于内外发生的问题，通过自我省思去把握事物发展由外在现象到内在本质的规律。中国共产党发挥自我革新能力一个潜在的话语是主动防止危机的产生。自我反思是党的自我革新能力的前置条件，只有主动反思才会主动求变化危为机。纵观党的发展历程，中国共产党无数次转危为安靠的就是自我反思。1927 年，中国共产党人在革命实践中受挫，主动反思自身问题。在党的八七会议上，面对陈独秀的右倾投降主义，毛泽东提出"枪杆子里出政权"的号召得到大多数认同，这是中国共产党人第一次主动反思求变的结果，自此中国革命走出了一条不同于苏俄式的发展道路。

中国共产党达到自我反思的效果主要从以下三方面入手：首先，勇于承认错误

---

[1] 姜迎春. 理论上清醒：共产党人的"心学"基础［J］. 人民论坛·学术前沿，2017（22）.

[2] 习近平新时代中国特色社会主义思想学习纲要［M］. 北京：人民出版社，2019：183.

是反思的起点。中国共产党今天取得成功不是一帆风顺而是不断试错得来的。回顾党的发展历程，中国共产党曾多次在指导思想和路线上犯过错误，但总能从错误中走出来。一个重要原因就是党勇于承认错误，其中两个《历史决议》就是最好的见证。其次，解决问题而非一味追究责任。中国共产党对于自己所犯的错误从不回避，通过反思问题以求解决问题，而不是过分强调追究于某个人的责任。毛泽东指出："任何过去犯过错误的同志，只要他已经了解和开始改正自己的错误，就应该不存成见地欢迎他，团结他为党工作。"[1]邓小平指出："对于犯错误的同志，要促进他们自己总结经验教训，认识和改正错误。要给他们考虑思索的时间。在大是大非问题上有了认识，检讨了，就要表示欢迎。"[2]三是运用矛盾分析法分析问题。中国共产党对于自己所犯错误的反思之所以深刻，其中一个重要原因在于很好运用了马克思主义的矛盾分析法。运用矛盾分析法能够辩证、全面地看待问题，如在《关于建国以来党的若干历史问题的决议》当中对毛泽东和毛泽东思想的辩证认识就是很好地运用了矛盾分析法。

（三）自我否定：党的自我革新能力的蜕变过程

自我否定要求中国共产党对照自身问题，在自我反思的基础上主动求变。党的自我革新能力发挥过程本质上是不断自我否定的过程。唯物辩证法的三大规律之一"否定之否定规律"强调否定是事物的自我否定，是事物内部矛盾运动的结果。从党的百年发展历程来看，中国共产党通过不断自我否定从而由弱变强，由挫折走向胜利，带领人民取得国家政权。党的十八大以来，党中央通过开展群众路线教育实践活动、"三严三实"专题教育、"两学一做"学习教育、"不忘初心、牢记使命"主题教育活动等，都是党以自我否定去增强党的创造力、凝聚力和战斗力的体现。

中国共产党实现自我否定主要从三个方面入手：一是始终坚持实事求是的原则。"实事求是是马克思主义的精髓"，既是共产党人科学的世界观又是方法论。坚持实事求是，中国共产党创造了马克思主义中国化的理论成果；坚持实事求是，中国共产党走出了一条中国特色社会主义道路。二是始终坚持批评与自我批评。批评

---

[1] 建党以来重要文献选编：第22册[M].北京：中央文献出版社，2011：110.

[2] 邓小平文选：第2卷[M].北京：人民出版社，1983：148.

与自我批评作为党的优良作风，是中国共产党实现自我否定的基本方法。批评和自我批评成为"解决党内矛盾的有力武器，也是保持党的肌体健康的有力武器"。三是始终坚持民主集中制。民主集中制是中国共产党根本组织原则，通过党内民主集中制营造良好的党内政治生态，为中国共产党实现自我否定开辟空间。正如毛泽东指出的"如果没有充分的民主生活，没有真正实行民主集中制，就不可能实行批评和自我批评这种方法"。[1]

（四）自我超越：党的自我革新能力的最终目标

自我超越要求中国共产党在主动求变的过程中实现由量变达到质变的效果。自我超越是党的自我革新能力的最终目标。自我超越作为一种质变的目标，它明确了党的自我革新能力的方向和目标。无产阶级政党的先进性决定了这种与生俱来的自我超越。1921年，中国共产党成立之初就旗帜鲜明地以马克思主义的阶级斗争学说来观察和分析旧中国。党的一大纲领明确提出：本党"承认无产阶级专政，直到阶级斗争结束，即直到消灭社会的阶级区分"。[2]同时，要"消灭资本家私有制，没收机器、土地、厂房和半成品等生产资料，归社会公有"。基于此，中国共产党为实现这一伟大的目标，不断自我革新实现自我超越，带领中国人民由站起来、富起来走向强起来。

中国共产党完成自我超越主要从三个方面着手：一是始终坚持独立自主的发展原则。独立自主，自力更生是中国共产党完成自我超越的一个大前提。在独立自主下中国共产党取得了新民主主义革命的胜利，建立了社会主义制度。二是始终保持强大的基层组织动员能力。基层组织动员能力为中国共产党实现自我超越提供强大社会助推力。1927年毛泽东首创"支部建在连上"为中国共产党增强组织动员和凝聚力打下坚实基础。正如毛泽东所言："红军所以艰难奋战而不溃散，'支部建在连上'是一个重要原因。"[3]此后，中国共产党十分注重加强党的基层组织建设。正是拥有强大的组织动员力，中国共产党才实现了众多不可思议的创举，凸显了社会主义的优越性。三是始终坚持短期目标与长远目标相统一。中国共产党以五年或者

[1]　毛泽东文集：第8卷[M].北京：人民出版社，1999：293.

[2]　建党以来重要文献选编：第1册[M].北京：中央文献出版社，2011：1.

[3]　毛泽东选集：第1卷[M].北京：人民出版社，1991：65.

更加具体明确的时间安排将国家发展规划进行量化，从而推动政党和国家达到一个阶段性的发展。就长期目标来说，早在 1964 年中国共产党就提出社会主义现代化"两步走"议题。此后不断细化为中期和短期目标。中期目标如每五年提出的五年规划阶段性目标。短期目标如中央每年通过分析国家经济形势制定发展规划方案，特别是两会期间的政府工作报告都会受到国内外强烈关注。

四、增强党的自我革新能力的现实意义

党的自我革新能力是中国共产党实现自我革命的关键能力，不断增强党的自我革新能力是中国共产党塑造政治形象的应有之义，是发扬党的斗争精神的必然要求，是保持党的先进性与纯洁性的内在逻辑，是推进党领导的社会革命的重要动力。

（一）增强党的自我革新能力是塑造党的政治形象的应有之义

政党的合法性地位需要不断塑造政党形象来巩固。中国共产党的合法性地位来源于历史和人民的选择。民主革命时期，中国共产党塑造的政治形象是扶民族大厦将危之际的革命者；社会主义革命和建设时期，中国共产党塑造的政治形象是推进社会主义国家建设的建设者；改革开放和社会主义现代化建设新时期，中国共产党塑造的政治形象是中国特色社会主义的引领者；新时代下，中国共产党正在塑造起带领中华民族走向复兴的领航者形象。中国共产党的百年发展历程中，党的政治形象获得了中国人民的认可，其领导地位在一次又一次的实践当中得到巩固。新时代，党的政治形象内涵得到丰富和发展，关键因素是增强党的自我革新能力。党的自我革新能力是党的"造血工具"，要以自我革新能力来推进党的形象的不断构建，使党成为永远走在时代前列、人民衷心拥护、经得起各种风浪考验的马克思主义执政党。

（二）增强党的自我革新能力是发扬党的斗争精神的必然要求

发扬斗争精神是中国共产党的优良传统。毛泽东指出："党内不同思想的对立和斗争是经常发生的，这是社会的阶级矛盾和新旧事物的矛盾在党内的反映。党内

如果没有矛盾和解决矛盾的思想斗争，党的生命也就停止了。"[1]习近平指出："中华民族伟大复兴，绝不是轻轻松松、敲锣打鼓就能实现的，实现伟大梦想必须进行伟大斗争。"[2]有斗争，才会有进步。斗争精神是中国共产党从弱小走向强大的重要思想武器。新时代，发扬斗争精神必然要求增强党的自我革新能力。增强党的自我革新能力，批评与自我批评才能对症下药、针砭时弊，斗争的目的与主题才能明确，斗争精神的精髓才能真正发扬。面对当前党内存在的"四大危险"和"四大考验"，必须增强党的自我革新能力才能真正发扬斗争精神。

（三）增强党的自我革新能力是保持党的先进性与纯洁性的内在逻辑

党的先进性与纯洁性是党的政治基因。习近平指出："先进性和纯洁性是马克思主义政党的本质属性，我们加强党的建设，就是要同一切弱化先进性、损害纯洁性的问题作斗争，祛病疗伤，激浊扬清。"[3]党的先进性和纯洁性如同人体基因，不容更改，不容玷污。保持党的先进性与纯洁性需要不断增强党的自我革新能力。从历史逻辑来看，中国共产党百年奋斗史就是一部不断实现、保持、发展自己先进性和纯洁性的历史，党的自我革新能力贯穿于其中，同一切非无产阶级思想作斗争从而实现党由小变大，由弱变强。从理论逻辑来看，马克思主义党建理论要求保持党的先进性与纯洁性必须增强党的自我革新能力。列宁指出："我们的任务就是要维护我们党的坚定性、彻底性和纯洁性。我们应当把党员的称号和作用提高、提高、再提高。"[4]广大党员干部必须增强自我革新能力，抵御各种诱惑来保持党的先进性与纯洁性；从实践逻辑看，面对世情国情党情的新变化，中国共产党必须增强自我革新能力来保持先进性与纯洁性。

（四）增强党的自我革新能力是推进党领导的社会革命的重要动力

党的自我革新能力作为党实现自我革命的关键能力，在不断革新政党的同时，也在不断推进党所领导的社会革命。新民主主义革命时期，面对大革命失败的现实，中国共产党发挥自我革新能力找到了一条"农村包围城市，武装夺取政权"的

[1] 毛泽东选集：第 1 卷［M］. 北京：人民出版社，1991：306.

[2] 学而时习之——读懂新时代的 100 个关键词［M］. 北京：人民出版社，2018：5.

[3] 习近平关于全面从严治党论述摘编［M］. 北京：中央文献出版社，2016：12.

[4] 列宁专题文集：论无产阶级政党［M］. 北京：人民出版社，2009：349.

革命道路，为中国革命事业开辟了新局面。新中国成立后，面对社会主义国家建设问题，毛泽东的《论十大关系》明确提出要以苏为鉴，独立自主地探索适合中国实情的社会主义建设道路。"文革"结束后，党发挥自我革新能力，果断放弃错误的路线方针，把党的工作重心转移到经济建设上。新时代，面对百年未有之大变局，中国共产党再次发挥自我革新能力，许多长期想解决而没有解决的难题得到了解决，许多过去想办而没有办成的大事办成了，党和国家政治生活发生了深刻变化。

结语

党的自我革新能力具有鲜明的多重属性、完整的生成机理、深刻的现实意义。创新的内在属性、时代的外在属性、先进的偶有属性、自觉的固有属性构成了自我革新能力的多重属性，点明了自我革新能力的基本特征。自我警醒保持先决状态；自我反思支撑前置条件；自我否定形成蜕变过程；自我超越达到目标实现，环环相扣，形成了党的自我革新能力的生成机理。塑造党的政治形象、发扬党的斗争精神、保持党的先进性与纯洁性、推动党领导的社会革命，是中国共产党从现实考量提出增强党的自我革新能力的必然逻辑。从多重属性、生成机理和现实意义三个维度来深入理解党的自我革新能力这一党建话语本身内涵，回答了概念本身关于"是什么"的问题。明确自我革新能力的多重属性、完善自我革新能力的生成机理、强调自我革新能力的现实意义，这是新时代提出党的自我革新能力话语概念的必然要求。

中共早期刊物《妇女声》中两个
"解放"话语的内嵌式建构及互动张力*

张小玲**

摘　要:《妇女声》作为中国共产党早期妇女解放理论及实践的宣传媒介,其舆论宣传充分体现了"妇女解放"与"阶级、社会解放"两个话语的内嵌式融合。在《妇女声》的舆论场域里,无论是民族民主革命的目标内嵌,还是实现一切人自由发展的内容共建,抑或是妇女解放的无产阶级路径选择,两个"解放"话语进行着内嵌式互动构建,在"和而不同"中又通过女性关切平衡着其间的内在张力。总体而言,《妇女声》的舆论宣传以别样的视野展示了性别议题与政治革命之间的互动与互促,延展了"妇女解放"与"阶级、社会解放"的共建空间。同时,《妇女声》的舆论宣传又生动体现了早期中共的政治符号,强化了社会民众对早期中共的政党感知和政党认同。

关键词:《妇女声》;妇女解放;阶级、社会解放;内嵌式建构;互动张力

　　福柯认为话语作为同属言说构成的陈述集合,具体体现为意识形态领域的某种符号、某类印痕[1]。不同视角的话语言说"体现了复杂的社会权力关系,从而导致

*　　本文是重庆市社会科学规划基金项目(2019BS001)阶段性成果。

**　　张小玲,重庆科技学院马克思主义学院副教授,新加坡南洋理工大学访问学者,主要研究方向为女性主义法学、思想政治教育。

[1]　[法]米歇尔·福柯.词与物[M].莫伟民译,上海:三联书店,2001:57.

让人意想不到的历史内涵和政治后果"[1]。妇女解放与阶级、社会解放不是相互"割裂"的话语体系，两个"解放"之间具有辩证统一的内嵌性互动关系。在 1921 年中国共产党成立之际，李大钊、陈独秀、李达等早期中国共产党人在国族革命的情境下，结合当时中国的具体实践，对妇女解放与阶级、社会解放的辩证关系进行了思考，提出了"妇女解放与无产阶级革命相统一"的初步设想，进一步提出了"去与平民为伍"[2]，携手广大劳工阶层妇女进行阶级、社会革命的实践主张。1921 年 12 月 10 日创刊于上海的《妇女声》，既是第一个由中国共产党独立领导[3]的专门播扬妇女解放理论的舆论宣传阵地，也是"第一个系统阐释马克思主义妇女观"[4]的女性专刊。在"专以宣传被压迫阶级的解放，促醒女子加入劳动运动"[5]办刊宗旨的指引下，《妇女声》每半月一刊，以评述、译介、调查、谈话、演讲、通信、小说、诗歌等形式分别对女子劳动、教育、参政、生育、妇女运动等主题进行讨论发表见解。"社会主义的完成期，就是女子得到光明的纪念日"[6]，《妇女声》竭尽全力为探寻妇女彻底解放之路而发声，其论述充分体现了妇女解放与阶级、社会解放两个话语的内嵌式融合，为早期中国共产党人如何在革命自觉与女性自醒之间找到着力点和平衡点发挥了重要舆论影响，在中国共产党引导马克思主义妇女观中国化的过程中，在推动妇女解放历程中留下了浓墨重彩的一笔。

历史研究具有多元性、关联性、具象性。不管是革命历史的考察，还是妇女解放历史的考察，不能仅对某个主题进行一元视野的单一考察，需要在体系性构建中呈现变革情境下阶级与女性、社会与女性之间的互动关系，需要在具象实践中发掘阶级因素、社会因素、性别因素在国族解放情境中的辩证融合。期刊作为积淀了最原生、最繁芜状态的话语之"域"，对梳理、分析、研究妇女解放与阶级、社会解

［1］ 黄兴涛 . "话语"分析与中国近代思想文化史研究［J］. 历史研究，2007（2）：149-163+192.

［2］ 虚若 . 对于目前妇女运动说几句话［N］. 妇女声，1922-02-10（5）.

［3］ 《妇女声》借上海中华女界联合会之名办刊，实际上由当时的中共中央局宣传部负责人李达领导，王会悟（李达妻子）、王剑虹（瞿秋白妻子）为编辑及主要撰稿人，陈独秀、沈泽民等早期中国共产党人曾为该刊撰稿。参见陈文联 . 马克思主义妇女观在中国早期传播研究［M］. 北京：中国社会科学出版社，2020：110.

［4］ 陈文联 . 马克思主义妇女观在中国早期传播研究［M］. 北京：中国社会科学出版社，2020：110.

［5］ 宣言［N］. 妇女声，1921-12-13（1）.

［6］ 毓本 . 社会主义与女子底命运［N］. 妇女声，1922-03-20（7）.

放的互动关系具有重要意义。因此，本文试图从"历史的内在视域"出发，立足历史，贴近当时，在"历史的内在脉络中"[1]探寻中共早期女性专刊《妇女声》如何在阶级、社会革命的"大纲"与性别革命的"小纲"互动之间，对两个"解放"话语进行目标、任务、路径的内嵌式融合；如何将阶级视角引入性别分析，通过女性关切平衡两个"解放"互动构建中"和而不同"的内在张力。

一、早期马克思主义论者的两个"解放"相统一言说

妇女解放与人类社会发展密切关联，妇女在社会中获得自由的程度是确定历史未来发展向度的重要影响因素。傅立叶在论及妇女解放问题时，觉察到妇女解放不仅是关涉女性群体全面发展、自我实现抑或消除性别歧视、实现男女平等的性别革命，还关涉将对人类社会发展历程产生决定性影响的社会革命。他指出"在女人和男人、女性和男性的关系中，最鲜明不过地表现出人性对兽性的胜利"，"妇女解放的程度是衡量普遍解放的天然标准"[2]。马克思、恩格斯认为傅立叶关于两个"解放"辩证关系论说破解了妇女解放的密码。他们立足于人类社会的发展规律和实质，通过对原始社会、奴隶制社会、资本主义社会不同社会形态中性别问题和阶级问题的历史考察，进一步剖析了性别对立和阶级对抗两组矛盾之间涌动的内在张力。两组矛盾之间的内在张力主要体现在两个方面：一是性别压迫与阶级压迫都是私有制下强者对弱者的盘剥，二者具有同构性，哪里有阶级压迫，哪里就有性别奴役；二是"没有妇女的酵素就不可能有伟大的社会变革"[3]。性别和阶级的双重桎梏让女性遭遇更多的不公平对待，妇女解放是全人类社会解放事业的重要组成部分，同时，女性社会地位状况也是衡量人类社会进步程度的重要尺度。

---

[1] 宋少鹏认为，对妇女解放运动思想史的研究要从"历史的内在视域出发"，即从历史行动者出发、从在地的问题出发进行在史在时在地的研究。参见宋少鹏.立足问题，无关中西：在历史的内在脉络中建构的学科——对中国"妇女/性别研究"的思想史考察[J].妇女研究论丛，2018（5）：33-51.

[2] 徐伟新，等.马克思主义妇女解放与发展概论[M].北京：中国妇女出版社，2008：19.

[3] ［德］马克思，［德］恩格斯.马克思恩格斯全集：第32卷[M].北京：人民出版社，1974：571.

早期马克思主义论者们将性别话题纳入阶级解放的宏大目标之下，突破了资产阶级将女权运动拘囿于性别范畴的局限，既"自下而上"地将妇女解放视为社会解放的重要组成部分，又"自上而下"肯定了社会革命在改善妇女社会地位、实现性别平等过程中产生的巨大能量。二十世纪初，马克思主义传入中国，并以星星之火可以燎原之势在华夏大地广为传播。在马克思主义经典理论感召下，中国共产党的早期探索者李大钊、陈独秀、李达等勾画了民族民主解放情境下的中国妇女解放的蓝图，初步构建了将妇女问题与阶级、社会解放相统一的妇女解放理论体系。

1919年2月，李大钊在《新青年》发文，号召要将中国拖出"半身不遂"的泥沼，要实现中国全体妇女的彻底解放，其必然之路是动员全体进行阶级、社会革命，要联合全体妇女进行性别革命，打破男尊女卑、抑阴扶阳的旧式社会制度，也要联合无产阶级妇女进行阶级革命，打破有产阶级的专断剥削制度[1]。1921年1月，陈独秀在广州就女界运动发表专门演讲，从女子问题的发生根源出发，阐释了妇女问题与社会主义的互动关系。陈独秀认为不平等的社会制度是导致女性人格不独立、经济不独立的主要根源，而社会主义是"帮助弱者抵抗强者"，彻底破除男尊女卑、破除阶级不平等的最优方针，因此，"女子问题，实离不开社会主义"[2]。李达认为妇女解放运动具有思想革命和社会改造的双重属性，用历史唯物辩证法分析女权运动的动因、目的和路径，会发现妇女问题不是单纯的性别解放问题，而是交织着政治、经济、社会等诸多因素的复杂问题[3]。从主观层面而言，女子解放运动是女性的自醒，具体体现为女子对个体权利的追求和个人价值的实现。从客观层面而言，女子解放运动是女性的自觉，具体体现为女性在外力推动和自我调适合力之下以"适合现时经济组织"，纵观英、德、法、俄等国的女权运动，均经历了由纯粹的妇女运动向劳动运动的转向，中国妇女解放的核心问题同样是劳动问题，必然"受同样的社会进化的原则所支配"，要由资产阶级的女权运动转化为无产阶级

［1］ 李大钊.战后之妇女问题［J］.新青年，1919-02-15（6）.

［2］ 中华全国妇女联合会妇女运动理事研究室.五四时期妇女问题文选［M］.北京：生活·读书·新知三联书店，1981：80.

［3］ 中共一大会址纪念馆.中共一大代表早期文稿选编（1917.11~1923.7）上册［M］.上海：上海人民出版社，2011：153.

的劳动运动[1]。作为《妇女声》创刊人、实际负责人、撰稿人，李达与陈独秀等携手开展 "平民女学" 等一系列打破阶级门户、教育门槛、职业限制，实现两性平等、社会平等的社会主义革命实践活动。中共早期探索者论证了妇女解放和阶级、社会解放相统一的必要性和必然性，为中共第一个女性期刊《妇女声》的诞生提供了科学的理论支撑，他们身体力行的妇女解放实践也为《妇女声》提供了实践路径的指引。

二、《妇女声》中两个 "解放" 话语的目标内嵌

"至今一切社会的历史都是阶级斗争的历史"[2]，同仇敌忾进行民族民主革命推翻三座大山压迫是近代中国妇女解放与阶级、社会解放要共同承担的时代担当和国族重任。民族民主革命既是阶级、社会解放的直接目标指向，也是近代中国女性解放所图目标之一。阶级、社会解放所载的民族民主革命担当毋庸置疑，问题在于如何搭建具有性别解放特性的女性革命与具有阶级、社会解放共性的民族民主革命之间必然的密切联系，进而在 "和而不同" 中实现两个 "解放" 话语体系里民族民主革命共同目标内嵌，让女性解放与阶级、社会解放为民族独立和国家民主砥砺同行。近代中国女性革命与民族民主革命的关系辩证而统一，既不能笼统地用民族民主革命的宏大叙事兼并性别革命中女性追求权利的声张，也不能将女性解放事业单纯视为女性群体的个人事业，将其与寻求阶级、社会解放的国族大业割裂。前者如清末晚期女权启蒙运动中的 "兼并主义"，女性角色被定位为 "国民母""女国民"，性别革命有被绑定、被从属、被定义的嫌疑，将妇女解放功能化、工具化视为近代女权启蒙的先天不足；后者 "割裂主义" 的代表是第二波女性主义运动旗手弗吉尼亚·伍尔夫（Virginia Woolf），她的名言是 "作为一个女人我没有国家。作为一个

[1] 中共一大会址纪念馆.中共一大代表早期文稿选编（1917.11~1923.7）上册［M］.上海：上海人民出版社，2011：153.

[2] ［德］马克思，［德］恩格斯.共产党宣言［M］.北京：中央编译出版社，2005：26.

女人我不想要国家。作为一个女人我的国家就是整个世界"[1]。割裂女权运动与民族国家关系的论说不仅不会促动妇女解放运动的前进步伐，反而压缩了女性解放的空间和力度，因此备受学界诟病。

将民族民主革命内嵌于妇女解放和阶级、社会解放目标体系中，作为两个"解放"的共同目标指向是《妇女声》的创刊初衷。《妇女声》创刊宣言中明确指出女性不应该被永远贴上"贫者""饥者""被掠夺者"的标签，女性要改变弱者的屈从地位，就必须认识到自身在人类社会中的主体性，要走出家庭步入社会，要在时在地地融入到阶级、社会革命实践之中，为民族民主革命发挥女性的力量[2]。鼓励女性走出屈从、附属的阴影，加入民族民主革命的队伍，与男子协力推翻压迫、强权的政治制度和社会制度也是《妇女声》撰稿人们的共同体认。如撰稿人毓本认为妇女问题不是单独可以解决的问题，也不是现在的"社会组织"能够自行化解的问题，仅凭妇女的自觉之力和细枝末叶的社会变革，无法实现女性的彻底解放。解决妇女问题的根本途径是将女性问题纳入阶级、社会革命的框架下，推翻现"社会组织"，妇女问题则迎刃而解[3]。毓本所指的要推翻的"社会组织"既包括陈腐的旧伦理、旧道德、旧制度体系，也包括滋生剥削和压迫的经济组织体系。毓本还憧憬了未来要建立的性别友好社会就是"马克思主义共产主义社会"，"到了消灭那种过去的社会组织以后，建设一个马克思主义共产主义社会，那么，就是女子真正人生路的日子到了"[4]。

三、《妇女声》中两个"解放"话语的内容共建

自私有制出现以来，阶层划分、等级分明成为人类社会存在的普遍样态。马克思、恩格斯在《共产党宣言》中对私有制下人类社会的差等性、阶层化及其普遍存

---

[1] ［美］夸梅·安乐尼·阿皮亚.认同伦理学［M］.张容南译.南京：译林出版社，2013：279.

[2] 宣言［N］.妇女声，1921-12-13（1）.

[3] 毓本.我底妇女问题观［N］.妇女声，1922-06-20（10）.

[4] 毓本.社会主义与女子底命运［N］.妇女声，1922-03-20（7）.

在性进行了描述,"在过去的各个历史时代,我们几乎到处都可以看到社会完全划分为各个不同的等级,看到社会地位分成多种多样的层次。在古罗马,有贵族、骑士、平民、奴隶,在中世纪,有封建主、臣仆、行会师傅、帮工、农奴,而且几乎在每一个阶级内部又有一些特殊的阶层"[1]。等级社会里充斥着压迫与被压迫,阶级之间、阶层之间的对立、对抗、斗争无处不在。作为被压迫者的平民、农奴、帮工与作为压迫者的自由民、贵族、领主、行会师傅进行着持续不断的或公开或隐蔽的斗争,而"每一次斗争的结局都是整个社会受到革命改造或者斗争的各阶级同归于尽"[2]。实现"一切人的自由发展"是阶级、社会解放的根本任务。从性别视域而言,这里的"人"既包括男性也包括女性,"一切人的自由发展"即每个男人或女人的自由发展。"各种权力体系形成的不平等结构之中,阶级、种族、性别构成了三种最为重要的压迫类型"[3],阶级压迫、种族压迫、性别压迫三者往往此起彼伏,沆瀣一气,彼此补充。妇女解放要回答"怎样实现性别平等"的问题,阶级、社会解放需要回答"建立什么样的国家"的问题,两个"解放"在"和而不同"的互动与融合中,不管是消除性别差等对待,还是消灭阶级差别,实现"一切人的自由发展"构成了妇女解放和阶级、社会解放的根本内容。在"解放"的内容上,"性别"与"阶级"殊途同归拥有了同等的意义,二者在"解放"的话语共通下形成了内容共建。

在革命实践中,实现"一切人的自由发展"具体体现为对政治、经济、生存等基本权利的求索。作为早期中共妇女解放理论的主要发声平台,《妇女声》的宣传中既蕴含了"革命的中国女性主义"[4],也体现了"中国女性的革命主义",从根本任务和实施路径两个层面将女性解放和阶级、社会解放的内容汇聚融通。一方面,《妇女声》主张妇女解放的根本任务是彻底推翻以私有制为核心的旧经济社会制度及其组织以建立社会主义社会。《妇女声》号召广大女同胞自觉行动起来,从阶级、

［1］［德］马克思,［德］恩格斯.共产党宣言［M］.北京:中央编译出版社,2005:26.

［2］［德］马克思,恩格斯.共产党宣言［M］.北京:中央编译出版社,2005:26.

［3］南帆.性别、女权主义与阶级话语［J］.当代作家评论,2017(3).

［4］Barlow T. *Picture More at Variance of Desire and Development in the People's Republic of China.* Kriemild Saunders ed. *Feminist Post-development Thought.*［M］. London and New York: Zed Books, 2002, p.156.

社会解放层面探寻实现女性自由全面发展的新手段，"抛弃过去的消极主义，鼓起坚强的意志和热烈的精神，在阶级的历史和民众的本能中寻出有利的解放的手段，打破一切掠夺和压迫"[1]。"妇女解放"即"劳动者的解放"，是《妇女声》向广大民众宣扬的女性解放的基本理念。《妇女声》撰稿人们通过对女性受压迫根源的分析论证了为何妇女解放和阶级、社会解放的根本任务能够达成一致。如《妇女声》负责人兼撰稿人王会悟运用历史唯物主义对当时中国妇女运动发展趋势进行了分析，指出家庭与资本制度是妇女受压迫的根源所在，"我们女子从古就是劳动者，先前做家庭中无报酬的劳动者，现在做资本家的工钱劳动者"[2]。王会悟提出女性解放要担负双重的历史使命，"我们女子有女子的历史的使命。这历史使命是什么呢？就是依据阶级的觉悟为阶级的结合去推倒资本制度。无产的妇女若不是自己起来掌握政权和奴隶制度开战，即是社会主义不能实现的时候，真正的妇女解放就不能达到目的"[3]，真正的女性解放既要有性别觉醒又要有阶级觉悟，要将性别因素和阶级因素联动起来推翻压迫人的资本制度。

四、《妇女声》中两个"解放"话语的路径融合

既然妇女解放已经竖起"赤色的旗帜"，具体解放路径也是《妇女声》探讨的重要话题。《妇女声》号召"女权运动的中心，要转移到无产阶级来"，开展无产阶级妇女运动是女性彻底解放的最优实施路径。《妇女声》第五期的读者来信对无产阶级妇女解放路径选择表示了赞同，"妇女的运动，非从无产阶级中创造出一条惟一的大路不可"，在旧的社会体系里，女性不可能获得与男性同等的地位，所以妇女解放都要"移到这无产阶级革命的路径上来"[4]。具体而言，如何进行无产阶级妇女运动？《妇女声》在第八期《各国妇女运动的状况》、第十期《俄国妇女解放与

［1］　宣言［N］.妇女声，1921-12-13（1）.

［2］　王会悟.中国妇女运动的新趋向［N］.妇女声，1922-01-12（3）.

［3］　王会悟.中国妇女运动的新趋向［N］.妇女声，1922-01-12（3）.

［4］　通信［N］.妇女声，1922-02-10（5）.

中国妇女运动应取之方针》等文章中介绍了世界各国妇女运动实况，尤其是对十月革命后苏俄妇女运动实践和苏俄女性解放成效的推介，既鼓舞了广大女性实现全面自由的信心和勇气，也为当时中国无产阶级妇女运动提供了国际经验借鉴。

　　结合当时中国女性解放实践，《妇女声》就无产阶级妇女解放运动提出了具体方案。首先，"中国妇女运动之意义，根本方面是'运动妇女'——工厂妇女与穷苦农妇"[1]，即中国妇女运动要"与平民为伍"，"不与无产阶级的妇女携手的妇女运动不是真正的妇女运动"[2]。近代中国女权运动自启蒙以来一直是"第三阶级"（中产阶级女性）的女权运动，"第三阶级的女权运动是因为受了外部虚荣感而起的"[3]，其主观上缺乏解放的自觉性和自主性，客观上容易受到外界因素干扰。1919年2月，李大钊在《新青年》发文，认为第三阶级女权运动参与主体的局限性限制了妇女解放的彻底性，其"权力声张"只与中产阶级女性有关，与"那些靡有财产、没受教育的劳动阶级的妇人全不相干"。实际情况是，穷困的劳工妇女群体是多数，中产阶级女性群体是少数，"少数中流阶级的妇女断不能圆满达到女权运动的目的"，仅有第三阶级妇女参与的女权运动不能实现"妇人全体的解放"[4]。女性解放是"最漫长的革命"，"女性的权利只能是阶级斗争全面获胜之后的战利品：在阶级社会中，这种权利只能使少数中产阶级妇女受益；而大多数妇女就像大多数男人一样遭受压迫，直到资本主义的经济体系被共产主义所取代"[5]。在资本主义私有制体系下，无产阶级"最容易阶级觉悟"且"最有革命性"[6]。因此，要打破妇女解放运动的阶级局限性，动员鼓励广大的工厂妇女与穷苦农妇参与到妇女解放大业中，需要第三阶级女性与"第四阶级"女性（无产阶级女性）携手共建最广泛的妇女解放同盟。

　　在妇女解放实践中还要辩证对待女子参政运动，既要通过女性参政议政促进妇女解放，也要警惕女性参政议政沦为为"军阀张目"的工具。就女子是否应该参政

［1］一知.俄国妇女解放与中国妇女运动应取之方针［N］.妇女声，1922-06-22（10）.

［2］虚若.对于目前的妇女运动说几句话［N］.妇女声，1922-02-10（5）.

［3］王会悟.对罢工女工人说的话［N］.妇女声，1922-06-22（10）.

［4］李大钊.战后之妇女问题［J］.新青年，1919-02-15（6）.

［5］南帆.性别、女权主义与阶级话语［J］.当代作家评论，2017（3）.

［6］一知.俄国妇女解放与中国妇女运动应取之方针［N］.妇女声，1922-06-22（10）.

议政，《妇女声》撰稿人各抒己见。王会悟认为可以进行附条件的女子参政议政运动，女性可以在宣传"无产阶级革命"的目标下要求选举权、被选举权及其他政治权利，但要注意不能为了自我虚荣而做女政客出风头为"军阀张目"[1]。王剑虹则旗帜鲜明地表示反对女子参政议政。她认为女子参政运动局限于为第三阶级女性谋取利益，忽略了底层女性艰难的现实处境和诉求，而第四阶级妇女"经济不独立，无从得到教育，未曾受教育，更莫想向政治上去立足。食的问题没有解决，难道要枵腹去参政？知识还未充足，难道要去做盲目议员吗？"[2]王剑虹主张女性解放任务有轻重缓急之分，通过无产阶级革命让女性接受教育、经济独立，是其他权益得以实现的前提，只有女权运动的中心转移到无产阶级来，才能"从根本上去改造社会，建设自由平等的、男女协同的社会"[3]。

五、两个"解放"话语互动构建中的内在张力

经典马克思主义理论认为妇女解放和阶级、社会解放在受压迫根源层面具有同属性，在革命对象层面具有同类性，二者共同目标指向都是推翻资产阶级私有制及其社会制度的压榨和剥削。德国马克思主义论者奥古斯特·倍倍尔（August Bebel）在分析妇女解放问题时指出"推翻资产阶级统治并完成生产资料的社会主义公有制改造"是妇女完全解放的唯一路径[4]。在经典马克思主义的理论框架里，妇女解放被赋予性别属性、政治属性、社会属性，性别、政治、社会之间存在辩证的互动关系。妇女解放与阶级、社会解放在根源、对象、路径等方面具有同构性。但值得注意的是，妇女解放具有特定的群体属性和特殊的权益诉求，在阶级、社会解放宏观话语架构下，应该关注到妇女解放的"女性特质"与政治属性、社会属性之间的"和而不同"。日本学者须藤瑞代认为在近代中国民族国家建构途中，"近代中国

[1] 王会悟.中国妇女运动的新趋向 [N].妇女声，1922-01-12（3）.
[2] 王剑虹.女权运动应移到第四阶级 [N].妇女声，1921-12-13（1）.
[3] 王剑虹.女权运动应移到第四阶级 [N].妇女声，1921-12-13（1）.
[4] [德]奥古斯特·倍倍尔.妇女与社会主义 [M].葛斯等，译.北京：中央编译出版社，1995：465.

的女性形象在'人权'与'国家'的张力中被构建"[1],换言之,中国妇女解放"始终在个人和国家之间的张力中生存"[2]。但有观点亦认为,国族使命赋予了近代中国妇女解放更广阔的话语空间和行动空间,"'国民—国家'的结构使女性得以摆脱'家—国'结构下个人对家族的依附而成为独立的个人"[3],近代中国妇女解放独辟蹊径地探寻到一条"性别—国族"相互促动的解放路径。

妇女索权言说和具体行动中女性作为主体的"人"与政治、社会革命之间存在着何种张力,是妇女解放的革命性塑造,还是妇女解放的"去革命性",如何在"和而不同"中平衡性别革命、政治革命、社会革命之间的互动张力?"革命之所以必需,不仅是因为没有任何其他的办法能够推翻统治阶级,而且还因为推翻统治阶级的那个阶级,只有在革命中才能抛掉自己身上的一切陈旧的肮脏东西,才能胜任重建社会的工作"[4]。早期中国共产党人逐渐吸收马克思主义无产阶级妇女解放学说,强调妇女解放的政治、社会革命属性,将妇女解放运动目标归置于政治、社会革命框架中。中共早期妇女运动纲领性文件《关于妇女运动的决议》明确指出:"妇女解放时要伴着劳动解放进行的,只有无产阶级获得了政权,妇女们才能得到真正解放"[5],妇女解放与阶级、社会解放密切结合既是中共领导下实现女性解放的信念坚守,也是妇女解放实践的行动路径选择。两个"解放"的内嵌式融合是必然的也是必需的,但在妇女解放与革命伟业"各赋异禀"的"和而不同"中,需要在女性关切的视角下平衡两个"解放"互动间的内在张力,而非简单地强调妇女解放的革命属性,抑或粗暴地要求妇女解放"去革命性"。前者有"国家主义挤压女性权利生存空间"[6]的嫌疑,后者将导致女性解放事业与社会脱节,陷入自娱自乐的困境。

[1] [日]须藤瑞代.中国"女权"女权概念的变迁:清末民初的人权和社会性别[M].北京:社会科学文献出版社,2009:207.
[2] 翟晗.国家想象之镜:中国近代"女权"概念的另一面[J].政法论坛,2020,38(4).
[3] 宋少鹏.中国女权思想真的被西方理论绑架了吗?[J].读书,2010(9).
[4] 中共中央编译局.马克思恩格斯列宁哲学论述摘编:党员干部读本[M]北京:中央编译出版社,2019:126.
[5] 中共二大史料编纂委员会.中国共产党第二次全国代表大会[M].北京:中共党史出版社,2006:49.
[6] 翟晗.国家想象之镜:中国近代"女权"概念的另一面[J].政法论坛,2020,38(4).

　　《妇女声》作为中共早期妇女解放理论及实践的舆论宣传平台，将性别视角引入阶级分析，既承认男性女性受阶级压迫的共性，也承认女性群体受压迫的特殊性[1]，其刊发的文章中既可见无产阶级革命宏大目标下妇女解放的指导方针、具体路径、施行方案的初步设想，也有"她者"视野下对女性个体权益的特别关切。在革命的共性和妇女的特性之间，从现实情境出发，《妇女声》也在努力平衡两个"解放"互动间的内在张力。这些女性关切主要体现在倡导平民女学、宣传生育节制、呼吁废除娼妓三个方面。

　　倡导平民女学，培养平民女性的自立精神。1921年12月，陈独秀、李达等在上海创办平民女校，该校的办学宗旨是向平民女子和年长失学女子提供求学机会，使她们获得谋生的必备知识技能，"专造就一班有觉悟而无力求学的女子，使其得谋生工具，养成自立精神"[2]。1922年3月，《妇女声》专设"平民女校特刊号"，由陈独秀、李达、沈泽民、王会悟等平民女校师生撰专稿11篇，主要探讨了平民女学的必要性、主体、目的、前途等问题，同时还刊发了上海平民女校工作通报、平民女校学生就读心得体会等。这些论述、通报、心得向社会公众传导了两个理念：一是接受教育是平民妇女改变经济社会地位的重要手段，"妇女要想解放，必先谋职业；若谋相当职业，必要有相当的知识，就势必先受相当教育"[3]；二是教育不是贵族精英的专属特权，"资本社会里贵族教育制造出来的人才，虽非原料，却是商品"[4]。教育应当具有"平民精神"，人人应当拥有平等的受教育机会，平民女学校便是"平民求学的地方""平民精神的养成所""平民女学是到新社会的第一步"[5]，而非贵族小姐们消遣光阴的地方[6]。《妇女声》的大力宣传则对平民女校的办学推广产生了推动作用，而平民女学的倡导和实践，为中共早期妇女运动提供了人才准备。

———————

[1]　张文灿.妇女性别解放与阶级、社会解放的互动——新民主主义革命时期中国共产党妇女解放运动的政策及效果[J].首都师范大学学报（社会科学版），2010（6）.

[2]　上海平民女学校招生[N].妇女声，1922-02-10（5）.

[3]　高玉英.我对于平民女学的感想[N].妇女声，1922-03-05（6）.

[4]　陈独秀.平民教育[N].妇女声，1922-03-05（6）.

[5]　李达.平民女学是到新社会的第一步[N].妇女声，1922-03-05（6）.

[6]　沈泽民.这不是慈善事业呢[N].妇女声，1922-03-05（6）.

宣传生育节制。1922 年 4 月，桑格夫人（Mrs. Sanger）[1]到访中国。她先至北京发表了关于生育节制的演讲，当时听众上千，反响强烈。《妇女杂志》《妇女评论》等期刊设专栏介绍了桑格夫人的生育节制理论和实践，在当时社会各阶层尤其是新兴知识分子群体中引发了不小共鸣[2]。传统中国社会崇尚 "多子多福，家大业大"，认为 "不孝有三，无后为大"，生育节制论对根深蒂固的传统生育观无疑是种撼动，便有有识之士从妇女解放角度对生育节制问题进行了分析，认为过度生育限制了妇女解放的前途，生育限制 "对于图谋妇女的解放，改良未来种族，提高文化程度，消除饥馑、灾荒、战争、疾病、疠疫的祸害，根绝堕胎、弃儿、杀婴的罪恶，以至消弭战争，改造社会，都是最有利而且最必要的"[3]。

1922 年 4 月 27 日，以王剑虹等代表中华女界联合会和《妇女声》接待了到访上海的桑格夫人。与桑格夫人的访谈交流中，王剑虹等受到了很大触动和启示。随后王剑虹撰文《节制生育与保持恋爱》，王会悟撰文《我对于产儿限制的意见》，均刊发于《妇女声》第九期。王剑虹批判了将女性视为 "延续种族的机械" 的传统生育观，认为要使女性摆脱生育工具的命运、实现经济独立、过上幸福婚姻家庭生活，就必须将女性从 "像母猪一样，终日昏昏沉沉带着许多泥滓汗秽的孩子" 的困境中摆脱出来，妇女要像男子一般走向社会，参加工作[4]。王会悟的观点更为激进，她认为要通过妇女避孕以消极限制资本主义，"不替资本阶级生产再生产的劳动者，使他们不能无制限的掠夺剩余劳动"[5]，王剑虹、王会悟二人的生育节制论述，从社会人口发展全局来看稍显偏颇，从无产阶级革命策略来看也是不成熟的，但不可否认的是，二人公开倡导生育限制论关照到了当时女性在婚姻家庭中的现实苦衷，对于妇女权益的争取未尝不具有一定的进步意义。

呼吁废除娼妓。废除娼妓是近代中国妇女解放历程中的重要课题。娼妓淫业被新兴人士视为是社会之毒瘤、男女平权之阻滞，必须彻底革除之。1912 年 2 月，

［1］ 美国著名妇女运动领袖和人口研究专家。

［2］ 张素玲.革命与限制：中国共产党早期妇女领袖（1921—1927）［M］.开封：河南大学出版社，2011：109.

［3］ 瑟庐.产儿制限与中国［J］.妇女杂志，1922（6）.

［4］ 王剑虹.节制生育与保持恋爱［N］妇女声，1922-05-05（9）.

［5］ 王会悟.我对于产儿限制的意见［N］.妇女声，1922-05-05（9）.

蔡元培等牵头组建社会改良会，该会发起章程中，"不狎妓"居需改良的社会陋习之首[1]。1918 年，《北京大学进德会旨趣书》将"不嫖"列为甲等会员必须遵守的戒律[2]。1920 年，《新人》月刊专门出刊"上海淫业问题"号宣传废娼运动，《妇女杂志》《民国日报》等随后跟进对废除娼妓进行了舆论宣传。1921 年起，废娼运动以上海为中心开始辐射到广州、天津等城市及浙江等地，全国各地"四方风闻响应"掀起了大规模的废娼运动[3]。《妇女声》也注意到废娼运动对于妇女解放尤其是底层妇女解放的意义，在第七期刊登了王会悟撰写的《废娼运动我见》一文，指出私有制滋生卖淫制度，娼妓恶习下最大的受害者是无产妇女，娼妓现象的消灭与私有制的消灭必须同行并举，"废娼是救济那班度着显然的奴隶生活的女子的治标办法"，"根本上固然要从事废止私有制度，却不可忽略了这种于无产女子有益的废娼运动"[4]。《妇女声》第八、第九期追踪报道了广州、浙江废娼运动实况，对促进废娼运动发挥了积极的舆论推力。

结论：阶级、社会革命镜像中的女性重塑

"我们差不多都是生而为民族共同体的一员，生而为国家的一位公民。国家的历史与命运，对我们来说都是共同的"[5]，"生而为人"抑或"生而为国家"并不相悖。近代中国的国族主义政治文化在重构社会阶层关系的同时也重塑了女性在国家、社会、家庭中的身份地位，"革命以许诺、号召、命令等特有言说方式，表现对家国的强烈激情与热爱"，一方面妇女被整编入革命序列，性别话语是中国革命话语宣传不可略过的话题，另一方面女性又被视为身体政治的符号牵引着国族命运，改变国族命运的阶级、社会解放实践也在"妇女的精神及身体上形成一个重

[1]　蔡元培.中国人的修养[M].北京：北京理工大学出版社，2016：210.

[2]　高平叔.蔡元培教育论著选[M].北京：人民教育出版社，2011：122.

[3]　蒋美华.20 世纪中国女性角色变迁[M].天津：天津人民出版社，2008：136.

[4]　王会悟.废娼运动我见[N].妇女声，1922-03-20（7）.

[5]　［德］理查德·A.马斯格雷夫，艾伦·T.皮考克.财政理论史上的经典文献[M].刘守刚，王晓丹译.上海：上海财经大学出版社，2015：299.

要的基址"[1]。正如向警予所言，在外来入侵者和北洋军阀双重压迫下的中国妇女解放运动必然携带国民革命运动的基因，这决定了中国女性的解放之路不能"东施效颦"照搬欧美女权运动样板，"非将人权民权首先争回，女权不能有存在的根据"[2]。

1921年12月至1922年6月，《妇女声》办刊半年，出版了十期，虽然持续时间、发行量、发行范围、社会影响稍逊于同时期的《妇女评论》等女性专刊，但在激扬动荡、思潮涌动的变革时代，该刊以别样的视野展示了性别议题与政治革命之间的互动关系，延展了妇女解放与阶级、社会解放的内嵌空间。《妇女声》作为中国共产党面向大众的话语表达平台，将性别革命与阶级、社会革命相关联，在马克思主义阶级分析语境下形塑了中国妇女解放的全新面貌，劳工妇女群体从底层泥沼走向公共场域，进行社会制度革命成为解决妇女社会问题的必然选择。《妇女声》在面向广大妇女进行革命动员的同时，也向社会公众宣传了早期中国共产党的政党理想、政治理论和革命实践。进一步而言，《妇女声》不仅是妇女解放言说的舆论载体，其将妇女解放与阶级、社会解放进行内嵌式建构的舆论宣传中也生动体现了早期中国共产党的政治符号，传播了中国共产党早期的社会主义革命思想，强化了社会民众对中国共产党的政党感知，促进了社会民众对中国共产党的认同和接受。

[1] 柯惠玲. 近代中国革命运动中的妇女：1900—1920 [J]. 太原：山西教育出版社，2012：11.

[2] 向警予. 今后中国妇女的国民革命运动 [J]. 妇女杂志，1925（10）.

中国共产党"牺牲"话语百年演进的历程、逻辑与价值

柴玉振[*]

摘　要：中国共产党"牺牲"话语的建构历经百年，在不同历史时期围绕特定的时代主题呈现出各异的话语指向，其内涵也不断地丰富和扩展，既提倡肯定的"牺牲"也坚持否定的"牺牲"。从逻辑建构的维度看，中国共产党建构"牺牲"话语的根基在理想信念，核心在协调利益，凸显在特殊群体，弘扬为激励后人，这形成了中共意识形态中一个特点鲜明、逻辑严密的特有政治概念。从价值意义的维度看，"不怕牺牲"的话语表达贯穿着中国共产党的百年历史，成为中国共产党精神谱系中的共性品质，它是衡量合格共产党员的重要标尺，也是中国共产党进行伟大斗争的不竭动力，对于中国共产党政党形象的塑造和加强党的思想、组织建设起着重要作用。

关键词："牺牲"话语；中国共产党；演进历程；建构逻辑；价值意义

习近平总书记在 2021 年的党史学习教育动员大会和庆祝中国共产党成立 100 周年大会上的两次重要讲话中都多次提到"牺牲"字眼。那么，对于中国共产党来说，什么是"牺牲"？"牺牲"意味着什么？历史上中国共产党如何看待"牺牲"？这些问题引人深思。"牺牲"在《现代汉语词典》中有两个涵义，一是说：

---

［1］　柴玉振，北京师范大学马克思主义学院硕士研究生。

"为了正义的目的舍弃自己的生命";二是说:"放弃或损害一方利益"[1]。英国马克思主义文学理论家伊格尔顿认为:"现代对于牺牲的看法越来越趋向于将其视为一种对于价值寻求的自愿放弃","放弃在牺牲行为中能够扮演一个主要的角色"。[2] 在中国共产党对于"牺牲"的认知中,以上涵义均有体现,党在不同历史时期建构的"牺牲"话语,其主题各不相同,与每一历史时期的主要任务相匹配。

一、不同历史时期中国共产党"牺牲"话语的演进历程

(一)新民主主义革命时期:为民族利益和革命胜利而牺牲

中共早期的创建者认为,"为民族利益而牺牲"是迫切而有意义的。陈独秀曾说:"中国工农是不像资产阶级不顾民族利益的;他们是准备牺牲的,不但牺牲经济(即排货中一部分生活必需品之昂贵),而且还准备牺牲生命。"[3]中国共产党早期工人运动领袖邓中夏也曾在对省港大罢工的评价中透露出早期共产党人的牺牲观,他说:"查我省港工友此次因愤帝国主义的残暴,毅然牺牲一切,举行空前未有之大罢工,无非为实行拯救国家及民族解放起见,一切情形,已为社会人士所共悉。"[4]可见,为民族独立和解放而牺牲是早期共产党人构建"牺牲"话语的重要因素,这也成为推动中国共产党进行民主革命的重要因素之一。所以,1938年毛泽东在延安抗日军政大学的开学典礼上对学员们说:"不是为了自己,而是为了全国四万万五千万同胞,不是为了自己的家,而是为了四万万五千万同胞的家,牺牲一切。"[5]可见共产党人的牺牲是为国家和民族而奋斗,而后他又进一步阐释,"第一个决心是要牺牲升官,第二个决心是要牺牲发财,第三更要下一个牺牲自己生命的最后的决心!"[6]这"三个决心"充分体现了中国共产党无私无畏的优秀品质,也激

[1] 现代汉语词典:第5版[M].北京:商务印书馆,2005:1454.

[2] [英]特里·伊格尔顿.论牺牲[M].林云柯,译.上海:上海人民出版社,2021:10.

[3] 陈独秀文集:第4卷[M].北京:人民出版社,2013:404.

[4] 邓中夏.致公安局长吴铁城函[J].工人之路,1925(25).

[5] 毛泽东文集:第2卷[M].北京:人民出版社,1993:119.

[6] 毛泽东文集:第2卷[M].北京:人民出版社,1993:119.

励鼓舞着革命先烈为建立属于全体中国人民的新社会而奋斗。

为民族而革命，为革命而牺牲，这是中国共产党在新民主主义革命时期围绕革命胜利构建"牺牲"话语的另一层涵义。在革命战争年代，中国共产党号召全党同志不怕牺牲、前赴后继地为革命的胜利而英勇奋战，促使在中共的话语体系中形成了一种认知和氛围，即为革命而牺牲是极其光荣和伟大的。毛泽东就曾说："中国共产党对革命从来没有发生过动摇，也只有共产党才能不动摇，彻底地干下去，不怕死多少人，不怕牺牲。"[1]朱德也表示："我们参加共产党的第一天，就决定了要为革命牺牲。既然有决心参加共产党干革命，为什么还要顾虑生死？为革命牺牲，正是死得其所，是最光荣的。"[2]因此，在这一时期，中国共产党的"牺牲"话语与"革命"话语紧密相连，在长期的革命斗争中，党锻造了"不怕牺牲"的精神特质，这对此后新中国的建设和改革影响深远。

（二）社会主义革命和建设时期：为改变一穷二白而牺牲

全国革命胜利后，党面临的主要任务是领导全国人民建设新中国。由于旧中国积贫积弱，新中国在各领域的建设基础非常薄弱，加之帝国主义对新中国采取政治孤立、经济封锁、军事压迫的敌视政策，中国共产党需要付出更大更多的牺牲才能够在短时间内领导新中国建立起独立且完整的国民经济体系。因此在这一阶段，"为国家建设而牺牲"是普遍存在的，"吃苦在前，享受在后"成为广大社会主义建设者的精神共识，但"牺牲"的具体表现形式和涵义呈现出多样化。比如，为了"两弹一星"工程，许多科学家隐姓埋名，奔赴戈壁荒漠，这是一种牺牲。为了新中国的石油事业，"铁人"王进喜不顾个人安危，誓死奋力拿下大油田，这也是一种牺牲。在党的领导和号召下，各行各业均涌现出了一批为了社会主义建设"不怕牺牲"的优秀模范，他们对于尽快改变中国"一穷二白"落后状况具有高度的紧迫感和使命感，也正是因为那一代人的远见卓识和发奋图强，实现中华民族伟大复兴才有了坚实的根基。事实胜于雄辩，中国共产党不但有能力破坏一个旧世界，还善于建设一个新世界。在建设新世界的过程中，中国共产党继承了革命时期"不怕牺

［1］毛泽东文集：第3卷［M］.北京：人民出版社，1996：433.
［2］朱德选集［M］.北京：人民出版社，1983：239.

牲"的优秀品质,以这种大无畏的精神面貌投入社会主义建设的攻坚克难中去,为改变一穷二白的落后情况提供了强大的精神力量。

(三)改革开放和社会主义现代化建设时期:绝不牺牲精神文明和生态环境

党的十一届三中全会以来,改革开放激活了当代中国的发展,人民群众生活水平迅速提高,党的政策注重以物质利益调动广大人民的积极性,在较短时间内实现了从物质匮乏到物质丰裕的历史性跨越。邓小平在《解放思想,实事求是,团结一致向前看》一文中明确表示:"不讲多劳多得,不重视物质利益,对少数先进分子可以,对广大群众不行,一段时间可以,长期不行。"[1]"如果只讲牺牲精神,不讲物质利益,那就是唯心论。"[2]与此同时,如何协调好社会主义现代化建设中物质文明建设同精神文明、生态环境的关系,摆在了这一时期中国共产党人面前。面对新形势新问题,中国共产党坚持以否定的"牺牲"话语坚守发展底线,旗帜鲜明地阐明了自己的发展观。1994年,江泽民在中共十四届四中全会上强调:"在任何时候任何情况下,都不能以牺牲精神文明为代价来换取经济的一时发展,都不能允许毒害人民、污染社会的东西泛滥。"[3]随后,他又在全国环境保护会议上强调:"在加快发展中决不能以浪费资源和牺牲环境为代价。"[4]胡锦涛也曾多次强调:"我国是社会主义国家,我们的发展不能以牺牲精神文明为代价,不能以牺牲生态环境为代价,更不能以牺牲人的生命为代价。"[5]由此可见,中国共产党高度重视协调发展,以绝不牺牲精神文明和生态环境为底线正确处理经济社会发展中的矛盾关系,将牺牲观与发展观紧密相连,以"决不能为追求一时发展而牺牲子孙后代福祉"[6]的牺牲观丰富和发展了中国共产党的发展观。

(四)中国特色社会主义进入新时代:"伟大斗争"与"不怕牺牲"

党的十八大以来,中国特色社会主义进入新时代,以习近平同志为核心的党中央团结带领全国各族人民进行了一系列具有新的历史特点的伟大斗争,战胜了一系

---

[1] 邓小平文选:第2卷[M].北京:人民出版社,1994:164.
[2] 邓小平文选:第2卷[M].北京:人民出版社,1994:164.
[3] 江泽民文选:第1卷[M].北京:人民出版社,2006:406.
[4] 江泽民文选:第1卷[M].北京:人民出版社,2006:406.
[5] 胡锦涛文选:第2卷[M].北京:人民出版社,2016:432.
[6] 胡锦涛文选:第3卷[M].北京:人民出版社,2016:552.

列风险挑战。在脱贫攻坚、抗疫抗洪、国家安全等具有新的时代特点的艰巨考验面前，中国共产党继承和弘扬"不怕牺牲"的精神，表现出了新的牺牲形式，在各个领域以昂扬向上的精神状态取得了伟大成就。值得欣慰的是，"不怕牺牲"的精神品质有了更为坚定的传承者和后备军。正如习近平总书记在全国抗击新冠肺炎疫情表彰大会上所说："青年一代不怕苦、不畏难、不惧牺牲，用臂膀扛起如山的责任，展现出青春激昂的风采，展现出中华民族的希望！"不仅如此，习近平推动中国共产党的牺牲观和发展观进一步融合，对经济发展与生态环境、发展与安全的辩证关系多次作出重要论述，指出要深入理解新发展理念，"坚决摒弃损害甚至破坏生态环境的发展模式和做法，决不能再以牺牲生态环境为代价换取一时一地的经济增长"[1]。同时，也要让"发展"和"安全"两个目标有机融合，强调"任何以牺牲安全为代价的核能发展都难以持续，都不是真正的发展"[2]。再次以否定的"牺牲"话语阐明了新时代中国共产党的发展观。

通过对百年来中国共产党建构"牺牲"话语的历史考察来看，不同历史时期中共"牺牲"话语的生成语境不同，"牺牲"的表现形式也更加多样，"牺牲"围绕的目标主题也不尽相同，它们与各个历史时期党要完成的中心任务紧密相连。同时，在话语建构的过程中，肯定的"牺牲"与否定的"牺牲"均被强调，牺牲观与发展观密不可分，相互影响。

二、中国共产党"牺牲"话语的建构逻辑

（一）根基在理想信念

革命理想高于天，"为了什么而付出牺牲"是中国共产党构建"牺牲"话语面临的首要问题。对于这个问题的回答，习近平说："我们一定要铭记烈士们的遗愿，永志不忘他们为之流血牺牲的伟大理想。"[3]可见，理想信念是激励中国共产党一百

[1] 习近平总书记谈治国理政：第2卷［M］.北京：外文出版社，2017：210.
[2] 习近平总书记谈治国理政［M］.北京：外文出版社，2014：254.
[3] 习近平.在庆祝中国共产党成立95周年大会上的讲话［J］.求是，2021（8）.

年来英勇斗争、不怕牺牲的根基所在。中国共产党早期革命家恽代英1926年曾在《少年先锋》杂志第1卷第1期发表《主义》一文,对"牺牲"与"理想信念"两者之间的论述鞭辟入里:"主义真是一个有力量的东西。人每每因为一种革命的主义能解决自己与社会的苦痛,不惜牺牲一切为主义奋斗。"[1]对于中国共产党人来说,共产主义远大理想和中国特色社会主义共同理想就是为之奋斗和牺牲的根本支撑。邓小平就曾讲道:"马克思主义的另一个名词就是共产主义。我们多年奋斗就是为了共产主义,我们的信念理想就是要搞共产主义。在我们最困难的时期,共产主义的理想是我们的精神支柱,多少人牺牲就是为了实现这个理想。"[2]因此,中国共产党建构"牺牲"话语的根基在理想信念,一代代共产党人在不同历史时期以"不怕牺牲"的豪情壮志诠释和捍卫着"砍头不要紧,只要主义真"的坚定信念,他们坚信自己为之奋斗和牺牲的能够换来一个新国家和新社会,才不惜献出了自己的一切直至生命。正如习近平总书记所总结的:"在革命、建设、改革各个历史时期,有无数共产党员为了党和人民事业英勇牺牲了,支撑他们的就是'革命理想高于天'的精神力量。"[3]

(二)核心在协调利益

从某种程度上讲,选择"牺牲"就意味着陷入了两难境地,有时不得不需要放弃一部分利益。"牺牲"的表现样态复杂多样,既有物质的也有精神的,既有生命的也有非生命的,既有短期的也有长期的,既有看得见的也有看不见的。在特定情境下,"牺牲"考验着中共党员如何在个人与组织、局部与整体之间做好利益协调。

第一是个人与组织之间。以党和人民的利益为重是中国共产党人鲜明的政治立场和精神特质。党章明确规定:"中国共产党党员必须全心全意为人民服务,不惜牺牲个人的一切,为实现共产主义奋斗终身。"[4]中国共产党是理论与实践的统一论者,无数共产党员以实际行动诠释在危急时刻坚决为党和人民的利益而牺牲。1944年9月,毛泽东在纪念因炭窑倒塌而牺牲的张思德时指出:"要奋斗就会有牺牲,

[1] 恽代英文集:下集[M].北京:人民出版社,1983:839.

[2] 邓小平文选:第3卷[M].北京:人民出版社,1993:137.

[3] 习近平总书记谈治国理政[M].北京:外文出版社,2014:414.

[4] 中国共产党章程[M].北京:人民出版社,2017:24.

死人的事是经常发生的。但是我们想到人民的利益，想到大多数人民的痛苦，我们为人民而死，就是死得其所。"[1] 毛泽东《为人民服务》一文集中体现了经过革命淬炼过后的中国共产党实现了不怕牺牲与人民立场的高度融合，坚持人民的利益高于一切。因此，邓小平强调："我们从来主张，在社会主义社会中，国家、集体和个人的利益在根本上是一致的，如果有矛盾，个人的利益要服从国家和集体的利益。为了国家和集体的利益，为了人民大众的利益，一切有革命觉悟的先进分子必要时都应当牺牲自己的利益。"[2] 在中国共产党百年历史中的各个时期，都有无数不计个人得失，不计个人的安危、流血、分离的模范共产党员，他们选择以党和人民的利益为重，选择为党和人民的事业无私奉献。

第二是局部与整体之间。以全局的利益为重是中国共产党人总结经验教训得出的制胜策略，这一点在军事战略上尤为突出。在革命时期，中国共产党不同地方的军事力量作为局部始终以全局为重，坚持局部利益服从和服务于整体和大局，这是中国共产党在军事战略上的重要制胜因素。邓小平在回忆解放战争时期刘邓大军千里跃进大别山这一战略时就说："这是一个无后方作战的十分艰险的战略任务。当时有的干部对执行这一任务有顾虑，伯承对他们说，这个行动可以把敌人吸引到我们身上来，减轻兄弟野战军的压力。釜底抽薪，焉能惧怕烫手，即使作出牺牲，也义无反顾。"[3] 窥一斑而知全豹，这样的事例在中国共产党的军事史上还有很多，以全局利益为重不惜牺牲部分利益是人民解放军的优良传统，同时也是中国共产党"牺牲"话语的重要内涵。

第三是自己民族与其他民族之间。中国共产党的"牺牲"话语中有一否定的"决不牺牲"根本准则，那就是决不会以牺牲国家和民族的利益来换取任何东西。毛泽东在 1937 年同美国记者史沫特莱（Agnes Smedley）的谈话中就曾明确表示："一切牺牲中国领土主权的谈判，我们都要反对的。"[4] 习近平也强调："坚持把国家和民族发展放在自己力量的基点上，坚定不移走自己的路，走和平发展道路，同时

［1］毛泽东选集：第 3 卷［M］.北京：人民出版社，1991：1005.

［2］邓小平文选：第 2 卷［M］.北京：人民出版社，1994：337.

［3］邓小平文选：第 3 卷［M］.北京：人民出版社，1993：186.

［4］毛泽东文集：第 1 卷［M］.北京：人民出版社，1993：485.

决不能放弃我们的正当权益,决不能牺牲国家核心利益。"[1]同时,在捍卫自己国家和民族利益时,中国共产党也决不会牺牲其他民族的利益,从而为"牺牲"话语赋予了国家和民族交往之间的世界意义。早在建党初期,李大钊就指出:"我们所主张的革命不是国家主义的革命,而是民族主义的革命。我们决不主张专为自己民族的利益,而至牺牲其他民族的生存。"[2]这样的理念深深影响着中国共产党处理外事的基本准则,比如,在处理中非关系上,习近平就曾强调:"中非合作绝不以牺牲非洲生态环境和长远利益为代价。"[3]在国家安全领域,他还强调:"维护网络安全不应有双重标准,不能一个国家安全而其他国家不安全,一部分国家安全而另一部分国家不安全,更不能以牺牲别国安全谋求自身所谓绝对安全。"[4]由此可见,在对外交往和援助的外交实践中,中国共产党坚持决不以牺牲其他国家和民族的利益来换取中国发展的基本原则,赋予"牺牲"在处理国别间外交关系的世界价值。

(三)凸显在特殊群体

干部、军人、青年在保卫国家安全、延续社会发展中起着特殊作用,中国共产党重视在这些特殊群体中倡导和弘扬不怕牺牲的精神,以模范群体引领广大党员群众学习和继承不怕牺牲的高尚品质。

对于党员干部来说,好干部的标准是具体的、历史的,但"不怕牺牲"是各个历史时期"好干部"必备的素质之一。革命战争年代,毛泽东曾提出:"我们要造就大批的民族革命干部,他们是有革命理论的,他们是富于牺牲精神的,他们是革命的先锋队。"[5]正是因为有了一大批对党忠诚、英勇善战、不怕牺牲的干部群体,革命的胜利才有坚实的组织保障。和平建设时期,中国共产党对党员干部的牺牲要求始终不减,强调干部群体要身先士卒,时刻准备在关键时刻为党和人民付出一切。

对于人民解放军来说,"不怕牺牲"是中国共产党领导下人民军队的优良作风,也是党要求人民子弟兵必须做到的政治要求。土地革命时期,朱德曾在苏区中央局

[1]　习近平总书记谈治国理政:第2卷[M].北京:外文出版社,2017:443.

[2]　李大钊全集:第5卷[M].北京:人民出版社,2013:285.

[3]　习近平总书记谈治国理政:第2卷[M].北京:外文出版社,2017:458.

[4]　习近平总书记谈治国理政:第2卷[M].北京:外文出版社,2017:553.

[5]　毛泽东文集:第2卷[M].北京:人民出版社,1993:63.

机关报《战斗》上发表文章《怎样创造铁的红军》："红军在与敌人战斗中，不仅有一致的行动，并且有一致的意志；不仅不妨害阶级的和革命的利益，并且要能为阶级的革命的利益而奋斗以至于牺牲。"[1]解放战争时期，毛泽东要求全军："必须发扬勇敢战斗、不惜牺牲、不怕疲劳和连续作战（即短期内接连打几仗）的优良作风。"[2]在和平环境下，中国共产党适应强军目标要求，提出要培养"四有"（即"有灵魂、有本事、有血性、有品德"）的新一代革命军人，其中一条"有血性就是要英勇顽强、不怕牺牲"[3]。因此，对人民军队要求"不怕牺牲"是中国共产党"牺牲"话语的重要组织载体，这对于人民军队提升战斗力，展现昂扬向上的精神面貌都起着重要的推动作用。

对于广大青年来说，青年群体往往站在历史潮头处引领社会发展的趋势，代表着国家民族的未来和希望。中国共产党始终重视对青年的教育和引领，引导青年树立"不怕牺牲"的人生观和价值观。李大钊就曾对青年寄予厚望："我希望活泼泼的青年们，拿出自杀的决心，牺牲的精神，反抗这颓废的时代文明，改造这缺陷的社会制度，创造一种有趣味有理想的生活。"[4]此后的中国青年始终为国家和民族前途而奋斗，在各种困难和挑战面前不畏牺牲，英勇斗争，成为中国共产党牺牲观的坚定继承者和弘扬者。邓小平曾总结道："在过去长期的革命斗争和近年来的建设工作中，中国青年已经有了良好的表现。他们不怕牺牲，不怕困难，不怕吃苦，热爱劳动，遵守纪律。"[5]这种优秀品质在当代青年中也影响巨大，他们在抗疫、抗洪斗争中展现出不怕牺牲的青春风采，充分证明中国共产党对于青年群体"三观"的教育和引导是成功的。

（四）弘扬为激励后人

毛泽东有诗词名句曰："为有牺牲多壮志，敢叫日月换青天。"[6]中国共产党构建"牺牲"话语的重要目的是弘扬牺牲者的光荣事迹以激励后人继承遗志，勇往直

［1］朱德选集［M］.北京：人民出版社，1983：5.

［2］毛泽东选集：第4卷［M］.北京：人民出版社，1991：1233.

［3］习近平总书记谈治国理政：第2卷［M］.北京：外文出版社，2017：402.

［4］李大钊全集：第3卷［M］.北京：人民出版社，2013：159.

［5］邓小平文选：第1卷［M］.北京：人民出版社，1994：278.

［6］吴正裕.毛泽东诗词全编鉴赏［M］.北京：人民文学出版社，2017：216.

前。早在 1922 年，李大钊在纪念为早期工人运动而牺牲的黄爱和庞人铨两人时写道："黄、庞两先生，便是我们劳动阶级的先驱。先驱遇险，我们后队里的朋友们，仍然要奋勇上前，继续牺牲者愿做而未成的事业。"[1]充分体现出李大钊的牺牲观：前人的牺牲是激励后人的奋勇向前的精神动力。许德珩也曾回忆"七一五"反革命政变后，中国共产党的早期革命活动家恽代英坚定地对大家说："北伐战争虽然失败了，许多同志也牺牲了，但是，我们的革命没有完。世界上，从没有一帆风顺的革命，我们能为革命战斗一生，是最大的光荣。"[2]早期中国共产党先驱们的牺牲观对后来一代代共产党人的人生观和价值观产生了重要影响，中国共产党举行相关纪念活动的重要目的之一就是从缅怀先烈中汲取不断向前奋斗的力量。这一点在中国共产党的话语表达中不胜枚举，比如，朱德曾明确指出："让我们用新的胜利，来纪念为人民革命事业而牺牲的英雄们吧！"[3]新四军将领彭雪枫在悼念新四军第三师参谋长彭雄同志时也曾写道："后死者的责任，不是流泪，而是向敌人为逝者复仇！"[4]还比如，毛泽东在为人民英雄纪念碑起草的碑文中提到了三个"牺牲"和三个"永垂不朽"，借助庄严的物质载体和肃穆的纪念仪式来强调后人要始终铭记为人民牺牲的英雄。因此，在共产党员的观念认知中，李大钊所言"牺牲永是成功的代价"[5]是组织内部的普遍共识，对牺牲者最好的告慰就是继承他们的遗志去取得胜利，党对于"牺牲"的纪念和弘扬则上升成为加强党组织思想建设和组织建设的重要途径。

三、中国共产党 "不怕牺牲" 话语的价值意义

（一）"不怕牺牲" 是中国共产党精神谱系中的共性品质

人无精神不立，国无精神不兴。在党的百年历程中，中国共产党融合中华优秀

---

[1] 李大钊全集：第 4 卷［M］.北京：人民出版社，2013：73.

[2] 许德珩.怀念恽代英同志 // 回忆恽代英．［M］.北京：人民出版社，2015：5.

[3] 朱德选集［M］.北京：人民出版社，1983：386.

[4] 原载于《拂晓杂志》，1943 年 5 月 12 日，第一卷第三期。

[5] 李大钊全集：第 4 卷［M］.北京：人民出版社，2013：73.

传统文化的精髓和共产党人的精神特质，构建起载体多样、领域宽泛、内涵丰富的精神谱系，它们在不同历史时期为完成相应的历史任务提供了强大精神力量。在这个系统完整的精神谱系中，不同名称的伟大精神虽有各自的独特内涵和时代特征，但"不怕牺牲"则是其中的共性品质，贯穿于中国共产党百年发展的全历程。

首先从源头上看，"伟大建党精神"是中国共产党的精神之源，其科学内涵为："坚持真理、坚守理想，践行初心、担当使命，不怕牺牲、英勇斗争，对党忠诚、不负人民"[1]，可见"不怕牺牲"作为伟大建党精神的重要内涵从建党一开始就已融入共产党人的精神血脉。中国共产党的先驱们也确是为此身先士卒，振臂高呼。1922年，陈独秀在论述共产党在目前劳动运动中应取的态度时指出，"在这联合战线上，共产党有两个重大的任务：一是比他党更要首先挺身出来为劳动阶级的利益而奋斗而牺牲；一是监督他党不使他们有利用劳动运动而做官而发财的机会"[2]。在现实残酷的革命斗争中，早期革命者牺牲时有很多党员年纪尚轻，他们用实际行动践行党的初心使命，正如李大钊所总结的："因为政治不澄清，使我们不能不牺牲求学之精神，而来干涉政治。民国到现在十有余年，革命事业，还未成功，这些继续革命事业的人，就是我们。"[3]

其次从源头的发展脉络看，此后的一代代共产党人在不同的时空条件下坚持赓续"不怕牺牲"的精神特质，在革命斗争和社会建设的各领域各方面形成了以"牺牲""奉献""忘我"为高频关键词的具体多样的精神，使党的精神谱系不断繁衍扩展。比如说，长征精神中的"不怕任何艰难险阻，不惜付出一切牺牲"；沂蒙精神和焦裕禄精神中的"无私奉献"；雷锋精神中的"忘我"；抗疫精神中的"舍生忘死"，等等。由此可见，伟大建党精神中的"不怕牺牲"与此后一系列伟大精神中的"牺牲""奉献""忘我"等话语表达是"源"与"流"的关系，"不怕牺牲"已成为中国共产党精神面貌层面的突出标识。

因此，百年来中国共产党对于"牺牲"话语的强调和践行推动中国人民和中华民族的战斗力、凝聚力和创造力不断增强，如期完成了第一个百年奋斗目标。而在

[1] 习近平.在庆祝建党一百周年大会上的讲话[J].求是，2021（14）.
[2] 陈独秀文集：第2卷[M].北京：人民出版社，2013：252.
[3] 李大钊全集：第4卷[M].北京：人民出版社，2013：219.

下一个百年，中国共产党一定会赋予"牺牲"新的价值意义，使之绽放出新的时代光芒。"不怕牺牲"的精神也会激励各条战线的广大党员以饱满的热情、坚强的毅力投身到全面建设社会主义现代化国家的新征程中。

（二）"不怕牺牲"是衡量合格共产党员的重要标尺

党员合格则党兴，党员合格则党强。共产党员作为构成中国共产党政党组织的基本单元，衡量其合格与否的重要标尺之一就是是否具有牺牲精神。《中国共产党红军第四军第九次代表大会决议案》提到新分子入党条件的第三条就是："有牺牲精神，能积极工作"；[1] 同时，从党员入党时所必备的宣誓环节起，中国共产党就注重以誓词强化党员"不怕牺牲"的意志。现有研究表明，最早的入党仪式和入党誓词形成于1926—1927年间，毛泽东1927年10月在酃县水口村叶家祠堂为六名新党员主持过入党仪式，带头宣读入党誓词。在这一版本的入党誓词中就强调共产党员要做到"牺牲个人"[2]。此后的入党誓词版本虽不断演化，但誓词的核心内容都有"不怕牺牲"的话语表达蕴含其中，直到现在的党章中入党誓词最后一句为："随时准备为党和人民牺牲一切，永不叛党。"[3] 可见，从加入党组织那一刻起，"不怕牺牲"就成为党员与组织之间的约定之辞，这就意味着加入党组织之后必须践行誓言。不仅如此，党章作为全体党员必须遵守的基本准则，其在第一章"党员"中也明确要求共产党员必须履行的义务之一："为了保护国家和人民的利益，在一切困难和危险的时刻挺身而出，英勇斗争，不怕牺牲。"[4] 这就为党员需要为何牺牲、何时需要作出牺牲提出了更为具体的要求。因此，党章中的指引和规范使得"不怕牺牲"作为衡量合格共产党员的重要标尺有理有据，这对于加强党员的管理和教育，从而提高党的组织建设的质量和水平具有深远意义。

在现实生活中，在越是尖锐复杂的斗争形势和危难时刻面前，越是能考验一名党员是否合格。在中国共产党的百年奋斗历程中，各个历史时期的优秀共产党员群体往往都能够做到"不怕牺牲"，他们具有攻坚克难的意志品质和果断行为，在面

［1］ 建党以来重要文献选编（1921—1949）：第6册［M］.北京：中央文献出版社，2011：737.

［2］ 建党以来重要文献选编（1921—1949）：第6册［M］.北京：中央文献出版社，2011：444.

［3］ 中国共产党章程［M］.北京：人民出版社，2017：28-29.

［4］ 中国共产党章程［M］.北京：人民出版社，2017：26.

对个人与组织、大局与局部、小家与大家的矛盾选择时往往会不计个人得失，选择以党和人民的利益为重，这对于中国共产党政党形象的正面塑造起着极为关键的作用。

（三）"不怕牺牲"是中国共产党进行伟大斗争的不竭动力

中国共产党的"牺牲"话语与"斗争"话语紧密相连，有斗争就会有牺牲，牺牲往往因为斗争而来。一百年来，中国共产党历经革命、建设和改革中的多种斗争形态，其所付出牺牲的程度之深、范围之广、形式之多与其所进行的艰难斗争是相匹配的。习近平在论述建党精神内涵时将"不怕牺牲、英勇斗争"连接起来作为同一个层次进行阐释，可见"英勇斗争"与"不怕牺牲"相辅相成，密不可分。

回顾历史，在革命时期，中国共产党为争取民族独立和人民解放而进行武装斗争，在武装斗争中"流血牺牲"也就相应成为这一时期的常态。毛泽东所起草的《中共中央为抗战六周年纪念宣言》概括道："二十二年中，全体党员和全国广大的人民群众在一道，为着实现此种纲领与政策，为着反对帝国主义及其在中国的走狗，为着民族解放与社会解放，流血牺牲，前仆后继，举行了轰轰烈烈英勇顽强的斗争。"[1]新中国成立后，中国共产党虽然已经全面执掌国家政权，但当时的建设环境仍然面临严峻挑战，这种挑战尤其体现在抗美援朝和镇压反革命中。在这种条件下，中国共产党领导的中国人民志愿军以"不怕牺牲"的无畏精神支撑其以"钢少气多"力克"钢多气少"，巩固了新生的国家政权，赢得了社会主义建设的和平环境。在社会主义建设时期，中国共产党为了尽快改变国家"一穷二白"的落后状态，号召各行各业的共产党员不怕牺牲，攻坚克难，因而涌现出了一大批像王进喜、时传祥、焦裕禄、史来贺等模范人物，他们在不同专业领域同来自自然和社会的各种困难作斗争，诠释了和平建设环境下中国共产党人新的牺牲观。

社会在矛盾运动中前进，中国特色社会主义进入新时代也会有新矛盾和新斗争。习近平强调："我们党要团结带领人民有效应对重大挑战、抵御重大风险、克服重大阻力、解决重大矛盾，必须进行具有许多新的历史特点的伟大斗争。"[2]实践

[1]　毛泽东文集：第3卷［M］.北京：人民出版社，1996：46.

[2]　习近平谈治国理政：第3卷［M］北京：外文出版社，2020：12.

充分证明，习近平作出的政治判断准确及时，党面临的来自政治、经济、思想、自然、社会等领域的斗争与考验层出不穷。其斗争形态更加复杂多变，危机的难度不断上升，相应地需要作出"牺牲"的时空条件和形式内容也更加多样。而在实践中，中国共产党继承了"牺牲"话语的历史价值，以"不怕牺牲"作为进行各种斗争、克服各种风险挑战的不竭动力，实现了社会大局稳定和繁荣发展。面向未来，中国共产党团结带领中国人民进行具有新的历史特点的伟大斗争必然会遇到新的"牺牲"状况，因此在前进征程上准确把握伟大斗争的内涵和要求，并针对各领域的斗争作好科学研判和充足准备是减少牺牲、避免牺牲的最好方式。

结语

习近平在庆祝中国共产党成立 100 周年大会上明确指出："一百年来，中国共产党团结带领中国人民进行的一切奋斗、一切牺牲、一切创造，归结起来就是一个主题：实现中华民族伟大复兴。"为了实现民族独立和人民解放、国家富强和人民富裕，中华民族为之付出的牺牲是巨大的，中国共产党所做出的牺牲同样也是巨大的。在中国共产党"牺牲"话语的百年演进历程中，"牺牲"话语的内涵围绕不同历史时期的中心任务而不断丰富和扩展，但贯穿其中的一点就是"不怕牺牲"的精神跨越时空、历久弥新，这集中体现了中国共产党的坚定信念、优良作风和宝贵品质，为立党兴党强党提供了丰厚的精神滋养。

在未来全面建设社会主义现代化国家的历史征程中，我们要继承和弘扬好中国共产党的牺牲观，塑造好中国共产党的正面政党形象，同时要赋予"牺牲"新的时代价值和意义，以激励全党带领全国人民取得更大的成就。

中国共产党意识形态话语权的百年探索
——基于"制度与生活"的范式分析

摘　要： "制度与生活"的研究范式将制度设计与日常生活相互嵌入,这也是理解马克思主义意识形态话语权的有效研究工具。回顾党的百年奋斗史,亦是党不断争夺和提升中国共产党意识形态话语权的探索史和创新史。本文从时间的历时性和空间的延展性诠释意识形态话语权在制度变迁与日常生活的互动影响中的发展规律,以展现中国共产党推进制度完善与生活嵌入,不断提升中国共产党意识形态话语权。

关键词： 中国共产党；意识形态；话语权；制度与生活

葛兰西（Gramsci Antonio）的意识形态话语权思想范式,透露出"意识形态"通过话语生产、话语表达等获得"权力"的内在逻辑,展现了一个宏观叙事、中观建构和微观实践的立体模型,这与"制度与生活"的研究范式是相恰切的。"制度与生活"研究范式将"正式制度—意识形态（非正式制度）—日常生活"联通起来,内涵了宏观国家层面、中观社会层面和微观个人层面的多层级视角。本文旨在从党的意识形态话语权的百年探索中,在"制度与生活"的多层级视角中展现中国共产党建构、巩固、调适意识形态话语权的立体图式,推进新时代意识形态话语权

---
*　程权杰,南京师范大学马克思主义学院硕士研究生,主要研究方向为社会主义意识形态建设研究。

的螺旋提升。

一、话语争夺：意识形态话语权的"革命"建构

"革命"话语承载着中国人民的集体记忆，亦是"中国共产党意识形态的核心话语"。[1] 当前要推进马克思主义"革命"话语的中国化，回应中国共产党的革命诉求，明晰党的意识形态话语权建构的理论源流、实践面向和未来指向，在守正创新马克思主义意识形态话语中，提升中国共产党意识形态话语权。

（一）马克思主义"革命"话语中国化的开启

中国的近代史，是救亡图存的历史，其实质内含的是不同意识形态话语权在中国争夺的历史。鸦片战争清政府的战败，使得有识之士已经意识到封建主义的落后，他们纷纷探索民族独立与复兴之道，资本主义、改良主义等多种社会思潮和意识形态轮番登场，但无一不仓促收场。历史的灾难总是铺陈着历史的进步。马克思主义的出场，尤其十月革命的胜利，表明"马克思的社会主义，已经在俄国完全实现了"，[2] 这使得李大钊、李达等早期中国共产党人意识到"中国革命同样需要马克思主义指导"。[3] 马克思主义在批判旧世界中建立新的世界，"批判旧世界"的主要方式就是"革命"，即无产阶级要通过"革命"成为统治阶级，实现社会制度的革命性变革。"革命"话语俨然已经成为马克思主义意识形态的核心话语。生于革命中、长在革命里的中国共产党将马克思主义的"革命"话语中国化，开始了探索具体化、本土化的中国"革命"话语的道路。

革命年代的马克思主义中国化，实质上是"革命话语的马克思主义"[4] 的中国化。这是当时的革命斗争和意识形态斗争的形势使然。一方面是意识形态斗争的需

---

［1］ 唐爱军.从"革命"到"改革"——论中国共产党意识形态的话语变迁［J］.浙江学刊，2017（4）.

［2］ 建党以来重要文献选编（1921—1949）：第1册［M］.北京：中央文献出版社，2011：501.

［3］ 陈金龙.十月革命与中国共产党早期革命话语的建构［J］.历史研究，2018（4）.

［4］ 唐爱军.从"革命"到"建设"——马克思主义中国化的话语体系转换［J］.上海师范大学学报（哲学社会科学版），2015，44（2）.

要。1921 年，中国共产党选择了马克思主义。无论从政党的组织形态还是从马克思主义的意识形态而言，都必然遭到资本主义、无政府主义等意识形态的诘难。中国共产党依托马克思主义的"革命"话语，驱散了中国语境中的各种意识形态"迷雾"，使得马克思主义意识形态话语脱颖而出。另一方面，从革命斗争形势来说，战争与革命是当时的时代主题，亦是中国共产党的时代任务，承接马克思主义的"革命"话语是指导中国革命的最优解。以毛泽东为代表的中国共产党人利用马克思主义的阶级斗争理论来分析中国革命的主体框架——领导主体、依靠力量和革命对象。中国共产党运用马克思主义及其中国化的意识形态话语来凝聚中国人民，使科学理论为人民群众所掌握，将其"变成物质力量"，进行"武器的批判"[1]，取得新民主主义革命的胜利。正是在中国革命中，创造性地运用马克思主义"革命"话语，形成了"人民群众""阶级斗争"等中国化的"革命"话语，使得中国共产党的组织基础不断增强、马克思主义的人民根基不断巩固、中国共产党的意识形态话语权不断提升。

（二）在思想中守正马克思主义意识形态话语

新民主主义革命并不是一帆风顺的，即马克思主义"革命"话语的中国化建构亦不是一帆风顺的，而是需要在与各种社会思潮和意识形态的斗争中开辟道路。因此，必须要守正马克思主义的指导地位，推进意识形态话语的中国化。一方面，要同各种非马克思主义的思潮进行斗争，尤其是建党初期的革命运动的失败。虽然客观上与反革命物质力量的强大以及资产阶级的摇摆、国际共产主义的错误指挥有一定关联，但是，更主要的是主观原因，即处在幼年时期的中国共产党在对于如何进行武装斗争、如何进行意识形态话语争夺等方面缺乏经验。资产阶级的动摇不仅是因为反革命力量的强大，更是因为其处在马克思主义意识形态话语的边界之外。另一方面，守正马克思主义就是要实事求是地理解和运用马克思主义。马克思主义作为一般性原则和普遍性真理，其作用发挥要与具体的实际情况结合。国际共产主义的错误干预在于不了解中国，将苏俄的革命经验生搬硬套于中国，造成了革命运动的失败。此外，还有"左"倾思想、全盘西化等思潮，严重影响了马克思主义的真

---

[1] 马克思恩格斯选集：第 1 卷［M］.北京：人民出版社，2012：9.

理发挥，刻板套用马克思主义的经验，忽视了中国革命的实际情况。因此，守正马克思主义意识形态话语，就要不断实现马克思主义意识形态话语的中国化，以中国语境的意识形态话语与错误思潮进行斗争。

　　加强党的自身建设，凝练出中国化的马克思主义意识形态话语是中国共产党进行思想斗争的重中之重，因为"只有充分把握党内话语权才能够减低由于外部的干扰力量而产生的消极作用"。[1]中国共产党向农村进行战略转移之后，农民党员的占比不断提升，在人民军队中亦是农民和小资产阶级占多数，导致各种意识形态渗透党内；此外，还有以王明为代表的第三国际奉行"左"倾教条主义。因此，如何加强党的自身建设成为中国共产党的重要课题。抗日战争时期，中国共产党员的思想不统一、马克思主义理论素养和信仰不坚定，严重危害党的肌体健康成长。因此，中国共产党逐渐意识到马克思主义不是教条，而是具体化的行动指南，从党内和党外两个场域进行意识形态话语权的争夺和建设。在党内，加强党员的意识形态教育，尤其是1942年前后的延安整风运动，破除教条主义的错误引导，明确了中国共产党的意识形态立场和话语争夺，在组织形态和思想上形成强大的全党合力。在党外，成立专门的宣传机构，利用报纸、戏剧、漫画等多样化载体进行马克思主义意识形态宣传，尤其是在国统区的意识形态宣传，极大地扩大了中国共产党意识形态话语权的辐射范围，得到了更多的中国人民的支持和认同，凝聚起更多人民合力，为中国革命的胜利奠定了思想舆论和人民群众的坚实基础。

（三）中国特色革命道路的探索

　　无论是在国统区还是革命根据地，中国共产党都没有放弃将党的基本主张与理念、意识形态话语通过报刊等形式对人民群众进行有效教育。尤其是在中共苏区和农村革命根据地，中国共产党将马克思主义意识形态话语通过一系列的制度安排融入人民群众的生活当中，实现了制度设计与日常生活的双向互动。首先是回应根据地人民群众的利益诉求——掌握土地。中国共产党科学分析农村的各阶级状况，明确中国革命的依靠力量是农民，尤其是贫困的农民。相继颁布《井冈山土地

[1]　林国标.中国社会主义意识形态发展史：马克思主义哲学中国化的视角［M］.长沙：湖南人民出版社，2007：138.

法》《兴国土地法》等政策文件，不断完善土地革命思想，实现了人民对土地的千年诉求，为提升中国共产党意识形态话语权奠定了经济基础。其次，中国共产党将马克思主义的反贫困理论、农民理论运用于中国实践，选择了扎根农村的革命道路，以农村为革命星火，形成全国胜利的熊熊火焰。包括新民主主义政治、经济、文化纲领在内的新民主主义革命理论，科学凝练了中国共产党的新民主主义革命的基本理念和主张，亦形成独具中国革命特色的政治话语、经济话语和文化话语。最后，中国共产党在农村建立起自己的红色政权以及一系列的配套制度。以土地制度的实施来回应人民群众的经济需求、以文化文艺制度的执行来提升人民群众的思想修养、以教育制度来加强对农民的意识形态教育和党员的马克思主义信仰培养等，通过正式制度的制定和落实，推进党的主张、理念走进人民群众的日常生活。

制度的创新和设计本身就是意识形态话语权的表征，制度的实施过程就是将党的意识形态话语融入人民群众之中，获得人民群众的支持和认同的过程。而"意识形态的全部内涵和秘密都深藏于它的意向性对象——社会存在，即人们的实际生活过程中"，[1]因此意识形态必须始终指向人民群众的日常生活，构建意识形态话语权才能掌握人民群众。农村革命根据地的开辟、革命道路的开辟、中国革命的胜利等，其根本原因都在于农民群众的支持，在于中国共产党带领中国人民正在走向一个可期的美好未来，因而中国共产党的意识形态话语能够得到人民群众的支持和认同。在实践过程中形成的群众路线是马克思主义"革命"话语在中国场域中的创造性运用，"一切为了群众，一切依靠群众"回答了中国共产党意识形态话语权建构的价值归属和动力源头，"从群众中来，到群众中去"彰显了中国共产党意识形态话语权的人民底色，在坚守马克思主义人民立场的同时，提升了党的意识形态话语的吸引力。群众路线是党的生命线，是毛泽东思想的灵魂，是中国革命、建设和改革的制胜法宝。中国共产党回应人民群众的利益诉求，将党的意识形态话语与人民需求相互嵌入，实现了意识形态话语权的日常生活面向。

[1] 俞吾金.意识形态论（修订版）[M].北京：人民出版社，2009：73.

二、话语巩固：意识形态话语权的国家"建设"

（一）意识形态话语权的新中国表达

抗日战争胜利以后，国共两党之间不同的立国方案不仅反映了不同中国道路和社会制度抉择的问题，更彰显了不同意识形态之间的分歧。面对"中国向何处去"的时代难题，存在两种意识形态话语的斗争，最终国民党所代表的资产阶级意识形态在代表人民的马克思主义意识形态面前黯然失色。中国共产党人带领中国人民推翻了反动统治，成立起代表人民的新中国。社会形态的变革、社会制度的创新使得"中华民族走上了实现伟大复兴的壮阔道路"，[1]即社会主义道路。也正是因为中国共产党始终坚持人民中心的意识形态话语和制度设计，才能够跳出"历史周期律"的梦魇，"直到将来实现社会主义"。[2]新中国的成立、中国共产党执政地位的确立，是马克思主义意识形态及其话语权制度化的重要标志。随着国民经济恢复和社会主义改造、确立社会主义制度，新中国在批判与建设中塑造了马克思主义意识形态话语。

一方面，批判并清除落后的意识形态惯性对人民群众的持续影响。中国共产党手中的新中国不是一片科学意识形态的生态"绿林"，而是不同时空的意识形态汇聚的集散地，甚至是落后意识形态的"垃圾场"。封建主义、资本主义等意识形态的"死尸气"依然在影响着人民群众的思想认识，清除非马克思主义的意识形态毒素，是构建新中国意识形态话语权的重要前提。同时，各种意识形态因素依然在加强对中国的渗透，尤其是西方资本主义意识形态利用和平演变、军事压制、经济封锁等手段来压缩马克思主义意识形态的成长空间。抗美援朝的胜利、反动势力的清除，回击了落后意识形态对中国共产党及其意识形态话语权的抹黑和攻击，净化了新中国的舆论环境，亦为人民群众的意识形态教育夯实基础。

[1] 习近平.在庆祝中华人民共和国成立 70 周年大会上的讲话［N］.人民日报，2019-10-02.
[2] 建党以来重要文献选编（1921—1949）：第 15 册［M］.北京：中央文献出版社，2011：571.

另一方面，建设社会主义意识形态并向人民群众进行宣传和教育。无产阶级无法自发产生科学意识形态，只能从外部对其进行科学教育。中国人民长期处在封建主义、帝国主义的意识形态"包围圈"中，只有通过社会主义意识形态的"普照光"驱散"迷雾"。毛泽东特别强调通过改革教育制度和建立"宣传网"制度来推进社会主义意识形态的大众化和生活化，尤其是对知识分子的改造，使他们为社会主义事业服务，"使他们关心共产党员所做的事情"。[1]在顶层制度的设计和日常生活面向的双向互动中，中国共产党意识形态话语权不仅在净化舆论环境中得到巩固，更在人民群众的认同和支持中得到了升华，使得党的意识形态、国家的制度建设与人民群众的生活嵌入更加紧密。

（二）制度建构：意识形态话语嵌入社会管理的纽带

作为社会有机体的重要组成部分的意识形态，如何通过制度安排和落实来形塑人民的精神世界，加强人民群众对新中国意识形态话语权的认同和支持，是作为执政党的中国共产党亟须解决的时代问题。社会主义制度的建立是科学社会主义在中国的具体化实践成果，亦是中国共产党孜孜以求的政治目标，更是社会主义意识形态话语的重要范畴。因此，意识形态话语必然要贯穿在社会主义制度总体架构的各项具体制度中。新中国在"以苏为师"的政策、原则驱动下，建立了各类资源高度集中的计划经济体系。在农村，建立人民公社等集体经济组织，共同劳动并集体参与产品分配等一系列的体制安排；在城市，依托单位制等体制对人民群众组织化、网格化的管理，并通过"宣传网"制度、鼓动员制度将党的系统性、组织化的管理理念融合到人民生产生活的社会管理当中，使得人民群众得到前所未有的政治认同。土地革命、经济恢复等提升了人民群众的生活水平，使得社会主义意识形态话语得到人民的认同。

在经济领域，中国共产党首先着手的是恢复国民经济以提升人民群众的生活水平，以保障日常生活的正常运转。以社会主义改造完成为标志，中国逐渐建成了比较完整的工业体系。在农村，继续改革与完善土地制度，以苏联的"公有化"为标准，以人民公社为中心，不断提升农村的公有化程度，力求不断接近共产主义理

---

[1] 列宁选集：第4卷［M］.北京：人民出版社，2012：305.

想。以共产主义和公有化为意识形态话语号召，极大地推动了农村生产力的发展。在城市，进行手工业和商业的社会主义改造，空前地激发了人民群众的建设热情。中国共产党领导经济领域的改造成果使得中国人民的建设积极性高涨，实现了生产关系、阶级阶层结构的优化，并产生了"公有化""人民公社""工业化"等一系列的意识形态话语创新。

在政治领域，新中国的成立已经使得中国人民拥有了前所未有的民族自豪感，文化自信和意识形态自信得到极大的提升。围绕社会主义的根本任务，借鉴巴黎公社、苏联的制度建设经验，确立人民代表大会制度等政治制度，使得底层人民的政治地位空前提升。计划经济制度和民主政治制度的创新安排，体现了中国共产党意识形态话语的重大革新，更回应了人民群众的经济夙愿和政治追求。中国共产党带领人民取得重大成就，使得人民群众对意识形态话语权形成总体性的认同和支持，但是，"这一总体性治理框架的实践并不能完全消除人们通过策略性行为维护与日常生活有关的社会空间的努力"，[1]特别是高度集中的计划经济体制的弊端随着生产力的发展而逐渐显露出来，需要深层次的改革来推进国家建设进程和人民生活质量的提升，以继续得到人民群众的支持与认同。

（三）主体认同：制度嵌入生活的合理张力

理论与实践之间需要保持合理张力，正如国家层面意识形态话语与日常化的意识形态话语并不能完全一致。中国革命时期，虽然"马克思主义的理论性与实践性统一于中国共产党推进马克思主义中国化的理论逻辑与开辟中国道路的实践逻辑中"，[2]但是，更加强调科学社会主义在中国的具体化应用，更趋于实践性的应用。新中国成立初期，亦是如此。面对国内外不同意识形态势力和话语压力，如何彰显社会主义制度的优势，将人民群众争取到社会主义话语"群"中来，是中国共产党面临的迫切问题。新中国亦是从人民群众的思想统一入手，以思想整合来推进社会管理，将其"作为社会统合的基础"。[3]中国共产党通过具体

［1］张虎祥．制度与生活：中国社会认同的变迁［J］．探索与争鸣，2019（6）．

［2］刘同舫．马克思主义基本问题的辩与思［J］．南京师大学报（社会科学版），2021（1）．

［3］李友梅，黄晓春，张虎祥等．从弥散到秩序："制度与生活"视野下的中国社会变迁（1921—2011）［M］．北京：中国大百科全书出版社，2011：116.

的制度安排和执行将国家意识形态话语权输送到人民群众的内心，使其形成人民认同和社会认同。然而，总体性的意识形态认同并不能完全消弭人民的策略性选择行为，即制度实施与人民群众的选择接受之间存在距离与张力。保持制度嵌入人民群众日常生活的合理张力是处理好国家、集体与个人之间关系的重要纽带和方法。

新中国成立初期的统一性的意识形态话语认同来源于人民群众参与革命与成立新中国的共同性。从国共两党"和平民主建国"的失败到毛泽东对"历史周期律"的深入探索，从人民站起来的民族自信到人民群众的经济、政治利益的保障，人民群众的意识形态认同和身份认同一直贯穿其中，尤其"工人""农民"的身份标识的明确和身份群体的扩大，更加强化了人民群众的意识形态话语认同。人民群众围绕在社会主义制度和社会主义意识形态话语的周围，革新与重塑了新中国的社会秩序。尤其是在经济领域，一整套的社会管理体系将"工人""农民"的社会阶层"束缚"在特定的坐标质点上，整个社会都在社会主义意识形态话语的引领和熏陶中有序前行。但是，这并不意味着国家意识形态话语权已经完全占领了人民群众的日常生活，实现了二者的完全并轨。尤其是在基层农村，由于传统思想文化惯性，某些传统的社会管理手段依然能够发挥重要作用；人民亦不能完全抛弃历史和过去，传统的意识形态影响依然在一定范围内存在。因此，社会主义制度作为一种先进的意识形态的表现形态，却也不能完全同化日常生活，即制度设计与日常生活之间必然存在"缝隙"与合理张力，社会主义意识形态话语要经过长久积累来消除人民内心的落后意识形态的惯性影响，创新性地塑造人民群众的精神世界。

三、话语调试：意识形态话语权的"改革"创新

（一）开启改革开放的"人民"支柱

马克思指出，与其说劳动人民是市民社会最底层的阶层，不如说他们是市民社会生存发展的支柱和基石。而"制度与生活"研究范式的核心在于通过各种具体制度的实践过程，来洞察不同行动主体的行为反应，通过自身选择来塑造制度与日常

生活之间的合理张力及边界。尤其是底层人民群众的回应，是检验改革开放成效的"晴雨表"。在改革开放前，尽管总体性认同占据主导地位，但自主性认同依然存在，尤其是改革开放初期，在制度与日常生活的此消彼长中，人民群众的自主性要求逐渐显现出来。人民群众的多样利益诉求要求革新意识形态话语，完善制度设计来回应日常生活的变化，这亦是开启改革开放的价值推动和意识形态话语创新的内在需要。在人民群众需要的现实逻辑和意识形态话语创新、生产的理论逻辑的互动中，开启改革开放是必然选择。

改革开放事业的推进离不开人民群众的支柱性作用，因此要回应人民群众的利益需要，使其成为"行动着"的中国共产党意识形态话语的代言人。正如习近平总书记所说的，推进改革开放事业是"基于对人民群众期盼和需要"[1]做出的重大决策。经历了封建主义、资本主义等制度的残忍压迫剥削之后，人民群众对于美好生活需要的愿望日趋强烈。旧制度的消灭，尤其是旧的意识形态话语的清除是一项长期任务，而新制度的建构，特别是新的意识形态话语的建立亦是如此。中国共产党在建设社会主义制度过程中，不断清除旧的意识形态话语对人民群众的影响，以社会主义意识形态来占领人民群众的思想阵地。从历史纵向来看，人总是一定历史环境中的人，人民群众在封建主义、资本主义等落后意识形态的"迷雾"中易迷失自我，"小农经济"、高度集权的制度和机制已经束缚了人民群众的思想自由和生产力的发展，不拨开意识形态"迷雾"就无法真正回应人民群众的需要，人民群众的"支柱"之力亦无法发挥。就现实的横向逻辑而言，社会主义事业就是为人民谋取幸福的伟大事业，社会主义意识形态话语也必然要成为人民群众的话语，这就需要从物质生产和精神满足两方面同时发力。在物质生产方面，通过改革与开放，推动生产力的发展与人民生活水平的提升来激发人民群众对社会主义制度和意识形态话语的认同。在精神方面，不断进行马克思主义的大众化、日常化的转向，对人民群众进行意识形态教育，将各领域、各层次的制度建构和安排融入人民群众生活当中，以此来提升中国共产党意识形态话语权的成长空间。

---

[1]　习近平.在庆祝改革开放40周年大会上的讲话［N］.人民日报，2018-12-19.

（二）中国国情：意识形态话语创新的坐标系

"建设社会主义,最后进入共产主义社会"[1]是中国共产党人的初心使命和话语追求。改革开放以后，中国共产党继续深化对社会主义本质，党的基本原则等意识形态话语的理解和认识，使得人民群众逐渐摆脱过去"左"的、右的等错误思想的枷锁，"解放思想"与实践标准等话语逐渐深入人民心中。但是，破旧局与立新局总是存在差异的。中国共产党的意识形态话语创新必然要从新的现实情况出发，并服务于新的实践。

一方面要打破人民群众的思想枷锁，推进中国共产党意识形态话语创新。不仅要正确评价第一代领导集体的是非功过，承认中国共产党曲折探索中的"弯路"，更要强调社会主义建设的突出成就，给改革开放奠定的物质基础和思想基础，尤其是要"完整准确地理解毛泽东思想"。[2]同时要警惕西方资本主义意识形态的渗透。尤其是中国在改革开放、走向世界的同时，也给西方意识形态渗透以便利通道。新自由主义话语范式误读改革开放，将"先富带后富"贴上"去意识形态"标签，"意识形态终结论"等一系列西方意识形态的渗透，阻碍着中国人民的思想解放和改革开放的实践进程。因此，进行意识形态话语创新是回击西方意识形态话语的挑衅和渗透，维护人民群众的思想阵地，引领改革开放进行到底的应有之义。另一方面，要不断进行意识形态话语的生产与创新。40多年的探索足迹，中国共产党解决了许多核心命题，并"以话语形式落实到人们的社会生活之中"。[3]"建设中国特色社会主义"是改革开放的核心主题，已经载入宪法和党章；马克思主义与中国化的马克思主义亦是如此，并且已经上升到"根本制度"的高度，《关于培育和践行社会主义核心价值观的意见》已经成为社会主义核心价值观制度化建设的重要标志。此外，十九届四中全会还完善了"中国特色社会主义文化制度"，将社会主义市场经济体制提升到"基本经济制度"的层次等，这一系列的制度创新安排和意识形态话语生产，充分彰显社会主义制度的强大生命力，亦为人民群众对美好生活的需要提供了嵌入前提。改革开放40多年，中国制度不断完善，人民需要层次不断

[1] 十二大以来重要文献选编：中［M］.北京：人民出版社，1986：739.

[2] 十七大以来重要文献选编：上［M］.北京：中央文献出版社，2009：402.

[3] 刘伟.意识形态生产的三种形态：知识、话语和权力［J］.马克思主义与现实，2018（1）.

提升，制度设计与日常生活的互动性不断增强，意识形态话语力量亦在不断张扬。

（三）利益整合：意识形态话语是深入民心的黏合剂

意识形态是表达特定阶级利益的思想体系，无论从思想上层建筑、思想体系，抑或是社会有机体的要素构成来理解意识形态，都离不开物质利益的支撑。改革开放以来，人民群众的利益诉求和利益关系更加多样和复杂，"强化主流意识形态对社会群体思想的有效整合"[1]是中国共产党意识形态话语权建设的时代任务，亦是提升人民日常生活质量的重要表征。计划经济时代，国家意识形态话语的总体性认同占据主导地位，个体认同的日常空间逐渐被压缩，这也是集体主义意识形态教育的结果。但是，改革开放以后，中国突破了计划经济与市场经济的意识形态对立，认为市场经济与制度形态并不是"捆绑"关系，而是能够与不同社会制度进行组合。从"计划经济"到"商品经济"、从"社会主义市场经济体制"到"基本经济制度"，中国共产党实现了生产领域的话语创新。这不仅是为增强意识形态话语权夯实经济基础，更以生产话语创新来回应人民群众的利益诉求，通过利益整合来巩固主流意识形态的"黏合"作用。

以经济建设为核心的改革开放，不断强化经济领域的意识形态话语。从 20 世纪 80 年代的城市经济体制改革和农村的家庭承包责任制的实行，到 21 世纪中国融入经济全球化，成为世界经济发展的重要引擎，在实现自身经济腾飞的同时，也积极关注世界经济的发展。因此中国在经济领域的意识形态话语在国内场域抑或在国际场域都得到极大的提升。就国内而言，中国已经改变落后的生产的局面，开始生产力的"内涵式"发展，即强调生产力的内部因素的优化，向高质量发展的方向迈进，发挥创新在经济发展中的关键作用。从国际场域看，中国经济对世界经济发展有着卓越贡献，十九届五中全会更提出"国内国际双循环"的战略构想，打造中国与世界共同走向的"新发展格局"。然而，经济发展和利益整合的背后是意识形态话语争夺的"战场"。中国迈向高质量发展的新阶段，以满足人民群众的美好生活需要，来凝聚人民群众的意识形态合力，从而建设更好、更强的中国特色社会主义。习近平总书记主张以马克思主义政治经济学为研究范式，建立中国特色社会主

---

[1] 岳爱武，张尹.利益分化格局下中国共产党意识形态整合工作提升策略［J］.河海大学学报（哲学社会科学版），2018，20（1）.

义政治经济学思想，力求摆脱西方经济学的范式限制。实际上，就是要摆脱西方经济学话语和标准对中国经济的"解读"，建构符合中国实际的政治经济学话语范式。这是意识形态话语权建构的未来着力点，也是逐渐重塑人民群众的日常话语的重要目标。

四、制度化建构：中国共产党意识形态话语权建设的未来趋向

制度化内含着制度设计、制度创新与完善的动态过程，正好恰切了人民群众美好生活追求的动态过程。以"制度与生活"的研究范式来审视和回眸中国共产党的百年历程，总结和学习意识形态话语权建设经验，从而不断提升中国共产党新时代社会主义意识形态的话语权。

（一）话语主体：多元协同，激发意识形态话语生产力

话语生产作为意识形态生产的重要环节和内容，在中国语境中表现为中国话语，而"中国话语，本质上是中国道路的理论表达，中国经验的理论提升"[1]。无论是理论表达还是理论提升都离不开"现实的人"的主体作用，因而明晰话语主体是中国共产党建设、掌握意识形态话语权的重要前提。首先就要强化中国共产党的领导主体作用。无论是意识形态生产、执行抑或完善，都离不开党的领导和组织。回顾百年历程，中国共产党在推进"马克思主义制度化"过程中不断完善"党的领导制度体系"。从马克思"革命"话语的建构到马克思主义成为新中国的指导思想、再到新时代意识形态领域的制度设计与完善，无一不彰显了党的领导这一最根本的制度优势。其次要发挥多元主体协同配合的合力作用。提升意识形态话语权不是中国共产党这一主体的专属，而是多元主体协同配合的过程。特别是党的十八大以来，习近平总书记多次强调意识形态的多元主体的协同治理，发挥政府、各级党组织、互联网企业等不同主体的协同作用，落实网络意识形态工作责任制、《网络安全法》、互联网行业自律条约等，形成矢量合力来推进中国共产党意识形态话语权

[1] 陈曙光.中国话语与话语中国［J］.教学与研究，2015（10）.

建设。

（二）话语主题：凝聚内核，提高意识形态话语吸引力

意识形态话语的吸引力很大程度取决于意识形态内容的创新性，中国共产党要立足时代要求，回应人民关切，科学设置意识形态话语主题，进而巩固全体人民共同的思想基础。首先制度设计要回应人民群众生活需要。中国的制度设计内嵌着人民群众的思想观念、价值诉求，必然也要回到人民群众的生活中发挥作用。通过文化熏陶、价值观引导等方式形成意识形态认同，进而在实践中形成对制度的认同和支持。在满足生活主体的制度需要与制度认同中不断提升意识形态话语的成长空间。正如十九届四中全会所提出的"马克思主义在意识形态领域指导地位的根本制度"，[1]不仅仅涉及意识形态领域，更是"政治、经济、社会、军事等领域的全方位要求"。[2]其次，要推进中国共产党意识形态话语的大众化和生活化。意识形态是根植于人民生活之中，并通过语言表达出来的精神和观念。正如马克思、恩格斯指出的，"思想、观念、意识的生产最初是直接与人们的物质活动，与人们的物质交往，与现实生活的语言交织在一起的"。[3]列宁也同样指出，"最马克思主义＝最通俗和朴实（转化）"[4]。可见，马克思主义意识形态话语从人民群众的生活实践中来，必然要以"话语"的形式回到人民群众中去。党的十八大以来，习近平总书记不断用人民话语来表达党和国家的正确主张和目标追求。以"中国梦"表达民族复兴的战略目标，以"地球村""国家治理新领域"等表达网络社会治理的战略定位等，无一不彰显了习近平总书记的人民情怀和人民关切。最后，要让马克思主义说"中国话"。习近平总书记在庆祝中国共产党成立100周年大会上强调，要把"马克思主义基本原理同中国具体实际相结合、同中华优秀传统文化相结合"。[5]数千年的中国以文化立世，其文化影响力早已遍布世界各国。在日趋全球化的今天，中国的改革发展要凸显中国特色，就要创新发展优秀传统文化——中国人民的血脉根基，

［1］习近平谈治国理政：第3卷［M］.北京：外文出版社，2020：126.

［2］朱继东.科学理解坚持马克思主义在意识形态领域指导地位的根本制度［J］.马克思主义研究，2020（10）.

［3］马克思恩格斯选集：第1卷［M］.北京：人民出版社，2012：151.

［4］列宁全集：第30卷［M］.北京：人民出版社，2017：422.

［5］新华社评论员.在"两个结合"中继续推进马克思主义中国化［N］.新华每日电讯，2021-07-05.

将其与马克思主义融合并不断创新，对中国人民千年实践中创造出来的话语进行提炼与改造，更好引起人民的情感共鸣与认同，彰显中国共产党意识形态话语的人民底色、中国特色。

（三）话语传播：整合载体，扩大意识形态话语影响力

宣传思想工作的有效性方能彰显中国共产党意识形态话语的"道义力量和思想影响"，也是提升中国共产党意识形态话语权的关键一步。党的十八大以来，习近平总书记主要从两个维度阐述了意识形态传播。第一是媒体融合传播。互联网的独特优势、大数据的"4V"特点，给新时代意识形态话语传播带来前所未有的机遇，使得"意识形态建设所依赖的传播手段和载体发生了根本性的变革"，[1]因此我们必须抓住机遇，识变求变。习近平总书记提出媒体融合战略、大数据战略、"全媒体传播工程"等制度化措施来推进意识形态话语传播，不断推动传统媒体与主流媒体的优势互补，提升主流意识形态话语的传播的广度、深度和力度，从而掌握中国共产党意识形态话语建设的主动权。其次是中国共产党意识形态话语的国际传播。从理论视域看，马克思主义作为全人类的思想财富，中国化马克思主义作为其重要组成部分，"必须实现'传播视域''传播方法''传播话语'的'国际转向'"。[2]从全球治理变革的现实视域来看，当前全球治理体系深刻变革，制度体系需要转型，中国话语不能缺席。正如习近平总书记所言，"各国关系和利益只能以制度和规则加以协调，不能谁的拳头大就听谁的"。[3]当今世界已经不是由金钱和暴力决定的世界，必须不断加强国际合作，展现人类命运共同体的"共同价值"，展现中国特色社会主义的制度优势，"向世界展现一个真实的中国、立体的中国、全面的中国"，[4]推动国际制度与秩序的变革与完善。

［1］王永贵.不断开辟中国特色社会主义意识形态建设的新境界——新中国70年意识形态建设的历程、经验和新时代前景［J］.当代世界与社会主义，2019（5）.

［2］莫凡.推动中国化马克思主义对外传播［N］.中国社会科学报，2021-03-09.

［3］习近平.在联合国成立75周年纪念峰会上的讲话［N］.人民日报，2020-09-22.

［4］习近平.在中国国际友好大会暨中国人民对外友好协会成立60周年纪念活动上的讲话［N］.人民日报，2014-05-16.

"革命化"的仪式运作：
基于中央苏区时期纪念活动的考察

吴承望[*]

摘　要：将革命理念延伸至乡土社会深处，实现对离散型农民的整合和对农村社会的革命化是中国共产党开展革命的独特优势。中央苏区时期，中国共产党通过纪念日的确立、筹备以及展演，实现了象征仪式的生产，并且还由此建构起一套以"仪式生产—权力建构"为核心的图示化革命仪式动员系统，从而在传达苏区革命讯息，增强社会群众团结感以及建构苏区政权合法性等方面发挥了显著的成效。同时，这一革命仪式动员系统也为分析中央苏区时期的革命动员和分析民众革命情感的触发提供了特殊的视角。

关键词：纪念活动；仪式；革命；动员

中央苏区时期作为共产党将革命从城市转向乡村的重要阶段。在这一阶段，如何实现革命的"在场"和广泛的社会动员是共产党人的重要使命与追求。仪式可以作为分析苏维埃革命的重要切入点，为理解外来的苏维埃运动与传统乡土社会的结合提供了一个新的视角。人类学家科泽认为"没有仪式和象征，就没有国家和政治"[1]，表明了仪式与政治紧密相关。走进中央苏区时期乡土社会的深处，不难发

---

* 吴承望，中共湖南省委党校中共党史专业2019级硕士研究生，研究方向为中国近现代社会变迁、中共党史。

[1] ［美］大卫·科泽.仪式、政治与权力［M］.王海洲，译.南京：江苏人民出版社，2015：1.

现，革命化的仪式充斥于整个苏维埃地区。据一项报告称："群众集会在赣西南成了经常工作，每月至少有四五次大的示威游行。"[1]而纪念活动作为其中的一项重要仪式，为苏维埃革命的生存和发展提供了必要的养分，触发和调动了农民群众参与革命的热情。

关于"纪念史"的研究逐渐成为党史研究中的热点话题。现有研究中，既有对纪念史跨阶段的宏观把握，也有针对某一阶段或专题的微观考察。但从"仪式运作"出发，从整体上把握和分析中央苏区时期的纪念活动的研究还较为零散，缺乏系统的论述。有鉴于此，本文以中国共产党在中央苏区时期的纪念活动为主题，透视在这一革命化的仪式运作之下，中国共产党是如何构建出一整套具有图示化的革命仪式动员系统，通过纪念活动从符号到象征再到权力连续性转换实现革命的动员，以期全面且深入地了解中央苏区时期的乡土社会和农民群众的心灵世界。

一、图示化革命仪式动员系统：一种分析框架

当时囿于外部的强大军事压力和内部资源急需整合的社会困境，中央苏区时期的共产党往往通过开展广泛的群众运动来进行政治动员。其中纪念仪式作为群众广为接受的一种群众运动，能够将群众有效组织起来，实现既定的政治目标。正如米格代尔（Migdal）所言："中国革命者不是组织自身去制造暴烈的群众起义，而是把群众组织起来，创造出比他们敌人更强大的系统性的体制。"[2]因此，纪念仪式并非只是单纯的纪念，其主要的目的是通过从符号到象征再到权力的连续性转换实现革命的动员，它不同于以往"党、政、军、民、团体"一体化的动员组织系统，以"仪式生产—权力建构"为核心构成的"图示化革命仪式动员系统"，成为理解中央苏区时期革命动员组织系统的一个新视角。（详情见图1）

[1]　张怀万.巡视赣西南报告［M］//中央革命根据地史料选编：上.南昌：江西人民出版社，1982：189.

[2]　［美］J.米格代尔.农民、政治与革命——第三世界政治与社会变革的压力［M］.李玉琪，袁宁，译.北京：中央编译出版社，1996：215.

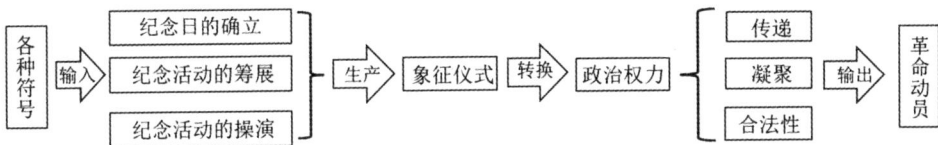

图 1　图示化革命仪式动员系统简图

"图示"是一个源自认知心理学中的概念。它实际上指人在感知接受信息时，会利用早已经存在的知识系统来认知，而这种组织化的知识系统便为图示。科泽认为"我们的观念都是图示的产物……社会图示是抽象的象征系统，构造着我们对社会世界的认知"。[1] 对于中央苏区的农民而言，延续几千年的家户制使得当地农民长期聚居于家庭内部，这种传统认知图示主导着他们的观念世界。当共产党深入乡村，以革命图示与之接触时，势必会与当地农民的传统认知图示产生冲突。为了有效缓和冲突，共产党通过革命化的仪式运作来逐渐改变农民的深层心理，促使农民走出家庭私人空间而迈向乡村社会的公共空间，以期调动农民的革命热情，进而吹响革命动员的嘹亮号角。因此，图示化革命仪式动员系统本质上就是通过象征仪式来勾连传统认知图示和革命认知图示，并为革命理念最终占上风提供平台和渠道。这一动员系统存在两重转换，一是将符号转换成特定的革命象征，二是将象征仪式转化为政治权力。前者是仪式生产的过程，后者是政治权力的建构。

二、从符号到象征：中央苏区时期纪念活动的仪式生产

皮尔斯（Charles Peirce）将符号分为图像、指索和象征三种类别，其中象征符号是人类运用最多也是最为广泛的符号。所谓象征符号，即指一种符形与对象之间没有相似性或直接联系的符号，它可以自由地表征对象。中央苏区时期各种象征符号散布在各根据地，最为明显的就是随处可见的标语、口号、传单，等等。事实上，类似标语之类的象征符号可以象征多种含义，但将其与特殊的革命象征相连

---

[1] ［美］大卫·科泽.仪式、政治与权力［M］.王海洲，译.南京：江苏人民出版社，2015：92.

接，不仅需要在内容上彰显出革命理念，同时还需要特定的中介——"革命仪式"来赋予某项符号特定的象征内涵。其中中央苏区时期的纪念活动作为一种特殊的政治仪式，它通过前幕、筹展和操演三个阶段完成了革命仪式的生产，并在此过程中实现了某些符号到特定革命象征的转换。

（一）前幕：纪念日的筛选与确立

纪念是通过一定的仪式和程序，定格和放大特定的历史人物和事件，来唤起人们的历史记忆，影响人们的情感和行为，以达到预期目标的文化活动。[1]中央苏区时期，共产党为了更好地融入乡村社会，通过展开各式各样的纪念活动以凝聚党心、民心和军心。然而共产党在具体的纪念活动选择上也并非随心所欲，它既有针对历史人物和事件的纪念，也会沿袭国际传统惯例，同时也会根据时势的变化作出相应调整。总体而言，中央苏区时期的纪念日分为以下几种类型：

一是针对特殊历史人物的纪念。比如对马克思、列宁等无产阶级革命家和李卜克内西（Karl Liebknecht）、卢森堡（Rosa Luxemburg）等国际共产主义战士的纪念。如为了纪念马克思逝世五十周年，中央局特意准备创办马克思共产主义学校，以求广泛地系统地传播马克思所创造的共产主义。[2]并且在该学校开学之时，通过举办隆重的开学典礼仪式来勉励学生努力学习马克思列宁主义。[3]此外，为了纪念列、李、卢作出的重要贡献，一份报告曾高度评价道："列宁是世界革命的导师，李卜克内西和卢森堡号召了全世界无产阶级起来以阶级战争来消灭帝国主义战争。"[4]

二是选择纪念具有重大意义的国内外历史事件。比如在中央苏区时期，共产党主要纪念了国际上的巴黎公社、国内1923年发生的"二七"惨案（京汉铁路大罢工遭暴力镇压的流血事件）、1925年发生的"五卅"事件与沙基惨案（广州工人和学生声援五卅遭英法军队的突然袭击而导致的六二三惨案）、1927年大革命失败后发生的广州暴动、1929年的"八卅"事件（彭湃、杨殷、颜昌颐、邢

---

[1] 童小彪.中国共产党纪念文化研究[M].长春：吉林人民出版社，2019：2.

[2] 纪念科学社会主义之父，马克思共产主义学校三月十三日开学[N].红色中华，1933-03-12.

[3] 马克思共产主义学校开学了[N].红色中华，1933-03-15.

[4] 中央档案馆，福建省档案馆.为李、卢、列纪念宣言[G].福建革命历史文件汇集：甲13.10.

士贞烈士被残忍杀害）和 1931 年的宁都兵暴等。此外，"九一八"事变发生以后，民族危机的加重和日本帝国主义的入侵使得"九一八"事变脱离了作为普通日期符号的行列。"九一八"事变成为了共产党反对日本帝国主义的野蛮侵略和国民党反动势力围剿的重要舆论武器。如当时为了"九一八"二周年纪念，共产党在瑞金举行了反帝宣传展览会，展览会的内容有相关的图画、统计、纪事、相片……通过展览会不仅有助于宣传反帝国主义，而且也对发扬革命艺术具有很大的意义。[1]

三是对国际传统节日展开纪念。像三八妇女节、五一国际劳动节等都是具有国际性意义的节日。同时为了纪念十月革命的胜利，十月革命节也被视为重要的纪念日。每逢这些日期来临之际，共产党都会举办相应的纪念活动，《红色中华》也会针对这些节日发表一些特刊和纪念专号。如当时为了纪念"五一"，《红色中华》特地在红中文艺副刊上刊发了有关"五一"纪念的专号，其内容包括了与"五一"相关的诗歌、剧、曲、散文以及图画等。对十月革命的纪念亦是如此，1931 年共产党江西省委发布了《关于十月革命纪念运动的决议案》，文件指出为了举行广大的武装示威运动，必须切实执行包括开会讨论、筹办纪念筹备会在内的等八项工作。[2] 因此，从细致且完善的工作要求就足以看出共产党当时对十月革命纪念的重视。

四是根据苏维埃革命时局的变化选择相应的日期进行纪念。当时主要包括中央苏维埃政府成立周年纪念日、中国工农红军成立纪念日等。其中中国工农红军成立纪念日最为引人注目，它其实指的就是"八一"建军节。1933 年 7 月中央局颁布了《关于"八一"反战争斗争日及中国工农红军成立纪念的决定》，该决定明确指出："中央革命军事委员会为纪念一九二七年八一的南昌暴动，已确定'八一'为中国工农红军的纪念日。"[3] 所以自此之后，8 月 1 日逐渐演变成如今的建军节。事实上，南昌起义在早期并不受重视，大革命结束后，它被认为是一次"软弱的军事

---

[1] "九一八"反帝宣传展览会的进行[N].红色中华，1933-09-15.

[2] 中央档案馆，江西省档案馆.江西革命历史文件汇集，1931：219-221.

[3] 中央局关于"八一"国际反战争斗争日及中国工农红军成立纪念的决定[N].红色中华，1933-07-02.

投机的尝试，违背了中央政策的行动"。[1]相形之下，在对三大起义的早期评价之中，广州起义的意义要更为深远。当时中央评价广州起义是"退兵时的一战，不仅具有重大历史意义，而且还具有国际意义"。[2]因此，在八一纪念开始之前，苏维埃各根据地在纪念三大起义时，一般都将纪念的重心放在广州起义，对八一的纪念也多是定性为"反帝拥苏"。如当时福建省委的一项通告称："伟大的国际日——八一节快到了！'八一'是全世界无产阶级动员自己队伍与检阅自己的力量反对世界大战武装拥护苏联大示威的日子。"[3]然而，随着革命形势的变化，为了实现武装保卫革命根据地和土地革命的革命目标，武装斗争的重要性越发突出。之后为全面诠释南昌起义与工农红军纪念日的内在关系，朱德和周恩来称八一南昌起义是"中国工农红军的胚胎"[4]。因此，八一南昌起义背后所蕴含的纪念意义就逐渐超过了广州起义。

（二）筹展：纪念活动的筹备与预动员

纪念仪式在具体操演之前，还需要进行一定的筹备与预动员，这是整个纪念活动核心环节，它决定了仪式操演最终是否能够取得成功。

首先，制定活动议程是纪念仪式运作的前提和基础，它保证了这一仪式活动能够遵循预先设定的议程进行。依照既定的仪式开展纪念，能使具体纪念活动之间相互衔接，使纪念活动走向规范、有序，增加纪念活动的庄重感、神圣感，从而强化纪念活动的整体效果。[5]纪念活动的议程是整个纪念仪式的总体安排，从各项纪念活动的议程来看，虽各有差异，但大致经历了鸣炮—升旗—奏乐—宣布开会—代表发言—检阅—授奖—散会游行—召开晚会等程序。如当时石城县在纪念"二七"时就规定了两天的行程："第一天包括鸣炮开会、奏军乐、行升旗礼、唱国际歌、致开会词、宣布赤卫军军部及模范师师部成立、就职、誓师以及各机关代表致辞等，

［1］中央档案馆.中共中央文件选集：一九二七［G］.北京：中共中央党校出版社，1989：280.

［2］中央档案馆.广州起义资料选辑［G］.北京：中共中央党校出版社，1982：207-209.

［3］福建省苏维埃政府历史文献资料汇编.省委通告（第五号）——关于"八一"节的工作［G］.厦门：鹭江出版社，1992：23.

［4］关于南昌起义的文献选载：南昌起义孕育了中国工农红军的胚胎［J］.党的文献，1997（4）.

［5］陈金龙.中国纪念活动与党史文化建构［J］.中共党史研究，2012（11）.

第二天主要是阅兵和政治检阅、颁奖等。"[1]当然，并非每项纪念仪式的行程都会如此完满，但基本上都能通过纪念活动的议程设定出想象的"仪式空间"，为实现仪式化的个体参与提供条件。

其次，便是通过"宣传下乡"的方式将分散的农民进行组织整合。由于中国传统农民群体的分散孤立和自我封闭，所以中央苏区时期，共产党在开展规模宏大的纪念仪式时，只有通过广泛的宣传和动员，活动才能满足纪念仪式所必需的人力要求。其一，标语、传单和墙报等各类宣传符号起到了重要的象征媒介作用。比如在1933年"五一"纪念前夕，有社论就指出"'五一'的宣传鼓动必须要充分利用口头的（讲演、谈话）、文字的、木板（标语、传单、墙报及各种小册子、刊物、画报）等，把环绕在今年'五一'周围的国际国内的政治形势，传达广大工农群众进行最普遍深入的政治动员"。[2]此外，在宣传内容上应要结合群众的切身问题来鼓动。杨尚昆曾在论及共产党宣传鼓动时提道："苏区内的习惯是这样，每一个纪念节和政治运动，各团体长篇大论的宣言非常之多，而内容差不多都是一样，我认为这完全是不必要的。"[3]张闻天也对此持有相同看法，他认为应该摈弃宣传时的"党八股"（说教类的印版文章），更应该提出群众在某一具体问题上的迫切要求，抓住这些具体要求来动员群众参与斗争，因此这里所需要的是带有时间性、具体性的，适合于群众目前斗争要求的宣传鼓动。[4]所以当时福建省委在开展"三八"纪念时，就要求"各地应积极散发对女工农妇宣传的传单、标语和画报，利用《福建红旗》为平台，积极宣传苏区妇女在土地革命斗争中所获得的利益（如参加苏维埃政权，和男子一样平分土地，离婚结婚得到自由，家婆不敢压迫媳妇，家庭财政公开等），引起女工农妇斗争的热情和对斗争的认识"。[5]总之，这些符号在纪念活动中往往起到一种象征性的媒介作用，增强了宣传的鼓动性。因为通过口头、标语、墙报等宣传，能够在苏区乡村社会中营造出浓厚宣传氛围，促进具有强烈感染力的舆

［1］　石城各地"二七"纪念盛况［N］.红色中华，1933-02-13.

［2］　怎样来迎接"五一"劳动节［N］.红色中华，1933-04-26.

［3］　杨尚昆.转变我们的宣传鼓动工作［J］.斗争，1933（2）.

［4］　张闻天.论我们的宣传鼓动工作［J］.斗争，1932（31）.

［5］　中央档案馆，福建省档案馆.中共福建省委关于三八国际妇女节纪念日工作计划［G］.福建革命历史文件汇集（1931—1934）：甲7，1984：64.

论产生，并且在社会中引导农民产生一种"普遍参与"的社会共识。在这种参与共识和乡村"熟人社会""道德社会"的双重规训之下，一旦农民有行为偏离标语口号中所蕴含的内容范围，就可能受到旁人提醒。

再次，便是成立相应的组织，保障宣传工作的落实到位和提升宣传效果。一般来说，组织建设是否完备和充分有力关系到宣传的成败。中央苏区时期，每逢比较重大的纪念仪式，各地都会根据中央局的要求组织和成立纪念筹办会、各种特别队以及宣传队。比如在纪念"四一五"反白色恐怖运动周时，闽西苏维埃政府要求："选择一区为单位召集群众大会，由各级群众团体，赤色工会、雇农工会、贫农团，及政府选出代表组织各区乡纪念筹备会开展一切工作。"[1]组织成立以后，不仅要发挥组织的统筹和指导作用，同时也要对各组织的工作进行严格的检查。如汀连县在"三八"纪念时要求各种特别队（慰劳队、洗衣队、交通队等）能够经常开会讨论实际工作，并在每一工作进行时有严格的检查。[2]此外，在具体宣传时要组织宣传队深入乡村，通过寓乐于行的方式深入到每家每户进行宣传，以新颖的形式吸引群众的广泛参与。如兴国在"'八一'纪念时每日派宣传队到各农村中作挨户宣传，组织专门晚会，编制富有政治的'八一'新剧，深入圩场农村进行活泼的表演，组织化装宣传队有计划的去宣传，特别是城市区的化装，灵活新奇，引得群众成群结队的来看来听，兴奋了群众对'八一'的热情"。[3]当然也有个别地区由于组织动员不到位而使纪念活动流产的案例。如石城地区在"五一"检阅过程中，出现了参会人数少、打野操、逃跑和开小差等问题，致使阅兵并未如期进行。当时《红色中华》分析认为石城"五一"检阅的流产很大一方面在于组织上的不健全以及组织中党的领导的薄弱。因此，严密且又强有力的组织工作是纪念活动预期进行的重要保证，这不仅在于组织本身所具有的分工协作和高效性，而且通过组织也能够发挥出聚合放大的效应，最大程度上实现对分散农民的动员与整合。

最后，纪念活动仪式的展开还需一定的空间和场地布置。场地空间的大小、开

---

[1] 中共龙岩地委党史资料征集小组.闽西革命史文献资料：第五辑［G］.1981：150.

[2] 汀连县纪念"三八"，加紧组织青妇斗争［J］.列宁青年，1931（3）.

[3] "八一"各地示威进行曲：兴国的光荣动员成绩，赣县田村区薄暮示威游行［N］.红色中华，1933（103）.

放度以及交通是否便利直接影响到了一项纪念活动是否能够如期进行。因此在场地选择上，活动的组织者往往会选择比较空旷、平整和开阔的场地。比如瑞金在"三八"纪念时选择叶坪大会场召开纪念会、"五一"纪念时选择空旷的飞机场（中央运动场）、"八一"示威时选择红校炮兵场。此外，分布在瑞金下肖地区的大埠桥、汀州的列宁公园、泰宁的北门内广场以及才溪的马道坝等地都是举行纪念活动的常用场所，这些地方基本上交通都较为便利，而且能够容纳一定数量的群众，为纪念活动的召开提供了必备的硬性条件。其次，场地的布置也格外重要，它关系到纪念活动的氛围营造、主题呈现和纪念仪式的基本格调。比如在"五一"纪念过程中，上杭才溪区的场中设有一红色讲演台，左旁建立一小台，是公开征收党员团员和自愿加入红军的报名处，对面又建立一座少队检阅指挥台，会场四周满布纪念标语，悬挂彩旗，到会群众手持武器，非常庄严。[1] 这种仪式场景布置虽然简陋，但是却能够营造出一种较为庄重、正式和肃穆的氛围，同时设立各种报名处也彰显出了纪念活动背后所蕴含的政治主题。

（三）操演：纪念活动的具体仪式运作

纪念仪式的操演是整个仪式生产过程的最终环节。中央苏区时期在纪念活动上虽说呈现差异，比如示威大会、纪念大会、授奖、阅兵、运动会、文娱晚会等多种类型，但其目的都是为了实现宣传鼓动，营造盛况空前的纪念仪式。所以在具体组织过程中，共产党通过维护活动秩序、塑造群体氛围等方式实现了对纪念活动的仪式操演。

其一，维护活动秩序是纪念活动得以顺利运行的重要保障。首先，它对参会人员的入场有详细的规定。比如"八一"纪念时要求"到会的人每人都要手持一件武器（如梭镖、土炮、鸟铳、手旗、花灯），以及到会的群众要整齐森严，呼口号和唱歌等"。[2] 其实这一要求恰好体现的是共产党对群众"仪式装备"的规训。所谓"仪式装备"，即指一些符号、象征和媒介，如口号、歌曲、欢呼、姿势和制服等。[3] 通过仪式装备能够实现符号的象征化，保证各参与者能够同心同德。同时，

［1］　扩大红军的热烈［N］.红色中华，1932-05-25.

［2］　瑞金城市下肖热烈准备"八一"盛大的示威大会［N］.红色中华，1933-07-29.

［3］　［美］大卫·科泽.仪式、政治与权力［M］.王海洲，译.南京：江苏人民出版社，2015：84.

为了维护某些活动（比如晚会或剧场演出等）的入场秩序，活动组织者也会以入场券的形式加以保证。比如工农剧社在举行"八一"庆祝晚会时就规定"由于三十日下午有盛大晚会，除表演两个剧本两个活报以外，并有毛主席或项主席报告中国工农红军的历史。届时必有一番极大盛况，为维护剧场秩序，已发有入场券，观众必须凭券而入"。[1] 其次，为了保证活动会场的有序召开，活动组织者还会指定专门的负责人来维护。如丰稔区在"八卅"纪念时明确规定："各乡所到会的群众，各乡负责人应维持秩序，加紧注意严防社党捣乱。"[2] 会场秩序的建构和保障蕴含着权力规训的色彩，它能使参与者感受到一定的政治权威，保证了革命理念更易于为群众所接纳。

其二，群体氛围的塑造是实现纪念活动预期目标的核心动员力量。中央苏区时期的纪念活动服务于特殊的政治目的，因此通过调动群众的强烈情感，能够营造出一种符合共产党所希冀的场域空间。在这一场域空间之中，个体会受到狂欢感染，并在过程中服膺政治理念而倾向于作出同一的选择。所以作为经验丰富的组织动员者都深谙营造群体氛围和发挥人群聚集的效应之道。首先，各种象征符号对情绪的渲染和烘托起到了"推动器"的作用。尤其是礼炮、音乐、口号、升旗和文娱表演等。比如"在庆祝'二七'时，示威者全体武装，手执红绿纸旗，大呼口号，同时，各地化装宣传队、跳舞队均随队出发，极为热闹。沿途并高呼'打倒国民党'等口号，晚七时纪念晚会人数极多，中央大礼堂未开幕就已人满为患"。[3] 事实上，这些象征符号能够将群众带入一种特殊的情感体验中，成功烘托出喧嚣热闹的气氛。其次，人作为活动主体和最活跃的因素，规模宏大的群众汇集是氛围营造的基础，通过塑造声势浩大的纪念活动，群众之间可以相互感染、相互激励，将革命的意志传递和辐射到更大范围的对象中去，从而凭借这种渗透力影响到群众基础较为薄弱的地区。中央苏区时期，每次纪念活动都吸引了众多群众的广泛参与，并由此形成了强大的动员力量。（具体人数规模如表1）

[1] 工农剧社纪念"八一"三十日晚举行盛大晚会 [N].红色中华，1933-07-29.
[2] 中共龙岩地委党史资料征集小组.闽西革命史文献资料：第六辑 [G].1981：152.
[3] "二七"纪念盛况 [N].红色中华，1933-02-10.

表 1　中央苏区时期纪念活动的人数规模节选

纪念活动名称	时间和地点	参与人数
三八妇女节	1932 年瑞金第九区	六千余人
四一五纪念	1932 年上杭县	七八千人
五一纪念	1932 年上杭才溪区	两千多人
五卅纪念	1932 年汀州市和瑞金第九区	各有四千多人
二七纪念	1933 年石城和瑞金	分别有五千多人和万余人
广暴宁暴纪念	1933 年黎川	两万多人
八一纪念	1933 年赣县田村区	一千四五百人
九一八纪念	1933 年太宁	三四千人

资料来源：《红色中华》相关文献；吴强.中央苏区时期的纪念活动初探——以《红色中华》和《斗争》为中心的探讨［J］.上饶师范学院学报，2018（2）.

从人数规模足以可见，到会群众少至几千人，多达上万人，因而它所产生出的群体性感染力可见一斑。当然从表中亦可看到，临时中央政府所在地瑞金纪念活动的参与人数要远多于其他地区，不仅由于瑞金本身人口数较多（1935 年，瑞金的人口有二十万七千人）[1]，同时也因为瑞金周边地区的革命渗透程度要强于其他地区。

总之，通过纪念日的筛选和确立、前期的宣传和筹备以及仪式的运行和操演，实现了纪念活动的仪式生产。并且在此过程中，可以看到"符号"贯穿于整个仪式生产过程之中，并被赋予了特定的内涵。一方面，各种纪念日的日期本身就为一种符号，通过筛选与确立赋予了其内在的象征含义；另一方面，在前期的筹备以及仪式操演过程中，各种符号也在宣传动员和氛围烘托中扮演了重要角色。因此，媒介化的政治仪式，实现了符号到特定革命象征的转换，完成了象征仪式的生产。

---

［1］　瑞金县志［M］.北京：中央文献出版社，1993：139.

三、从仪式到权力：图示化革命仪式动员系统的成效

科泽认为仪式的作用在于建构权力，而不仅是呈现早已存在的权力。因此，纪念仪式背后更深层的特征，即为建构政治权力。权力建构以后，纪念仪式又成为了权力集聚和放大的载体，有效实现了革命信息的传递、革命共识的凝聚和合法性的塑造，进而能够超越仪式本身所具有的时空限制，在非仪式场合仍影响着农民的价值判断和行为选择，实现革命动员的输出。

（一）传递：苏维埃革命信息的传达

高效地组织动员依赖于信息的内外通达，许多情况下可能无须借助政治仪式，但仪式操演所具有的重复性、提前规划等特征是其他方式无法比拟的。通过仪式增长权力，尤其能使群众能够更容易接受仪式操演者所想传达的价值观和期望。中央苏区时期，由于特殊的革命环境，在面临国民党数次的军事围剿下，共产党为了武装保护革命根据地，实现最广泛的社会动员成为破解当时困境的唯一举措。而纪念活动作为共产党革命社会动员的重要方式，能在权力弥漫的仪式运作中表达和传递着革命理念和诉求。

其一，通过纪念仪式能够体现仪式主体的权威与地位。仪式和象征既可以表达权威，又可以创造和再造权威，它们与权力关系相互依存、互为因果。[1]一方面，通过纪念仪式秩序的规训能够彰显出组织者的权威。另一方面，通过纪念逝者，同样也能体现出仪式主体的地位。比如为了纪念逝去的红军将士，当时不仅会开展纪念活动——八卅纪念，同时还会修建红军烈士纪念塔。如当时就报道了一个烈士纪念塔的基本情况，"它是圆形塔身，严肃地立在五角星形的塔基上。塔基周围，竖立十块烈士纪念碑"。[2]其实无论是五角星形，还是烈士纪念塔，它们实质上都是一种与乡村传统截然不同的象征，这些象征背后都带有特殊的意图。虽说该纪念塔

---

[1] 郭于华.仪式与社会变迁[M].北京：社会科学文献出版社，2000：342.

[2] 红军烈士纪念塔在建筑中[N].红色中华，1933-09-15.

在修建时并未记录下大规模的群众纪念活动，只是召集群众进行募捐，但烈士纪念塔作为一种特殊意图的纪念场所，通过"借助对死亡象征的关注获得了特殊的力量，能将群众牵挂死者的情感转化为普遍的情感行动"。[1]也就是说，红军纪念塔不仅能够寄托当地群众对于红军的牵挂（许多招募红军都是集中在某个地域进行，因此红军与群众之间具有浓厚的地缘和血缘关系），而且也能让群众感受到中共对于红军的关怀和重视，体现了作为仪式主体——红军的权威与地位，同时也能缓解群众面对扩红动员时的紧张情绪。

其二，通过纪念仪式能够实现共产党的政治诉求。透过纪念活动的表象去审视仪式背后的含义，可以发现中央苏区时期的纪念活动总是与各种政治诉求相关联，包括扩红运动、反帝宣传、征收党团员、筹资、退还公债、开展节省运动以及查田运动，等等。比如从纪念大会的会场布置来看，许多纪念会场上都会设有征求党员、团员和红军报名处，同时还会以竞赛、奖励模范的形式来调动群众的革命热情。像兴国在"八一"纪念时在会场设立了扩大红军、征收党员团员各种报名处，正式开会后通过各代表的慷慨讲演以及游行示威，使得整个八一工作成绩颇丰，据统计："十一区共扩大红军一百三十余名，征收党团员七百余名，退还公债一千五百余元，退回谷票五万余斤。"[2]其实，通过仪式运作来表达政治诉求过程中所体现的政治权力，往往具有隐蔽性。这意味着它并非是显性的权力训诫和强制，更多是通过反复的仪式场景使群众在无意识的状态下来接受并满足组织者的政治诉求。

其三，通过纪念活动彰显仪式背后所具有的政治意义。传达政治意义与实现政治诉求有着截然不同的区别，前者更强调于解释说明，后者更偏向于达成某种政治目标。以鄂豫皖根据地在"红五月"的工作大纲为例，当时根据地为了开展红五月工作，制定了具体的要求，并传达了每项纪念运动背后所蕴含的政治意义。"在五一纪念时，全党在苏区内要组织农村中的无产阶级（雇农以及手工业等工人）依照斗争环境组织公开、半公开或秘密的工会，对党员、群众和游击队、红军中的战

[1] ［美］大卫·科泽.仪式、政治与权力［M］.王海洲，译.南京：江苏人民出版社，2015：76.
[2] "八一"各地示威进行曲：兴国的光荣动员成绩，赣县田村区薄暮示威游行［N］.红色中华，1933（103）.

斗员解释五一劳动节的意义和工人阶级斗争的经验；在五四纪念时要进行反国民党的三民主义和反动的学校以及麻醉青年的教育；五五马克思的生日时，党在这纪念日要进行党的教育和马克思列宁主义的训练；五七和五九的纪念要扩大反日宣传；五卅纪念要指出民族革命的斗争，特别是要进行反帝的群众工作。"[1]纪念仪式将过去与现在以及现在和将来都关联在一起。中央苏区时期的纪念活动，通过反复的仪式运作向群众传递着仪式背后的革命话语，推动受众逐渐接纳和认识到纪念活动的深层含义，从而使其能够据此采取相应的政治行动。

总之，纪念仪式无论是体现权威、实现政治诉求抑或是彰显政治意义，其表象都是在传达中央苏区时期的革命信息，从更深层意义上而言，传达信息的同时也伴随着对既有传统观念的冲击。也就是说，纪念仪式通过一种潜在或者无形的政治权力能够将革命图示移植入群众的观念世界。事实上，革命图示作为苏维埃群众内心中的"他者"观念，仅靠外力的强制是无法改变一个人的内心的，但通过身临其境的纪念仪式参与，革命的图示能在仪式化的过程中逐渐占据传统图示的上风，实现对传统图示的驱除或置换。

（二）凝聚：苏维埃群众社会团结感的聚合

在充满革命色彩的苏维埃地区，如何让人们采取一致的行动，满足既定的革命需要，维系苏区共同体的稳定，是中共孜孜以求的革命目标。回顾几千年的历史，不难看出古代中国的传统农民长期以来都是社会底层群体，农民大多也生活在一个远离政治权力中心与商业城市的地方封闭社会。而且中国的村庄与其说是生活和功能性的共同体，还不如说是许多农家的聚集地。因此这种"家户制"的传统，致使农民基本上聚居在特定的区域，流动与迁移并非农村社会的常态，国家权力长期未曾真正渗透农村社会。中国共产党走"农村包围城市，武装夺取政权"的路线以后，如何调动广大农民参与红军成为当时亟待解决的关键问题。而通过纪念仪式所建构出的政治权力，能够凝聚农民群众的共识，增强他们的社会团结感，推动他们采取一致的行动。

首先，对"身体"的一致性规训的纪念仪式是群众社会团结感聚合的"发动

---

[1] 中共鄂豫皖省委关于红五月工作大纲 [G]. 鄂豫皖根据地：第2册. 郑州：河南人民出版社，1990：333-334.

机"。仪式对于生产一致性观念和一致性的维护具有重要作用，这种一致性即为群众共识的凝聚。1933 年，在苏区"八一"夜间检阅会上，曾出现了这样一幅阅兵场景："在礼炮声和军乐声中，阅兵传令员请中革军委的阅兵员举行阅兵式。三个阅兵员骑着马通过了长达六百米的行列……接着是阅兵员的致词，和红色战士们的誓词，主席读一句，成千累万的红色战士响应着，像一个人一样——'我们是工农的儿子，自愿来当红军，完成苏维埃给我们光荣任务，为着工农解放奋斗到底'……"[1] 从此场景可以看出，对"一个人"形象的描述表明了群众行为的一致性，这种一致性背后凝结了群众对于革命的共识。或许在参与仪式之前，许多群众仍旧摇摆不定，但在一种集体环境下，叫出具有一致性的口号，做出一致性的动作，就昭示着个体开始接纳了中共的理念。尽管其中存在一些具有独立意识的个体，但在这种集体规训之下，个体若是没有做出同集体一致性的行动，往往会被认为是群体异类而受到排斥。也就是说，个体参与这种一致性的仪式性运作其实成为了认同、区分及确定身份、（阶级）地位的标志，在某些条件下参与或不参与可能会成为生死攸关之事。[2] 因此，仪式一旦开始操演，便会具有某种不容分说的强制性，并且群体一致性的选择本身也早已内嵌于政治权力之中，最终通过一致的身体的言行表现出来。

此外，姑且忽视这种排斥性，纪念仪式也能在群众缺乏共识的情形下推动群众的团结，即科泽所强调的"模糊性象征"。在这种模糊性象征下虽然每个个体对于象征的理解不尽相同，但都能在仪式所带来的巨大情感冲击下，汇集在同一组织的旗帜下。因此，纪念活动上群众集体情感的触发是增进群众社会团结感的"发酵器"。换言之，通过反复且具有规范性的纪念仪式能够不断培养集体的理念和情感，形塑着农民群众对于"革命"的社会共识，紧紧团结在革命主题的周围。比如"以往在扩大红军时，由于宣传不够，许多宣传只是负责人在大会上讲几句话，因此许多群众不太愿意当红军，也不多当红军；农民不了解革命的形势及任务，所以发生地方观念、家庭观念，党义不能与其详细解释，有群众到红军还要逃回来，扩大红

---

[1] "八一"示威的壮曲 [N].红色中华，1933-08-04.

[2] 郭于华.仪式与社会变迁 [M].北京：社会科学文献出版社，2000：364.

军处处都觉得困难。"[1]而纪念活动作为中共宣传和动员的重要载体，它能够以触发群众情感的方式点燃群众心中的革命之火。比如"在广暴宁暴纪念大会上，当时参加广暴的红校叶校长通过讲述暴动的经过……为苏维埃政权的斗争奋斗到底。"[2]由此可见，通过这种仪式带来的情绪渲染，能够重塑和改变人们的观念领域和精神世界，推动着群众为了一致的革命目标而不懈奋斗；群众经历这种社会认知共享的仪式，能在心中不断强化对于社会群体的依附感，从而将使个人对群体更忠诚。从这个意义上说，通过"纪念日"这种带有强烈情感的有力象征，仪式成为群众建立革命信仰的重要载体，并且经过一种反复的集中表达，纪念仪式所引发的强大情感进一步促进了遵从。或如科泽所言，仪式不仅有助于支持新的团结，而且有助于创造出新的忠诚的政治观念。[3]

（三）合法性：中央苏区时期群众认同感的塑造

苏区开展纪念日活动，其过程也蕴含着对苏区政权的合法性建构。所谓合法性即指一个政权在多大程度上能够得到民众认可。因此合法性作为每个政权的立身之本，其重要性不言而喻。共产党借由纪念仪式的运作，使革命观念深入到群众当中，群众在此基础上不仅从自在群体转变为自为群体，同时也产生和巩固了对中共苏维埃的认同。

其一，中国共产党通过纪念仪式巩固了自身的政治形象，以引导群众对苏区政治秩序的认同感。共产党在进入苏区创建革命根据地时，往往是外力武装的强行介入，即通过一种外力割据的方式，在土地革命的基础上吸收积极分子，广泛建立农村党组织，吸纳群众参与红军，从而逐渐确立、巩固和扩大革命根据地。因此，根据地建立以后，中国共产党理所当然地要肩负起武装保卫根据地和维护根据地政治秩序的重任，这是群众认同共产党的基本前提。因为对于普通农民而言，生存能够得到保障是第一要务。而在这个前提的基础上，共产党通过纪念活动这一较为柔性的方式巩固和加强了群众的认同，获得了合法性。进一步来说，共产党主要是通过

[1] 中共闽粤赣苏区省委关于扩大红军问题决议 [G].中央革命根据地史料选编：中册.南昌：江西人民出版社，1982：601.

[2] 广暴宁暴纪念大会 [N].红色中华，1932-12-19.

[3] [美]大卫·科泽.仪式、政治与权力 [M].王海洲，译.南京：江苏人民出版社，2015：177.

纪念仪式塑造了反帝爱国的政党形象，调动了群众的爱国主义热情。回到特定的历史场景，苏区的许多纪念活动都在强调"反帝"。事实上，反帝宣传不仅能够调动根据地群众的民族主义情绪，而且也能动员群众反对奉行"攘外必先安内"的国民党反动派。纪念活动往往通过描绘和展现过去的事件来使人记忆过去，它们重演过去，以具象的外观，常常包括重新体验和模拟当时的情境或境遇，重演过去之回归。[1] 因此，像对五卅、沙基惨案、九一八等纪念时，共产党以镌刻群众历史记忆的方式，通过回归到特定的纪念情境来传达中国共产党反对帝国主义的决心。如一份关于"'九一八'纪念"的工作决定中指出："从'九七'辛丑条约签订到九一八止，举行一抗日反帝运动周，在运动周中组织宣传队利用活报传单标语等广泛解释辛丑条约与九一八事件，揭示目前日本及各帝国主义侵略中国的形势、国民党卖国的罪恶与红军北上抗日的意义。"[2] 因此，在红军面临严峻的革命形势时，通过纪念仪式激发起群众对于帝国主义和"国民党反动派"的强烈不满，能够有效地争取到民众的认同，挽救了革命后期共产党因严峻的内外压力而导致的扩红困境，为革命注入了新的活力。毕竟只有被人们认为是具有某种正当性理由的命令，才会获得被统治者的追随，从而具有合法性。[3]

其二，中国共产党通过借用纪念仪式的各种象征符号来支持其合法性。如在"八一"示威时炮兵场上充斥着的无数火把、上杭县四一五纪念时会场上高悬着的各色三角旗帜、革命的旗帜标语以及各机关代表和士兵的激烈演说等，都能够让群众认识、了解和感受到苏维埃政权是合法的，是应当服从的。实际上，它表明了仪式之所以能够成为有效的合法性手段之一，就在于群众能够投身到具有规则化和高度情感化的纪念活动中。而且通过展示具有革命意义的象征符号，也能够将共产党所具有的政治力量同有力的革命象征结合在一起，最终借助纪念仪式的反复运作来获得普遍合法性。也就是说，纪念活动上各种象征的背后，实质上"革命"始终在场，通过反复参与仪式，革命理念以一种潜在且不乏夸张的仪式解释力逐渐驱除或

[1] ［英］保罗·康纳顿. 社会如何记忆［M］. 纳日碧力戈，译. 上海：上海人民出版社，2000：90.

[2] 关于九一八工作的决定［G］. 闽北党历史文件汇编：第 8 期. 中共南平地委党史办公室，1959：117.

[3] ［德］韦伯. 经济与社会［M］. 林荣远，译. 北京：商务印书馆，1997：239.

置换农民群众的传统观念，不断冲击着他们既有的思想、文化、风俗和习惯。因此，许多农民逐渐被革命所吸引，不仅是因为有稳定收入的经济驱动，更重要的是通过革命实现农村的社会变革承载着他们的梦想。因此，许多农民群众终会将自身对于革命的热情转换为对共产党的合法性认同。

结语

中央苏区时期，中国共产党根据自身革命和动员的需要，借用纪念仪式将革命图示植入到群众的观念世界，试图点燃他们的革命之火，实现广泛的动员。总体来看，这种革命化的纪念仪式能够以一种更为"柔性"的方式传递革命信息、提供团结的纽带和生产合法性认同。因此，在非仪式场合之下革命观念依然能够在群众内心发挥作用，潜移默化地影响着他们的行为。但另一方面也仍要看到，革命化的仪式动员同样也存在张力与界限。尤其是在后期面临严峻的军事威胁之下，群众集会召开的次数逐渐增多，致使许多群众可能不愿意到会，甚至厌恶活动和集会。并且迫于内外环境压力，极端的资源汲取和超额的动员压力会冲击党和政府的合法性。

在革命时期通过纪念仪式实现社会的广泛动员，却并未因中央苏区土地革命的结束而失去生命力。它在延安时期、解放战争时期乃至新中国成立初期依然散发着熠熠生辉的价值与魅力。

凡是过往，皆为序章。新时代以来，纪念活动早已不再服务于特殊的革命目标，更多是通过镌刻历史记忆的方式赓续红色血脉和传承红色薪火，不断强化着当代人对于历史的认知，增强人们对党和国家、对组织和集体的认同感和归属感，进而为全面建成社会主义现代化强国提供了坚强的保证。

日本中国共产党研究文献的统计调查与研究述略

朱明贤 *

摘　要： 随着中国综合国力的不断提升和对外开放程度的不断深化，海外学界对中国共产党的相关研究方兴未艾。海外学界对中国共产党的相关研究成果作为中国共产党研究的重要组成内容，其价值与意义一直受到国内学者的高度关注。一直以来，日本都是研究中国共产党的国度，其相关研究机构数量众多、研究成果蔚为大观。本文以日本学术论文数据库、日本科学研究费助成事业数据库和日本国立国会图书馆数据库中收录的中国共产党研究成果为基础，就日本对中国共产党研究的文献、专著及机构等进行统计分析，以期呈现出日本研究中国共产党的整体貌相，为国内学者海外中国共产党研究提供一定的参考。

关键词： 中国研究；中国共产党；文献研究；学者群体；日本研究机构

2021 年，时值中国共产党成立 100 周年。在这风云激荡的 100 年间，中国共产党带领中国人民实现了民族独立和人民解放，建立了社会主义制度，建设了中国特色社会主义事业，使得中国人民牢牢掌握了自己的命运，国家经济实力和综合国力显著提升。也正因如此，中国共产党自成立之初便一直受到国外的关注，对中国共产党及党史的研究也逐渐成为海外中国研究的重要组成部分。以美国、日本、俄

---

* 　朱明贤，贵州大学外国语学院 2020 级日语笔译研究生。

罗斯为主，有近 30 个国家开展了比较有规模的调查，研究领域涉及与中国共产党历史有关的政治、经济、外交、文化等诸多方面。[1]其中，美国在中共党史研究方面的研究规模最大、影响也最大，而日本在研究中共党史方面的发展速度和规模几乎可以和美国并驾齐驱，特别是在相关专著和参考资料方面，无论是数量还是质量都同美国的难分伯仲。[2]

纵观国内，虽然关于海外中国共产党研究的成果丰硕，相关研究成果却多着眼于美俄以及欧洲国家的中国共产党研究，涉及日本中国共产党研究的成果相对有限。韦磊以日本学者乘衫义久于 1923 年发表的《中国共产党的趋势及评论》一文为蓝本，对该文章进行评析，认为这是近代日本研究中共党史的第一篇成果，其中的观点比较准确、客观，但是由于研究立足点的关系，部分内容还是存在明显的片面性和不足。[3]乔君以抗战时期为时间节点，评述 21 世纪日本对于这一特殊时期中国共产党的研究，指出 21 世纪日本对于中国共产党研究的重点在总体上转向当代中国，但相关研究内容较为零散，缺乏系统性和全面性。[4]祁建民以中共革命根据地为切入点，探究日本对中共革命根据地史的研究，认为日本对中共革命根据地的研究视角经历了一个从对中国革命的好奇、同情到国际对话与多角度创新的转变。[5]

其次，国内相对有限的日本对中国共产党研究的相关成果，多着眼于日本对中国共产党在特定时期、特定对象方面的研究，缺乏对日本中国共产党研究的整体性论考，对相关研究学者和机构的群像考证也极为不足。

有鉴于此，本文以日本学术论文数据库（CINII）、日本科学研究费助成事业数据库（KAKEN）和日本国立国会图书馆（NDL ONLINE）收录的中国共产党研究成果为基础，对上述问题进行补充阐释。

［1］梁怡.关于 21 世纪国外中共党史研究的思考［J］.毛泽东邓小平理论研究，2015（6）.
［2］鲍世赞.近十年国外中共党史研究的特点及启示［J］.党史文苑，2009（20）.
［3］韦磊，赵荣文.近代日本中共党史研究的第一篇成果探析［J］.东疆学刊，2020，37（4）.
［4］乔君.新世纪以来日本关于抗战时期中国共产党研究综述［J］.中共党史研究，2015（9）.
［5］祁建民.日本的中共革命根据地史研究［J］.抗日战争研究，2019（2）.

一、日本中国共产党研究文献的统计与分析

本文数据主要来源于日本学术论文数据库、日本科学研究费助成事业数据库和日本国立国会图书馆。日本学术论文数据库是日本现有最大的学术论文数据库，收录有日本各学术机构、团体的期刊论文和大学学报论文，以及各大学博士毕业论文，并且能够对日本国会图书馆期刊数据库中收录的论文进行检索获取。日本科学研究费助成事业数据库是由日本文部科学省和日本学术振兴会共同建设管理的数据库，可以检索包括课题概况、课题成果报告书等在内的所有领域的最新科研题信息，等同于中国国家社科基金项目数据库。日本国立国会图书馆是日本唯一法定的保存和收集国内出版物的机构，收集在日本出版发行的图书、杂志、地图等资料，并能够对出版物的相关信息进行电子数据检索。由于日本也有共产党党派，为与其进行区别、提高数据准确性，因而在上述数据库中进行检索时的关键词设为"中国共产党"，经过文献查重和筛选处理后得到期刊论文 1 623 篇、博士论文 50 篇、研究课题 28 项、专著 1 322 种。此外，本文对所得数据进行分类统计，并制作相关态势图，分析相关研究成果的发展变化情况。

（一）期刊论文

1. 论文发文趋势

期刊论文数据来源于日本学术论文数据库，经检索筛选后共计获得关于中国共产党研究的期刊论文 1 623 篇，其中包括作者未明的论文、被翻译成日语并发表在日本期刊上的中国各地党政机关发表的相关文件、被翻译成日语并在日本期刊上发表的由中国各时期领导人宣读的中央文件及决议、留日学者在日期间对中国共产党的研究论文。上述论文虽然并非由日本学者直接撰写，但是其均被翻译为日文并在日本期刊上进行发表，也属于日本中国共产党研究的相关成果，因而纳入本文讨论范围之内。

总体来看，日本涉及中国共产党研究的期刊论文发文时间主要集中在 1946 年

至 2021 年之间，时间跨度 76 年，年均发文数量约为 21 篇。如图 1 所示，日本对于中国共产党研究的期刊论文。虽然没有表现出明显的逐年增加的发展趋势，但是就期刊论文数量与发表时间两者高达 0.76 的相关系数数值来看，日本对中国共产党研究的期刊论文数量在总体上呈现上升趋势，只是这样的上升并非传统意义的直线上升，而是具有波动性和曲折性的上升态势。这也在一定程度上反映出在建设新中国的时代历程中，日本对于中国共产党的关注和研究经历了一个起伏变化的过程。

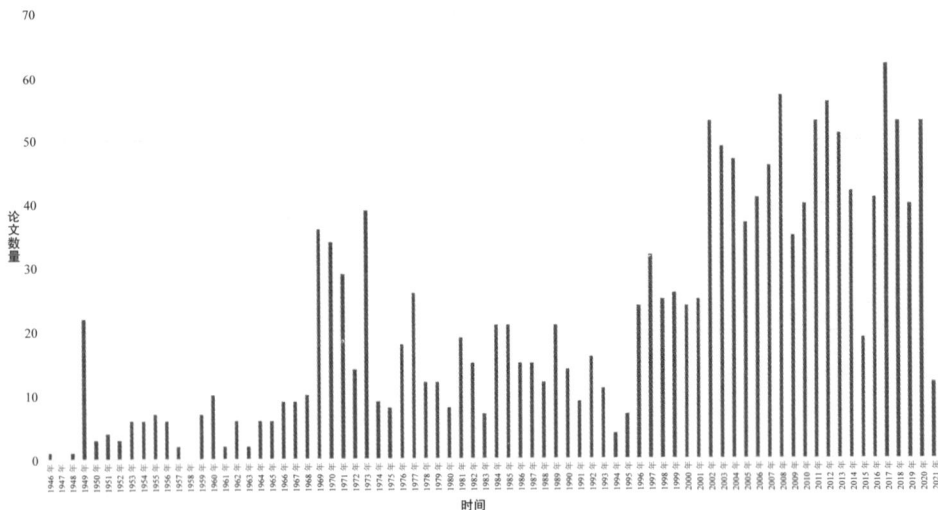

图 1　日本对中国共产党研究期刊论文年度态势图

（1）1949 年国内形势发生明显变化，在中国共产党的带领下，解放军相继取得"三大战役"及渡江战役的胜利，解放了中国大部分地区，中国的历史即将迎来崭新的一页。这期间，日本对于中国共产党在教育、贸易、民族、土地等方面的政策以及党的组织建构、主要领导人、执政能力等问题高度关注，先后有 22 篇期刊论文对以上内容进行阐释，形成了日本中国共产党研究的第一个小高峰。（2）1950年开始，中国先后经历了抗美援朝战争、"大跃进"、十年"文革"，国内环境并不稳定。虽然在这期间中国的经济、军事实力也有所发展，也取得了斐然成果，但是与处于经济高速成长期的日本相比，在经济层面依旧有着较大差距。对于中国的建设发展，日本社会所持态度并不乐观。虽然 1960 年前后，受到日本反安保条约运动的影响，中国共产党特别是毛泽东思想及相关论著对日本产生重大影响，日本中国共产党研究的数量在这一时期略有增长，但就总体而言，在 1950 年至 1968 年的 19 年间，日本对于中国共产党的研究处于一个相对沉寂的时期，年均发表期刊论文仅 5 篇，最多时也不超过 10 篇。研究视角主要集中于中国共产党的领导人物、相关政策、重大会议、历史沿革等方面，尤以党史研究最为频繁。（3）1969 年，由于"文化大革命"的影响，国内的极"左"思潮愈加严重；1971 年，以林彪为首的反革命集团覆灭，中国恢复在联合国的合法权利；1972 年，时任美国总统尼克松访问中国，中美两国关系正常化进行开始；同年日本首相田中角荣访华，中日两国正式建立外交关系；1973 年，中国共产党第十次全国代表大会召开，新一届中央领导集体产生。在这 5 年间，中国所处国内、国际环境不断向好，尤其是中美、中日关系的改善，使得日本开始重新审视中国共产党，并积极开展对中国共产党的相关研究，年均期刊论文发表数量高达 30 篇，日本中国共产党研究迎来又一个高峰。相关研究视角仍然集中于党的组织建设、人物评析、重要会议、党史研究方面。此后，日本对中国共产党的研究进入了一个整体稳定但略有起伏的时期，虽然年均期刊论文发表数量较前一时期有所减少，但是总量大、持续性强。这一时期内，中国改革开放带来的经济水平的不断提升引起了日本社会的关注，但同时受到东欧剧变、苏联解体的影响，国外许多学者认为中国共产党终究会重蹈苏联及东欧国家共产党的覆辙，加之日本国内在这一时期也经历了数次经济动荡，在上述多方面因素的共同影响作用下，形成了这一特殊的研究态势。（4）1997 年，随着香港回归，世界惊讶地发现中国共产党不但没有像他们预想的一样重蹈东欧剧变的覆辙，反而执政地位愈加巩固、执政成就愈加辉煌，反倒是资本主义世界陷入新一轮金融危机，[1] 世界的目光再一次聚焦到中国、聚焦到中国共产党身上，日本对中国共产党相关研究的成果数量也到达一个新的高峰。（5）到了 21 世纪，日本对中国共产党的研究形成了一个长期性、持续性的高峰。2000 年至 2020 年的 21 年间发表的关于中国共产党的期刊论文数量达到 924 篇，占日本中国共产党研究期刊论文总量的约 58%，年均发表期刊论文数量高达 44 篇（由于 2021 年只有

---

[1] 韩强.国外对中国共产党建设的研究述评[J].马克思主义研究，2012（9）.

第一季度研究成果，不能反映 2021 年整体研究情况，故本节计算数据不包括 2021 年研究成果）。这主要是由于进入新世纪后中国经济实力飞速提升，特别是在以习近平同志为核心的党中央坚强领导下，中国的综合国力也跻身世界前列，并成功实现了建成全面小康社会的第一个百年目标。中国取得的巨大成就使世界再一次聚焦中国，中国共产党也再一次成为世界探究的焦点。与以往的研究视角相比，21 世纪日本中国共产党研究虽然依旧包括人物评析、党史研究、政策研究、会议纪要，但是对相关政策和会议纪要的研究更加向纵深发展，即更加重视政策、会议纪要对中国、日本、国际环境的影响，而不再是单纯的翻译转录；更加重视中国共产党的对外交流、国际关系建设；更加重视对中国共产党党建体制和未来发展的分析。换而言之，21 世纪日本中国共产党研究视角显示出多维度、国际化的趋势。

2. 发文刊物

（1）期刊发文数量总览

根据对相关数据的整理，在日本发行出版的期刊中，内容涉及中国共产党研究的期刊共计有 420 家，但各家期刊发表的关于中国共产党研究的论文在数量上存在较大差异。如表 1 所示，仅发表过 1 篇关于中国共产党研究论文的期刊有 217 家，占相关期刊总数的 52%；发表过 2 篇相关研究论文的期刊有 73 家，占相关期刊总数的 17%；发表过 3 篇相关研究论文的期刊有 33 家，占相关期刊总数的 7.9%；发表过 4 篇相关研究论文的期刊有 23 家，占相关期刊总数的 5.5%；发表过 5 篇和 6 篇相关研究论文的期刊各有 15 家，各占相关期刊总数的 3.6%；发表过 7 篇相关研究论文的期刊仅有 2 家，占相关期刊总数的 0.5%；发表过 8 篇相关研究论文的期刊有 4 家，占相关期刊总数的 1%；发表过 9 篇相关研究论文的期刊有 3 家，占相关期刊总数的 0.7%；发表过 10 篇相关研究论文的期刊有 5 家，占相关期刊总数的 1%；发表过 10 篇以上相关研究论文的期刊有 30 家，占相关期刊总数的 7.4%。总体而言，虽然发表涉及中国共产党研究论文的期刊数量众多，但是约 93% 的期刊发表相关论文数量在 1 至 10 篇左右，绝大部分期刊刊载的相关研究论文极为有限，能够长期、稳定地刊载关于中国共产党研究论文的期刊仅占期刊总数的极少部分，期刊间刊载数量差异明显。（见表 1）

表1 日本中国共产党研究期刊发文数量一览表

序　　号	论文数量（篇）	期刊数量（种）	比例（%）
1	1	217	52.0
2	2	73	17.0
3	3	33	7.9
4	4	23	5.5
5	5	15	3.6
6	6	15	3.6
7	7	2	0.5
8	8	4	1.0
9	9	3	0.7
10	10	5	1.0
11	10 以上	30	7.4

（2）发文刊物总览

如表2所示，涉及中国共产党研究论文发文数量在10篇以上的期刊有30家，发文数量总计达到758篇，占期刊论文总量的约46.7%，呈现集中分布态势。换而言之，这30家期刊是日本发表关于中国共产党研究论文的主要期刊，且从发文时间来看，30家期刊中有24家的发文时间从20世纪一直持续到21世纪，呈现相对良好的发文持续性。其中，"アジア研究""エコノミスト""正論""Hanada""现代中国研究"5家期刊发表的涉及中国共产党研究的论文一直持续到2020年（考虑到部分期刊属于年刊或半年刊，2021年还未出刊，所以以2020年出刊的期刊计算，2021年已经出刊且含有中国共产党研究论文的刊物也包含其中）。由日本中国研究所发行的期刊"中国研究月报"刊载关于中国共产党研究的期刊论文74篇，为420家期刊之最，发文时间从1969年持续至2018年，时间跨度长达50年。紧随其后的"世界週報""アジア經濟旬報""アジア研究"3家期刊发文数量均在

50篇（含50篇）以上。此外，由日本飞鸟新社发行的期刊"Hanada"在2016年至2020年的4年间发表涉及中国共产党研究的期刊论文27篇，年均发表论文约5篇；由爱知大学现代中国学会发行的期刊"中国21"在2000年至2002年的3年间发表涉及中国共产党研究的论文12篇，年均发表论文4篇，是420家期刊中发表涉及中国共产党研究期刊论文最为频繁的2家期刊。

表2　日本中国共产党研究论文发文数量10篇以上期刊一览表

序　　号	期刊名称	数　　量	发文时间
1	中国研究月報	74	1969年至2018年
2	世界週報	69	1954年至2004年
3	アジア経済旬報	52	1968年至1984年
4	アジア研究	50	1955年至2020年
5	海外事情	48	1979年至2018年
6	エコノミスト	34	1969年至2021年
7	問題と研究	33	1996年至2010年
8	東亜	30	1997年至2019年
9	正論	30	1999年至2021年
10	Hanada	27	2016年至2020年
11	法学研究	22	1952年至2018年
12	中国経済	20	2000年至2011年
13	アジア経済	19	1965年至2019年
14	愛知大学法経論集	19	1955年至1971年
15	歴史評論	18	1962年至2017年
16	週刊ダイヤモンド	18	2012年至2019年
17	現代の理論	17	1973年至1986年

续　表

序　号	期刊名称	数　量	发文时间
18	日中経協ジャーナル	16	1997 年至 2013 年
19	世界思想	16	2005 年至 2019 年
20	中央公論	16	1956 年至 2014 年
21	自由	16	1967 年至 1993 年
22	東洋学報	14	1962 年至 2013 年
23	人民中国	14	2003 年至 2017 年
24	諸君	14	1989 年至 2008 年
25	前衛	13	1951 年至 2001 年
26	サピオ	12	2001 年至 2011 年
27	現代中国研究	12	1999 年至 2020 年
28	月刊共産圏問題	12	1963 年至 1973 年
29	中国 21	12	2000 年至 2002 年
30	朝日ジャ−ナル	11	1976 年至 1991 年

（二）博士论文

1.博士论文发文趋势

博士论文数据来源于日本学术论文数据库。如图 2 所示，经检索筛选后共计检索到关于中国共产党研究的博士论文 50 篇，发表时间自 1960 年至 2019 年，年均发文约 2 篇。除 1999 年和 2010 年外，每年发表的涉及中国共产党研究的博士论文数量整体较为稳定，并未出现较大波动。此外，50 位以中国共产党研究为研究主题获得博士学位的学者中，日本学者 29 位，中国学者 21 位。其中，有记录以来最早以中国共产党研究作为博士论文的是日本学者石川忠雄，1960 年以"第一次国共合作をめぐるコミンテルンと中国共産党"为研究内容获得日本庆应义塾大学法学博士学位；而以中国共产党作为研究内容的最新博士论文是中国学者纪振勇于

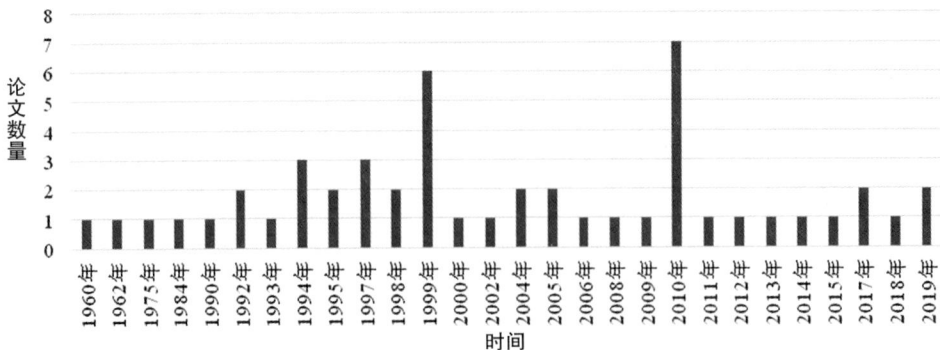

图 2 涉及中国共产党研究博士论文发文年度态势

2019 年发表的《東北における中国共産党の宣伝戦略（1945—1953）：ソ連に関する宣伝を中心に》，其通过该研究内容获得广岛大学学术型博士学位。

2. 博士论文学科分类

虽然日本涉及中国共产党研究的博士论文在数量上较少，但是涉及的学科领域广泛。如图 3 所示，50 篇博士论文涉及法学、社会学、文学、学术、商学、经济学、政治学、历史学、教育学、人类科学、农学、国际学、中国研究、政策科学、美国研究 15 个学科门类。整体来看，所涉及的学科均集中于人文社科领域，其中尤以法学学科最甚，相关博士论文达 12 篇，占中国共产党研究博士论文总量的四分之一；其次是学术型博士学位论文 10 篇，占比 20%；文学学科博士论文 7 篇，占比 14%。以上 3 个学科是日本涉及中国共产党研究博士论文的主要集中学科。

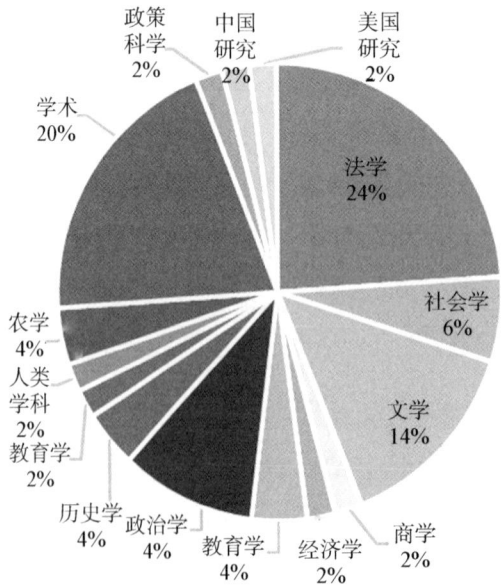

图 3 博士论文涉及学科

3. 培养机构

如表 3 所示，从培养机构来看，涉及中国共产党研究博士学位授予的培养机构包括爱知大学、东京大学、京都大学、庆应义塾大学、立命馆大学、九州大学、名古屋大学、早稻田大学等在内共有 27 所大学，其中，庆应义塾大学是授予以中国共产党为研究内容的博士学位最多的大学，授予学位人数 9 人，且均为法学学科博士学位。庆应义塾大学法学部研究生院设有法律学和政治学两个学科，法律学科主要研究民事法和公法，政治学科主要研究日本政治史、思想史及国际政治史、思想史，其中，现代中国政治及现代中国政治史一直是政治学科的研究重点和热点。两个学科研究内容虽然不同，但是满足博士毕业条件后授予的博士学位类型相同，即法学博士学位。换而言之，庆应义塾大学研究中国共产党的法学学科博士虽然有 9 位，但是这些学者研究涉及的领域并非法学，而是政治学。庆应义塾大学下设有东亚研究所，以中国和朝鲜半岛的政治学及历史学问题为研究焦点，形成一批以石川忠雄、高桥伸夫等为代表的研究东亚政治、特别是研究中国政治及政治史的学者，在很大程度上促进了庆应义塾大学对东亚政治，特别是中国政治及政治史研究的聚集效应的形成，同时也是庆应义塾大学中国共产党研究的博士学者数量明显多于其他大学的重要原因。

表 3　日本中国共产党研究博士培养机构一览表

序号	博士论文数量（篇）	培 养 机 构
1	1	爱知大学、北海道大学、东京工业大学、法政大学、青山学院大学、拓殖大学、一桥大学、北九州市立大学、九州大学、东北大学、立命馆大学、千叶大学
2	2	东京都立大学、东京外国语大学、早稻田大学、中央大学、中央大学、广岛大学、同志社大学、综合研究大学院大学、新潟大学、岩手大学
3	3	名古屋大学、东京大学、京都大学
4	9	庆应义塾大学

此外，博士就读期间以中国共产党为研究主题的学者中，东京大学、京都大学、名古屋大学各有 3 位；东京都立大学、东京外国语大学、广岛大学、同志社大学、新潟大学、岩手大学、早稻田大学、中央大学各有 2 位；爱知大学、北海道大

学、东京工业大学、法政大学、青山学院大学、拓殖大学、北九州市立大学、九州大学、东北大学、立命馆大学、千叶大学 12 所大学各有 1 位。虽然这一部分大学在研究中国共产党的博士学位学者的数量上不及庆应义塾大学，但是这些大学作为日本国内的一流大学，同样是日本进行中国共产党研究的重要组成部分。值得一提的是，日本大学尤为热衷研究中国问题，几乎每个大学都会有涉及中国研究的学科，只是这些学科并非研究中国问题的专门学科，而是将中国研究纳入东亚研究、政治学、历史学、社会学等相关学科的下位研究概念进行研究。部分大学还专门设有研究东亚及中国问题的研究机构，例如东京大学下设的东洋文化研究所，京都大学下设的史学研究会、人文科学研究所，拓殖大学下设的海外事情研究所等。

如表 4 所示，从培养机构的分布地区来看，11 所培养机构位于东京都，这也从侧面说明了东京都是日本进行中国共产党研究的核心地区。此外，3 所培养机构位于京都府；爱知县、福冈县分别有 2 所培养机构，北海道、茨城县、大阪府、宫城县、广岛县、千叶县、神奈川县、岩手县、新潟县各有 1 所培养机构。总体而言，涉及中国共产党研究的培养机构分布呈现出重点集中、分布广泛的特点。

表 4　日本中国共产党研究博士培养机构分布一览表

序号	机构所在地	机构数量（个）	机构名称
1	东京都	11	庆应义塾大学、东京大学、东京都立大学、早稻田大学、中央大学、东京工业大学、法政大学、青山学院大学、拓殖大学、一桥大学
2	京都府	3	京都大学、同志社大学、立命馆大学
3	爱知县	2	名古屋大学、爱知大学
4	福冈县	2	北九州市立大学、九州大学
5	北海道	1	北海道大学
6	茨城县	1	筑波大学
7	大阪府	1	大阪外国语大学
8	宫城县	1	东北大学

序号	机构所在地	机构数量（个）	机构名称
9	广岛县	1	广岛大学
10	千叶县	1	千叶大学
11	神奈川县	1	综合研究大学院大学
12	新潟县	1	新潟大学
13	岩手县	1	岩手大学

（三）科研课题

科研课题数据来源于日本科学研究费助成事业数据库，经检索筛选后共计获得关于中国共产党研究的立项科研课题 28 项，时间跨度自 1980 年至 2019 年。研究主题以中国共产党党史、相关政策、体制建设、法制建设为主，涉及历史学、人文学、社会学、政治学等多学科领域；涉及北海道大学、常磐大学、大东文化大学、东北大学、京都大学、早稻田大学等 19 所日本高校研究机构。

具体而言，20 世纪关于中国共产党的研究课题为 2 项，分别是竹内实于 1980 年至 1982 年对中国共产党史资料进行的立项研究；丸田孝志于 1998 年至 1999 年对抗日战争时期、解放战争时期中国人的社会心性和中国共产党的政策关系进行的立项研究。21 世纪关于中国共产党的研究课题为 26 项。其中，三品英宪于 2003 年至 2010 年先后 3 次获批立项课题对近代华北农村社会经济与中国共产党土地改革的关系、解放战争时期中国共产党在华北农村社会的政权确立过程、毛泽东时期中国共产党领导的合理性理论和社会进行相关研究；阿南有亮于 2007 年至 2013 年先后 2 次获批立项课题对近代中国社会的武装化和中国共产党武装斗争的关系、中国共产党军队建设和基层社会进行相关研究；川田进于 2004 年至 2013 年先后 2 次获批立项课题对新疆东部地区中国共产党民族政策、宗教政策及民族自治制度、中国共产党在四川省和西藏自治区的宗教政策及统一战线活动进行相关研究；菱田雅晴于 2007 年至 2015 年先后 2 次获批立项对中国共产党的政治社会学进行实证研究；此外，杜崎群杰、荒武达朗、工藤文、吉开将人、加茂具树、金哲、鹿锡俊、

内藤宽子、山本真、藤野彰、益尾知佐子、梅村卓、泽井充生分别获批立项课题 1
项，主要研究焦点集中于中国共产党史、抗日战争时期日本和中国共产党关系、中
国共产党党建体制、人民代表大会制度变革、土地政策、中国共产党的宣传政策等
方面。

28 项研究课题中，基础研究课题 14 项，奖励研究课题 1 项，青年研究课题 6
项，特别研究员奖励课题 5 项，一般研究课题 1 项，研究活动启动支援课题 1 项，
科研费用总计一亿六千五百三十八万九千日元（折合人民币约 991 万元）。从上述
数据来看，日本对中国共产党研究的科研课题主要以基础研究课题为主，约占立项
课题总数的 50%，同时也重视青年研究课题的立项，积极支持青年学者对中国共
产党的研究。

（四）专著

日本涉及中国共产党研究的专著数据来源于日本国立国会图书馆，以"中国共
产党"为关键词进行检索，资料类别设定为"图书"，经整理后所得相关专著共计
1 322 种。根据撰写文本所使用的语言的不同，大致可分为中文专著、日语专著、
英语专著和朝鲜语专著 4 种。由于英语专著（3 种）和朝鲜语专著（2 种）数量极
少，且编者并非日本相关机构或学者，所以不纳入本文讨论范围内。本文主要对日
本馆藏涉及中国共产党研究的中文专著和日语专著进行重点论述，具体如下：

1. 中文专著

中文专著指由中国学者或机构编写且由中国出版社出版，但在日本有馆藏的
专著，这类专著共计 910 种。从出版时间来看，这类专著的出版时间从 1948 年至
2020 年，且中途不曾间断，即 1948 年至 2020 年的 73 年间，中国国内每年出版的
关于中国共产党的专著成果在日本均有部分馆藏。从编者来看，除 138 种专著编者
不明外，其余 772 种专著中，285 种由中央各级党政机关部门及地方各级党政机关
部门编写，涉及中央和地方各级党政机关部门 145 个，其中以中共中央党史研究室
（35 种）和中共中央党校（15 种）所编写专著数量最多。另有 487 种专著由中国各
时期领导人和学者编写，其中，由毛泽东所著专著在日本馆藏数量达到 43 种，为
日本馆藏中国各时期领导人所著涉及中国共产党专著数量最多的领导人。从专著内
容来看，日本馆藏涉及中国共产党研究的中文专著内容主要集中在党的章程、党的

历史、党在各时期的重要会议和决议内容、党在各时期相关政策的制定以及党在各时期的军政大事件等内容。

2. 日语专著

日本馆藏涉及中国共产党研究的日语专著分 2 类，一种是由中国外文出版社将国内涉及中国共产党研究的专著直接翻译为日语并在日本出版发行的专著，根据数据来看，这类专著在日本的馆藏数量为 32 种，主要涉及中国共产党各时期重要会议文献集、毛泽东作品选集。另一种则是由日本机构或学者编写翻译、由日本出版社进行出版的专著，这一类专著共计 375 种，同时本文论述也以这 375 种专著为基础数据进行。

（1）出版趋势

如图 4 所示，日本涉及中国共产党研究的专著从 1930 年开始出版，一直持续到 2021 年，在长达 92 年的时间里，除 1945 年、1947 年、1966 年、1979 年、1982 年、1999 年、2000 年这 7 年间未见相关专著出版外，其余年间均有不同数量的涉及中国共产党研究的专著出版。除 1 种专著出版时间不明外，21 世纪以前（1930 年至 2000 年）日本出版涉及中国共产党研究的专著 238 种，年均出版 3.4 种；进入 21 世纪至今，出版相关专著 136 种，年均出版 6.5 种。从整体上看，日本涉及中国共产党研究专著的出版数量随着时间的推移呈现局部波动、整体上升的趋势，特别是进入 21 世纪以后，这种趋势表现得尤为明显。此外，日本涉及中国

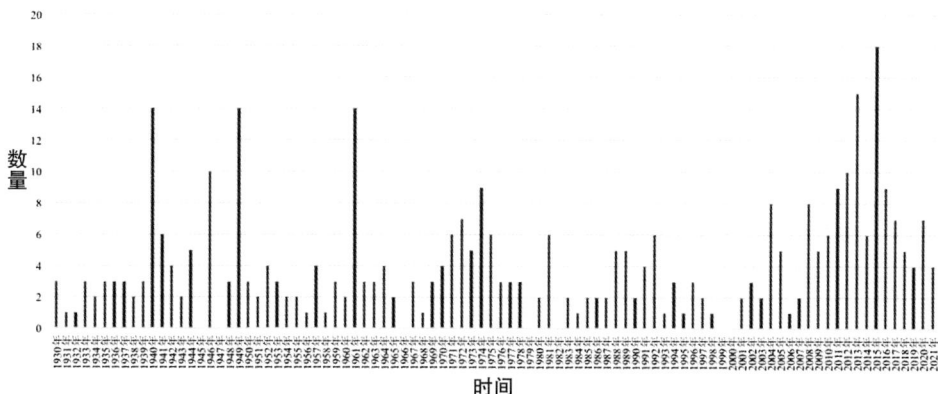

图 4　在日本关于中国共产党研究专著出版时间一览表

共产党研究专著在 1940 年、1949 年、1961 年、2013 年、2015 年出现了 5 次出版高潮，这主要是受到当时时代背景、国际环境、中日两国关系等多重因素影响而形成的。

（2）出版专著学者总览

375 种日语专著中，有 56 种由外国学者编写、日本学者翻译。其余 319 种专著中，194 种由日本学者编写，54 种由日本相关机构编写，71 种编者不明。如表 5 所示，出版涉及中国共产党研究专著的学者共计 140 人，其中，出版专著仅 1 种的学者人数 109 人，占出版专著学者总人数的 77.86%；出版专著 2 种的学者人数 23 人，占学者总人数的 16.43%；出版专著 3 种的学者人数 5 人，占学者总人数的 3.57%；出版专著 4 种的学者仅 1 人，占学者总人数的 0.71%；出版专著在 5 种以上（不包括 5 本）的学者人数 2 人，占学者总人数的 1.43%。出版专著 5 种以上的 2 位学者分别是中西功、波多野乾一，前者是日本共产主义运动者、中国问题政治评论家、原日本共产党参议院议员，其关于中国共产党研究的著作《中国共产党史》[1]《中国共产党和民族统一战线》[2] 是日本中国共产党史研究的重要成果之一。后者波多野乾一是日本产业经济新闻社记者、中国问题研究家，其关于中国共产党研究的著作主要以对中国共产党党史研究的《中国共产党史：资料集成》[3] 7 卷最具代表性。

（3）出版专著机构

出版涉及中国共产党研究专著的日本机构共计 32 所。如表 6 所示，出版专著仅 1 种的机构 25 所，占出版涉及中国共产党研究专著的日本机构总数的 78.13%；出版专著 2 种的机构 3 所，占机构总数的 9.38%；出版专著 3 种的机构 2 所，占机构总数的 6.25%；出版专著 5 种及 5 种以上的机构各 1 所，各占机构总数的 3.13%。其中，出版相关专著最多的机构为日本国际问题研究所（12 种），该机构成立于 1959 年，旨在通过对国际问题的调查研究，为日本外交及相关政策的制定提出具有科学性、建设性的意见，其下设中国部，专门对中国问题进行调查研究。

---

[1] 中西功.中国共产党史［M］.東京：北斗書院，1946.

[2] 中西功.中国共产党と民族統一戦線［M］.京都：大雅堂，1946.

[3] 波多野乾一.中国共产党史：資料集成［M］.東京：時事通信社，1961.

在 1970 年至 1975 年的 5 年间，该机构先后出版《中国共产党史资料集》[1] 12 卷，对各时期中国共产党的大事件及发展情况进行详细记录（见表 5、表 6）。

表 5　出版专著日本学者一览表

出版数量（种）	人数（位）	占比（%）
1	109	77.86
2	23	16.43
3	5	3.57
4	1	0.71
5 以上	2	1.43

表 6　出版专著日本机构一览表

出版数量（种）	机构数量（个）	占比（%）
1	25	78.13
2	3	9.38
3	2	6.25
5	1	3.13
5 以上	1	3.13

（4）出版社

如表 7 所示，除 1 种专著出版社不明外，其余涉及中国共产党研究专著出版的出版社共计 183 家。其中，出版专著仅 1 种的出版社 108 家，占相关出版社总数的59.02%；出版专著 2 种的出版社 38 家，占出版社总数的 20.77%；出版专著 3 种的出版社 10 家，占出版社总数的 5.46%；出版专著 4 种的出版社 12 家，占出版社总数的

---

[1]　日本国际问题研究所中国部会 . 中国共产党史资料集 第 1 卷［M］. 东京：劲草书房，1975.

6.56%；出版专著 5 种及以上（包括 5 种）的出版社 15 家，占出版社总数的 8.20%。

在出版涉及中国共产党研究专著的出版社中，有 10 家出版社出版专著数量在 5 种以上（不包括 5 种），具体如表 8 所示。在 10 家出版社中，"劲草书房"出版涉及中国共产党研究专著数量最多，共计 19 种，占相关专著总数的 5.07%。"三一书房""创元社"紧随其后，分别出版相关专著 11 种和 10 种，各占相关专著总数的 2.93% 和 2.67%。"岩波书店""中央公论社"出版专著数量虽不及前述 3 家出版社，但是这 2 家出版社无论从设立时间还是在日本国内的影响来看，都是日本出版行业的翘楚。"时事通信社"设立于 1945 年，属于日本民营新闻公司，同时兼营出版业务，就涉及中国共产党研究的专著而言，该公司先后出版相关专著 8 种，占相关专著总数的 2.13%。"东亚研究所""兴亚院政务部"各出版相关专著 7 种，各占相关专著总数的 1.87%，两者均为战时日本所设对华调查研究机构，前者于 1946 年解散、后者于 1942 年废止。此外，"外务省情报部"也属于战时对华情报调查机构，并于 1945 年解散。该机构在设立期间出版涉及中国共产党研究专著 6 种，占相关专著总数的 1.6%。"公安调查厅"出版相关专著 6 种，占相关专著总数的 1.6%，该机构为日本现代行政机构，虽然以维护国内公共安全为主要任务，但同时也负责对日本所设假想敌对国家的情报收集，这其中就包括对中国国内、国际形势信息的收集。总体而言，日本出版涉及中国共产党研究专著的出版社类型多样，虽然一些出版社出版相关专著数量有限，有些出版社甚至已经废止，但是像"岩波书店""中央公论社"等在日本影响力巨大的出版社至今仍在出版相关专著。

表 7　出版中国共产党研究专著出版社一览表

出版数量（种）	出版社数量（个）	占比（%）
1	108	59.02
2	38	20.77
3	10	5.46
4	12	6.56
5 及以上	15	8.20

表 8　出版中国共产党研究专著 5 本以上出版社一览表

出版社名称	出版数量（种）	占比（%）
劲草书房	19	5.07
三一书房	11	2.93
创元社	10	2.67
时事通信社	8	2.13
东亚研究所	7	1.87
兴亚院政务部	7	1.87
岩波书店	7	1.87
公安调查厅	6	1.60
外务省情报部	6	1.60
中央公论社	6	1.60

二、日本中国共产党研究学者群体考述

　　通过对期刊论文、博士论文、科研课题、专著数据的合并统计，能够检索到的数据中涉及日本中国共产党研究的学者共计 677 位，但是由于本章节主要论述的学者群体为日本学者及外国留日学者，所以虽然前述将中国各时期领导人宣读的相关文件及决议归为日本中国共产党研究的相关成果，但是在本章节，毛泽东、周恩来、江泽民等国家领导人并不属于日本学者或外国留日学者，因而不纳入本章论述范围。经过筛选后最终确定日本中国共产党研究学者668 位，其中，能够检索到确切身份的学者 464 位，能够检索到学者所在机构的 350 位。基于上述数据，从学者身份和学者所在机构两方面对日本中国共产党研究的学者群体进行整体分析，以期呈现日本中国共产党研究学者群体的整体状况。

（一）研究学者身份

如表9所示，在身份明确的学者中，人数占比前十的学者身份分别为大学教师、研究所研究员、记者、政治学者、评论家、作者、历史学家、企业家、议员、政府官员。其中，大学教师人数294位，占已知确切身份的日本中国共产党研究学者总人数的63.3%，是日本中国共产党研究领域的中坚力量。且在294位大学教师中，227位为正高级教授、30位为副高级教授、25位为讲师、12位为助教，多为人文社科领域学者，研究领域主要涉及地区研究、社会学、政治学、教育学、法学、国际关系、历史学、情报学等人文社科经典领域。此外，在227位大学正高级教授中，有28位同时也是日本的政治学者、20位是历史学者、4位是时事评论家、3位是研究所研究员，兼具双重身份。总体而言，日本中国共产党研究学者身份多样，但是不同身份学者的人数占比分布极不均衡，形成了以大学教师为主体，多职业、多领域共同开展的研究态势。

表9　日本中国共产党研究学者身份一览表

学者身份	人数（位）	占比（%）	学者身份	人数（位）	占比（%）
大学教师	294	63.3	企业家	7	1.5
研究所研究员	61	13.1	议员	4	0.9
记者	34	7.3	政府官员	3	0.6
政治学者	20	4.5	经济学者	3	0.6
评论家	17	3.7	文学学者	2	0.4
作家	10	2.2	翻译家	1	0.2
历史学者	7	1.5	教育家	1	0.2

（二）研究学者发表成果数量差异

如前所述，目前能够确认的涉及日本中国共产党研究的学者数量高达664位，但是就学者发表的关于中国共产党研究的成果数量而言，不同学者间发表的成果数量并不均衡，呈现出明显的差异性。具体如表10所示，仅发表过1篇相关成果的学者多达 443 位，占已知涉及中国共产党研究学者总人数的 66.7%，超过半数以上；发表过 2 篇相关成果的学者 109 位，占总人数比 16.4%；发表过 3 篇相关成果的学者 35 位，占总人数比 5.3%；发表过 4 篇相关成果的学者 22 位，占总人数比 3.3%；发表过 5 篇相关成果的学者 17 位，占总人数比 2.6%；发表过 6 篇相关成果的学者 6 位，占总人数比 0.9%；发表过 7 篇相关成果的学者 8 位，占总人数比 1.2%；发表过 8 篇相关成果的学者 7 人，占总人数比 1%；发表过 9 篇相关成果的学者 4 位，占总人数比 0.6%；发表过 10 篇及以上相关成果的学者 13 位，占总人数比 2%。

总体而言，虽然日本涉及中国共产党研究的学者群体数量庞大，但是超过半数以上的学者所发表的相关研究成果相对有限，换而言之，在涉及中国共产党研究的庞大学者群体中，超半数以上的学者并非以中国共产党为专门研究领域，或是以中国共产党以主要研究方向，只有极少一部分学者主要致力于中国共产党研究。若以 5 篇相关成果为学者是否主要致力于中国共产党研究的判定标准，那么主要致力于中国共产党研究的学者人数也仅有 55 人，占总人数比 8.3%。

表 10　日本中国共产党研究学者发文数量比例一览表

序　号	发文数量（篇）	学者数量（位）	占比（%）
1	1	443	66.7
2	2	109	16.4
3	3	35	5.3
4	4	22	3.3
5	5	17	2.6
6	6	6	0.9
7	7	8	1.2
8	8	7	1.0
9	9	4	0.6
10	10 及以上	13	2.0

（三）研究学者发文时间跨度及发文频率

学者发文起始时间、发文时间跨度（发表的关于中国共产党研究的第 1 篇成果与最新 1 篇成果间的时间差）及发文频率（发表的关于中国共产党研究的成果总数与发文时间跨度之比，数值越大则说明该学者在研究期间成果越多，反之成果越少）能集中体现学者群体对某一研究的持续关注程度，为呈现日本学者群体对中国共产党研究的持续关注程度，对发文数量在 2 篇及以上的学者进行统计整理（由于涉及发文时间跨度的计算，因此本章节论述不涉及发文数量为 1 篇的学者群体），具体如表 11 所示。

表 11　日本中国共产党研究学者发文起始时间一览表

发文时间	人数（位）	占比（%）
1949—1960	6	2.7
1961—1970	17	7.7
1971—1980	21	9.5
1981—1990	17	7.7
1991—2000	41	18.6
2001—2010	80	36.2
2011—2020	39	17.6

如表 11 所示，从发文起始时间来看，日本关于中国共产党研究的论文成果自 1949 年开始发表，一直持续至 2020 年，在每个时期都会涌现出一批研究中国共产党的学者群体，但是每个时期学者群体的人数存在明显差异。1949 年至 1960 年新中国成立初期，日本开始发表涉及中国共产党研究论文成果的学者仅 6 人，占相关学者总人数的 2.7%。但从 1961 年至 1970 年，开始发表涉及中国共产党研究论文的学者就达到 17 位，比上一时间段多了近 3 倍；特别是 2001 年至 2010 年，发表涉及中国共产党研究论文的学者数量激增到 80 位，占相关学者总人数的 36.2%。总体而言，新中国成立初期研究中国共产党的学者数量相对有限，但随着时间的推

移，相关学者数量逐渐增多，特别是从 20 世纪 90 年代开始，这种人数上的增加表现得尤为明显。

　　如表 12 所示，从发文时间跨度来看，发文时间跨度在 1 年至 5 年的学者人数最多，达到 109 位，占学者总人数的 49.3%，换而言之，近乎一半的日本学者对中国共产党的研究时间跨度在 1 年至 5 年之间；其次是研究时间跨度在 6 年至 10 年间的学者群体，人数 45 位，占学者总人数的 20.4%；发文时间跨度在 11 年至 15 年间的学者 28 位，占学者总人数的 12.7%；发文时间跨度在 16 至 20 年间的学者 16 位，占学者总人数的 7.2%。发文时间跨度超过 20 年以上的学者人数均在 10 人以下，且随着时间跨度越来越长，相关学者的人数也在逐渐减少。日本中国共产党研究时间跨度最长达到 36 至 40 年，人数 4 位，占学者总人数的 1.8%。

表 12　日本中国共产党研究学者发文时间跨度一览表

发文时间跨度（年）	人数（位）	占比（%）
1—5	109	49.3
6—10	45	20.4
11—15	28	12.7
16—20	16	7.2
21—25	7	3.2
26—30	7	3.2
31—35	5	2.2
36—40	4	1.8

　　如表 13 所示，从发文频率来看，发文频率在 0 至 1 之间的学者数量达到 153 位，占学者总人数的 69.2%；发文频率在 1 至 2 的学者数量 55 位，占学者总人数的 24.9%；发文频率达到 5 及以上的学者人数仅 2 位，占学者总人数的 0.9%。总体而言，绝大部分学者在对中国共产党进行研究期间所形成的相关成果数量是极为有限的，研究实践跨度长且相关成果丰富的学者数量屈指可数。

表 13　日本中国共产党研究学者发文频率一览表

发文频率（次）	人数（位）	占比（%）
0—1	153	69.2
1—2	55	24.9
2—3	7	3.2
3—4	2	0.9
4—5	2	0.9
5—6	0	0.0
6—7	0	0.0
7—8	2	0.9

整体而言，日本中国共产党研究的学者群体呈现出相对良好的连续性，每个时代都会定期涌现出一批进行中国共产党研究的学者群体，同时学者间也呈现出良好的继承性与发展性。但是学者群体对中国共产党研究的时间跨度长短和发文频率的差异明显，反映出日本中国共产党研究群体中进行中国共产党长期研究的学者极为有限，大部分学者对中国共产党的研究只占据学术生涯的部分时间。

（四）代表学者及其著述

日本在对中国共产党进行的长达 76 年的研究中涌现出一批具有代表性的学者（详见表 14）。这些学者对中国共产党的研究不仅时间跨度长，而且形成的相关成果丰富。从发文时间来看，日本中国共产党研究呈现出高度的持续性，不同时期都会涌现出一批具有代表性的学者，特别是进入 21 世纪后，代表性学者数量以及相关研究成果的发表时间出现了交叉重叠、集中连片的情况，这也从侧面反映出新世纪以来，随着中国经济和综合国力的不断提升，日本社会对中国共产党的关注度及相关研究也在不断深化，且以中国共产党为主要研究方向的学者数量不断增多。

1. 伊达宗义

伊达宗义是日本中国共产党研究的著名学者，曾先后担任拓殖大学教授、花园大学名誉教授、拓殖大学海外事情研究所所长等职，以研究中国军事问题见长。其对中国共产党的研究从 1979 年开始至 2002 年，持续了 24 年，共计发表相关成果 35 篇。1984 年至 1989 年是其中国共产党研究的主要时期，其在此期间以"中国共产党略史"为研究主题连续撰文 28 篇，对中国共产党自建党以来的几乎所有大事件进行简述分析，并附有中国共产党 1921 年至 1988 年间主要会议一览表。拓殖大学后援会对上述研究成果进行整理修订，定名为《中国共产党略史》，[1] 于 1991 年正式出版。该书出版至今仍旧是日本学者进行中国共产党及党史研究的重要书目。此外，伊达宗义还聚焦中国共产党第 14 次全国代表大会，就本次大会中涉及的中国军队建设内容进行分析，对中国军队未来动向提出预测；[2] 对于中国近现代史，他专门撰写了从辛亥革命至中国共产党创立、从中国共产党创立到南昌起义两部论著，对中国共产党近现代史进行梳理总结。总体而言，伊达宗义对中国共产党的研究主要侧重于党史研究和军队建设问题。

2. 野间清

野间清曾任职于南满洲铁道株式会社调查科，由于南满洲铁道株式会社性质的特殊性，其在此期间对中国的调查主要以中国农村调查和经济调查为主，并未涉及中国共产党。日本战败后，其任职于爱知大学法学部，并担任爱知大学国际问题研究所所长，正式开启了对中国共产党的相关研究。其对中国共产党的研究主要集中在 1969 年至 1976 年间，先后发文 18 篇，研究主要聚焦于中国共产党的土地政策演变，对中国共产党在抗日战争时期、第二次国内革命战争时期、解放战争时期的土地政策进行分析，指出中国共产党在不同时期土地政策的演变过程，并分析土地政策在中国共产党各个革命时期所发挥的重要作用。野间清对中国共产党不同时期土地政策的研究成果，主要得益于其早年任职于南满洲铁道株式会社时对中国农村进行的惯行调查，正是由于前期农村调查所形成的大量关于中国农村的第一手资料，才使得其对中国共产党土地政策演变调查得以进行。

［1］　伊達宗義. 中国共産党略史［M］. 東京：拓殖大学後援会，1991.

［2］　伊達宗義. 全大会における軍の動向（中国共産党政権のゆくえ〈特集〉）［J］. 海外事情，1993，41（1）.

3. 高桥伸夫

高桥伸夫是日本著名政治学者，担任庆应义塾大学法学部教授、亚洲政经学会会长，主要研究现代中国政治史。其对中国共产党的研究主要集中在 1988 年至 2002 年间，研究主要侧重于中国共产党在不同时期国际政治环境和政策内容的研判分析，以年均 1 篇的发文频率详细介绍了中国共产党在 1937 年至 1941 年间所处的国际政治环境，对当时中国共产党和第三共产国际的关系进行分析评价，指出中国共产党对国际形势认识的及时性和正确性。[1] 高桥伸夫还就 1950 年至 1955 年间中国共产党所处国际形势的变化进行分析，指出针对当时的国际政治环境，中国共产党的政治方针从武装斗争路线转向了和平共处路线，并对中国共产党以及和平共处的概念内涵进行详细阐释。[2] 此外，他还从地区多样性、革命多样性、农民的世界观、价值观及参加革命的动机等方面对中国共产党和中国农民的关系演变进行了论述。[3]

4. 丸田孝志

丸田孝志是广岛大学教授，主要研究领域为人文学和史学，研究主题侧重于民俗研究和中国共产党研究。其在 1993 年至 2018 年间先后发文 13 篇，对抗日战争时期中国共产党的锄奸政策进行剖析；以冀鲁豫根据地为研究区域，分析解放战争时期中国共产党在根据地的民众动员活动和社会情况，还就该地区在抗日战争和解放战争时期的中国共产党组织进行论考；此外，在其最新中国共产党研究成果中，其以中国的"五年计划"、第 17 届中国共产党第五次全体会议内容为蓝本，从新能源等 7 个领域对中国共产党在 2022 年带领中国实现美中经济地位逆转的可能性进行研判；专著方面，其著有《革命的礼仪——中国共产党根据地的政治动员与民俗》[4] 一书，该书主要探讨的是从抗日战争时期到解放战争时期，在中国共产党根据地，政治权力是如何利用时间、象征、民俗及相关信仰进行政治宣传和政治动

［1］　高橋伸夫.中国共産党の国際情勢認識とコミンテルン：1937 年~1941 年［J］.アジア研究，1988，34（4）.

［2］　高橋伸夫.武装闘争路線から平和共存路線へ——中国共産党の国際情勢認識，1950 年~1955 年［J］.法学研究，1991，64（8）.

［3］　高橋伸夫.中国共産党と農民改革——研究状況と課題［J］.法学研究，2002，75（1）.

［4］　丸田孝志.革命の儀礼：中国共産党根拠地の政治動員と民俗［M］.東京：汲古書院，2013.

员工作，可称为中国共产党根据地史研究领域的首本专著。[1]科研课题方面，其在1998 年以"抗日战争、解放战争时期中国人的社会心理和中国共产党的政策"为科研课题，对抗日战争期间中国共产党在山西根据地实行的关于新历、旧历的民俗政策进行解析，指出中国共产党在根据地实施的民俗政策是为了应对日军、傀儡政权实施的相关政策的结果。[2]

　　除上述代表学者以外，海江田万里、福岛香织、高桥博、加茂具树、濑户宏、石川忠雄、小岛朋之、宇野重昭、川田进等学者都是日本在不同时期进行中国共产党研究的代表性作者。此外，川田进所著《西藏的宗教空间——中国共产党的宗教政策和社会变化》、[3]铃木隆所著《中国共产党的支配和权力：党和新兴的社会经济精英》、[4]大泽武司所著《毛泽东对日战犯审判：中国共产党的意图和 1526 名日本人》、[5]石川祯浩所著《中国共产党成立史》、[6]菱田雅晴所著《中国共产党的生存战略》、[7]梅村卓所著《中国共产党的媒体和宣传：战后伪满洲·东北地区的历史发展》、[8]杜崎群杰所著《中国共产党"人民代表大会"制度的创立和政治过程：聚焦权力和正统性》[9]等众多日本学者著作，是海外中国共产党研究的重要组成部分和代表性成果，对于中国共产党历史研究及海外中国共产党研究都具有重要参考意义。

[1] 刘世龙.别开生面的中共根据地史研究——评丸田孝志《革命的礼仪——中国共产党根据地的政治动员与民俗》[J].抗日战争研究，2015（4）.
[2] 丸田孝志.陕甘宁边区の記念日活動と新曆·農曆の時間[J].史学研究，1998，（221）.
[3] 川田進.東チベットの宗教空間——中国共産党の宗教政策と社会変容[M].北海道：北海道大学出版会，2015.
[4] 鈴木隆.中国共産党の支配と権力：党と新興の社会経済エリート[M].東京：慶應義塾大学出版会，2012.
[5] 大澤武司.毛沢東の対日戦犯裁判：中国共産党の思惑と 1526 名の日本人[M].東京：中央公論新社，2016.
[6] 石川禎浩.中国共産党成立史[M].東京：岩波書店，2001.
[7] 菱田雅晴.中国共産党のサバイバル戦略[M].東京：三和書籍，2012.
[8] 梅村卓.中国共産党のメディアとプロパガンダ：戦後満洲·東北地域の歴史的展開[M].東京：御茶の水書房，2015.
[9] 杜崎群傑.中国共産党による「人民代表会議」制度の創成と政治過程 権力と正統性をめぐって[M].東京：御茶の水書房，2015.

表 14　日本学界中国共产党代表学者信息一览表

序号	作者姓名	发文数量（篇）	发文时间	发文时间跨度（年）
1	伊达宗义	35	1979 年至 2002 年	24
2	野间清	18	1969 年至 1976 年	8
3	海江田万里	16	1983 年至 1986 年	4
4	高桥伸夫	15	1988 年至 2002 年	15
5	樱井よしこ	15	2012 年至 2020 年	9
6	福岛香织	13	2012 年至 2020 年	9
7	丸田孝志	13	1993 年至 2018 年	26
8	高桥博	12	2002 年至 2019 年	18
9	加茂具树	12	2012 年至 2020 年	9
10	濑户宏	12	1997 年至 2020 年	24
11	石川忠雄	11	1954 年至 1966 年	13
12	小岛朋之	11	1972 年至 2002 年	31
13	宇野重昭	10	1960 年至 1981 年	22
14	北村稔	9	1985 年至 2019 年	35
15	川田进	9	2014 年至 2016 年	3
16	富坂聪	9	2012 年至 2016 年	5

三、日本中国共产党研究机构统计调查

（一）日本中国共产党研究主要机构简述

1. 主要机构类型

日本对中国共产党的相关研究由来已久，在长期的研究过程中形成了相对稳定而集中的研究机构。如表 15 所示，日本中国共产党研究的机构主要分为大学、法

人组织、政府部门、学会、研究所 5 类，共计 231 所。从各机构数量来看，涉及中国共产党研究的大学 132 所，占相关机构总数的 57.15%，相关研究成果 738 篇，占相关成果总数的 58%，无论是机构数量还是研究成果数量，大学都处于日本中国共产党研究的绝对领先地位，是日本中国共产党研究领域不可或缺的中坚力量。涉及中国共产党研究的学会 45 所，占相关机构总数的 19.48%，相关研究成果 122 篇，占相关成果总数的 9.6%；法人组织 31 所，占相关机构总数的 13.42%，相关研究成果 191 篇，占相关成果总数的 15%；独立研究所仅有 16 所，占相关机构总数的 6.92%，但是研究成果却极为丰富，达到 198 篇，占相关成果总数的 15.6%。值得关注的是，涉及中国共产党研究的政府部门仅 7 所，占相关机构总数的 3%，相关研究成果 22 篇，仅占相关研究成果总数的 1.8%，无论是在机构数量还是研究成果数量上都居于末尾，这主要是由于政府部门的相关研究事关国家决策、内容多属于机密文件，无法进行检索查阅；另一方面，大学作为国家智库的重要组成部分，其相关研究成果也是政府部门进行决策制定时重要的参考资料，换而言之，日本大学对中国共产党的相关研究也是日本政府部门对中国共产党研究的内容和重要补充。

表 15　日本中国共产党研究主要机构类型一览表

机构类型	机构数量（个）	成果数量（篇）	机构占比（%）	研究占比（%）
大学	132	738	57.2	58.0
学会	45	122	19.4	9.6
法人组织	31	191	13.4	15.0
独立研究所	16	198	6.9	15.6
政府部门	7	22	3.0	1.8

2. 主要机构区域分布概况

研究机构的区域分布情况能够反映某一研究在地区间的集中情况及在地区间的差异性。就日本中国共产党研究机构的区域分布而言，研究机构分布区域广泛，但是区域间机构分布数量呈现出显著的差异性。

如表 16 所示，从区域分布来看，关东地区有东京都、埼玉县、千叶县、群马县、神奈川县、茨城县 5 个行政区的 98 所机构涉及中国共产党研究，机构数量占全国机构总量的 57.3%，其中，位于日本首都东京都的机构就有 76 所，占全国相关机构总数的 44.44%；北海道地区仅有 4 所机构涉及中国共产党研究，机构数量占全国机构总数的 2.3%；东北地区有青森县、秋田县、山形县、福岛县、宫城县 5 个行政区的 6 所机构涉及中国共产党研究，机构数量占全国机构总数的 3.5%；中部地区有静冈县、富山县、爱知县、石川县、山梨县、新潟县、长野县 7 个行政区的 16 所机构涉及中国共产党研究，机构数量占全国机构总数的 9.4%；关西地区有兵库县、滋贺县、京都府、和歌山县、大阪府、奈良县 6 个行政区的 28 所机构涉及中国共产党研究，机构数量占全国机构总数的 16.4%；"中国地区"有广岛县、山口县 2 个行政区的 3 所机构涉及中国共产党研究，机构数量占全国机构总数的 1.2%；四国地区有高知县、德岛县、爱媛县 3 个行政区的 5 所机构涉及中国共产党研究，机构数量占全国机构总数的 2.3%；九州地区有熊本县、长崎县、宫崎县、福冈县、鹿儿岛县 5 个行政区的 13 所机构涉及中国共产党研究，机构数量占全国机构总数的 7.6%。整体来看，以东京都为代表的关东地区无疑是日本中国共产党研究的重点地区，但是关西地区和中部地区在中国共产党研究领域所发挥的作用也同样不可忽视。而北海道地区、东北地区、"中国地区"、四国地区、九州地区的中国共产党研究则相对薄弱。从日本南北走向的地形来看，日本中国共产党研究的主要机构在地理上呈现出中间多、南北少的分布特点。

表 16　日本中国共产党研究主要机构区域分布一览表

所在地区	所在行政区	机构数量（个）	占比（%）	所在地区	所在行政区	机构数量（个）	占比（%）
关东地区	东京都	76	57.3	关西地区	兵库县	4	16.4
	埼玉县	6			滋贺县	1	
	千叶县	5			京都府	7	
	群马县	1			大阪府	10	
	神奈川县	6			奈良县	4	
	茨城县	4			和歌山县	2	

续　表

所在地区	所在行政区	机构数量（个）	占比（%）	所在地区	所在行政区	机构数量（个）	占比（%）
东北地区	青森县	1	3.5	九州地区	熊本县	2	7.6
	山形县	2			长崎县	1	
	秋田县	1			宫崎县	1	
	福岛县	1			福冈县	7	
	宫城县	1			鹿儿岛县	2	
四国地区	高知县	1	2.3	中部地区	静冈县	3	9.4
	德岛县	2			爱知县	6	
	爱媛县	1			富山县	1	
"中国地区"	广岛县	1	1.2		新潟县	2	
	山口县	1			石川县	1	
北海道地区	北海道	4	2.3		山梨县	2	
					长野县	1	

（二）日本中国共产党研究各类型机构简述

1. 大学

如表 17 所示，大学机构作为日本中国共产党研究的中坚力量，广泛分布于包括关东地区、东北地区、中部地区、关西地区等在内的全国 8 大地区、35 个行政区。

表 17　日本涉及中国共产党研究的大学分布一览表

地区	行政区	大学数量（个）	占比（%）	地区	行政区	大学数量（个）	占比（%）
关东地区	东京都	43	32.82	中部地区	静冈县	3	2.29
	埼玉县	5	3.82		富山县	1	0.76
	千叶县	3	2.29		爱知县	6	4.58

续　表

地区	行政区	大学数量（个）	占比（%）	地区	行政区	大学数量（个）	占比（%）
关东地区	群马县	1	0.76	中部地区	石川县	1	0.76
	神奈川县	6	4.58		山梨县	2	1.53
	茨城县	4	3.05		新潟县	2	1.53
北海道	北海道	4	3.05		长野县	1	0.76
东北地区	青森县	1	0.76	关西地区	兵库县	4	3.05
	秋田县	1	0.76		滋贺县	1	0.76
	山形县	2	1.53		京都府	7	5.34
	福岛县	1	0.76		和歌山县	2	1.53
	宫城县	1	0.76		大阪府	8	6.11
"中国地区"	广岛县	1	0.76		奈良县	3	2.29
	山口县	1	0.76	九州地区	熊本县	2	1.53
四国地区	高知县	1	0.76		长崎县	1	0.76
	德岛县	2	1.53		宫崎县	1	0.76
	爱媛县	1	0.76		福冈县	7	5.34
					鹿儿岛县	2	1.53

　　具体来看，关东地区涉及中国共产党研究的大学共计 62 所，占相关大学总数的 47.33%，换而言之，日本涉及中国共产党研究的大学中有近一半位于关东地区。其中，位于东京都的大学数量高达 43 所，占相关大学总数的 32.82%，东京都毫无疑问成为了日本研究中国共产党的核心地区。关东地区其他行政区大学分布情况中神奈川县 6 所、埼玉县 5 所、茨城县 4 所、千叶县 3 所、群马县 1 所。除关东地区特别是东京都外，其他地区大学分布情况较为均衡。北海道地区 4 所，占比 3.05%；东北地区 6 所（山形县 2 所，青森县、秋田县、福岛县、宫城县各 1 所），

占比 4.58%；"中国地区" 2 所（广岛县、山口县各 1 所），占比 1.53%；四国地区
4 所（高知县、爱媛县各 1 所，德岛县 2 所），占比 3.05%；中部地区 16 所（爱知
县 6 所，静冈县 3 所，山梨县、新潟县各 2 所，石川县、富山县、长野县各 1 所），
占比 12.21%；关西地区 25 所（大阪府 8 所、京都府 7 所、兵库县 4 所、奈良县 3
所、和歌山县 2 所、滋贺县 1 所），占比 19.08%；九州地区 13 所（福冈县 7 所，
熊本县、鹿儿岛县各 2 所，长崎县、宫崎县各 1 所），占比 9.92%。

　　日本涉及中国共产党研究的大学数量达到 132 所，而这 132 所大学在涉及中国
共产党研究的成果数量上也存在一定的差异性。如表 18 所示，表中列举了涉及中
国共产党研究成果数量在 10 篇（不包括 10 篇）以上的大学。具体来看，涉及中国
共产党研究成果数量在 10 篇以上的大学共计 16 所，相关研究成果共计 384 篇，占
大学研究中国共产党成果总数的 52.03%。其中，尤以拓殖大学、庆应义塾大学的
相关成果最为丰富，分别为 66 篇、64 篇，分别占大学研究中国共产党成果总数的
8.94%、8.67%，属于日本涉及中国共产党研究大学中的骨干力量。爱知大学、东
京大学则分别以相关研究成果 36 篇、33 篇，占据大学研究中国共产党成果总数
的 4.88%、4.47%。随后的京都大学、日本大学、广岛大学、筑波大学、中央大学、
早稻田大学、立命馆大学、北海道大学、成蹊大学、摄南大学、明知大学、一桥大
学 10 所大学的相关研究成果均在 10 篇至 20 篇之间。上述大学无疑是涉及中国共
产党研究的大学中的中坚力量。而从区域分布来看，中国共产党研究成果在 10 篇
以上的 16 所大学中有 9 所均位于东京都，这也再一次证明了东京都作为日本的首
都在日本中国共产党研究领域所占的重要地位。

表 18　中国共产党研究成果数量 10 篇以上大学一览表

序号	所在机构	研究数量（个）	所在地区	占比（%）	序号	所在机构	研究数量（个）	所在地区	占比（%）
1	拓殖大学	66	东京都	8.94	9	中央大学	16	东京都	2.17
2	庆应义塾大学	64	东京都	8.67	10	早稻田大学	16	东京都	2.17

续　表

序号	所在机构	研究数量（个）	所在地区	占比（%）	序号	所在机构	研究数量（个）	所在地区	占比（%）
3	爱知大学	36	爱知县	4.88	11	立命馆大学	16	京都府	2.17
4	东京大学	33	东京都	4.47	12	北海道大学	14	北海道	1.90
5	京都大学	20	京都府	2.71	13	成蹊大学	14	东京都	1.90
6	日本大学	19	东京都	2.57	14	摄南大学	12	大阪府	1.63
7	广岛大学	18	广岛县	2.44	15	明治大学	12	东京都	1.63
8	筑波大学	17	茨城县	2.30	16	一桥大学	11	东京都	1.49

2. 研究所

（1）独立研究所

如前所述，日本涉及中国共产党研究的独立研究所虽然在数量上相对有限，但是相关研究成果却非常丰富。

在已知的 16 所独立研究所中，中国研究所和东洋文库的相关研究成果尤为丰富。中国研究所位于东京都文京区，是战后日本最早设立的研究中国的专门机构，定期出版刊物《中国研究月报》和《中国年鉴》，主要对各个时期中国的政治、经济等方面的情况进行分析评议。该研究所对中国共产党的研究主要集中在对重大会议内容、党内重要人物、国家相关政策、体制制度的解读和评析上。在独立研究所涉及中国共产党研究的 198 篇研究成果中，中国研究所的研究成果达到 133 篇，占比高达 67%。虽然日本在现代也新设了如现代中国研究所、社科研究所等新兴研究所，但是在研究中国及中国共产党领域，中国研究所依旧发挥着不可替代的重要作用。东洋文库成立于 1924 年，位于东京都文京区，是日本研究东洋学的专门图书馆和研究所。1961 年，应联合国教科文组织要求，东洋文库设立东亚文化研究中心，在日本学术界极负盛名。该研究所对中国共产党的研究主要集中于党史研究和农民运动研究。涉及中国共产党研究的独立研究所中 13 所位于东京都，2 所位于千叶县，1 所位于静冈县。

（2）大学下设研究所

除上述独立研究所外，日本还有许多大学下设有各类研究所对国际问题、东亚问题、中国问题等进行相关研究，而对中国共产党的研究往往放置在中国问题研究下进行。由于在对机构类型及机构成果数量的相关数据进行整理合并时是将大学下设研究所及其研究成果纳入大学进行论述的，因此在此仅对该类研究所所属进行简单介绍。

这些研究所包括爱知大学下设国际问题研究所、人类文化研究所；创价大学下设亚洲研究所；东京大学下设东洋文化研究所；关东学院大学下设经济经营演技所；国际基督教大学下设亚洲文化研究所、社会科学研究中心；京都大学下设人文科学研究所；立命馆大学下设国际地域研究所、社会系统研究所、石桥湛山研究中心；鹿儿岛国际大学下设地域综合研究所；鹿儿岛经济大学下设地域经济研究所；庆应义塾大学下设法学研究会、三田史学会、产业研究所；日本大学下设中国情报中心；拓殖大学下设日本文化研究所、海外事情研究所；熊本学园大学下设海外事情研究所；亚细亚大学下设亚洲研究所；昭和女子大学下设近代文化研究所；中央大学下设经济研究所、人文科学研究所。

3. 学会

日本涉及中国共产党研究的学会共计 45 所，但是相关研究成果仅 122 篇。其中，仅欧亚协会、社会主义协会、中国现代史研究会 3 所学会的相关成果数量在10 篇以上（各 12 篇）。其后的广岛史学研究会、日本文化人类学会相关研究成果各 2 篇；日本地理学会、日本现代中国学会相关研究成果各 5 篇；东洋史学会、日本国际政治学会相关研究成果各 4 篇；大塚史学会相关研究成果 3 篇。除上述学会以外，另有 12 所学会的相关成果为 2 篇，23 所学会相关研究成果仅 1 篇。从学会所在地区来看，45 所学会中有 19 所未设置线下固定总部，而在设有线下固定总部的 26 所学会中，16 所总部位于东京都，3 所总部位于京都府，广岛县、富山县各2 所，大阪府、宫城县、新潟县各 1 所。

4. 法人组织

在涉及中国共产党调查的 31 所法人组织中，相关研究成果在 10 篇以上的只有一般财团法人亚洲政经学会（44 篇）、一般财团法人霞山会（33 篇）、日本贸易振兴会（20 篇）、日中经济协会（16 篇）、亚洲调查会（13 篇）。其中，一般财团法人亚洲政经学会设立于 1953 年，是日本进行现代亚洲研究的机构中规模最大的法人组织，主要对亚洲地区的政治、经济问题进行理论研究和实证研究，而对于中国政治、经济问题的研究一直是其研究的重点领域。该法人组织的相关研究成果主要发表于其下属期刊《亚洲研究》，属于季刊，1 年发行 4 期。一般财团法人霞山会总部位于东京都，其前身是日本东亚同文会，以促进日本和亚洲各国的文化交流、增进日本国民和亚洲各国人民间的相互理解和友好关系建设为目的。除上述主要法人组织外，其余 26 所法人组织的相关研究成果均在 10 篇以下。从法人组织总部所在地区分布来看，除富民协会总部位于大阪府，世界政经调查会国际形势研究所事务局、日本生产管理学会未设置线下总部外，其余 28 所法人组织总部均位于东京都。

5. 政府部门

涉及中国共产党调查的日本官方机构共计 7 所，其中，日本共产党中央委员会对中国共产党的相关研究成果 13 篇，为已知日本政府部门中涉及中国共产党研究最多的部门，其对于中国共产党的研究主要集中在不同时期中国共产党的重要会议内容、中国共产党的相关政策制定及中国共产党党内建设方面。除此之外，涉及中国共产党研究的政府部门中还包括外务省（3 篇）、自由民主党（2 篇）、外务省国际情报局调查室（1 篇）、日本共产党出版局事业部（1 篇）、内阁官房（1 篇）、内阁官房内阁调查室（1 篇）。作为政府部门，上述机构均位于日本政治中心东京都。

结语

中国共产党诞生于风云激荡的年代，自成立伊始便受到国内外的关注。随着抗日战争、解放战争的胜利，中国共产党开始带领中国人民如火如荼地建设新中国，国外也越来越重视对于中国共产党的相关研究，而日本便是这其中的重要一员。在对中国共产党进行长达 76 年的研究过程中，日本建构了一个几乎遍及全国的中国共产党研究体系，产生了极为丰富的海外中国共产党研究成果，并且研究侧重点随着时代的变化也在不断改变。具体而言：第一，研究机构数量多、分布广泛。日本涉及中国共产党研究的机构数量多达 228 个，广泛分布于日本全国 35 个行政区，国内覆盖率高达 74%，并且形成了一个固定的研究体系，即以首都东京都研究机构为主、其余各行政区研究机构协同补充；以国内大学相关学科及下设研究所为研究主体，其余各研究机构进行专项研究。第二，研究学者代际间呈现良好的传承性。每一个时代都会涌现出一批以中国共产党研究而闻名的代表性学者，使得日本中国共产党研究能够一直延续，且成为日本研究中国问题中的一个持续性热点。第三，研究侧重点的转变。20 世纪日本对中国共产党的研究重点主要集中于党史研究、政策研究、人物评析、体制制度等表层问题的研究，随着中国综合国力和经济实力的飞速提升，在世界发展战略和未来发展建设中所发挥的作用越来越大，日本对中国共产党的研究侧重点开始转向中国共产党的对外交流、国际关系建设；更加重视中国共产党和日本、全球发展间的关系的研究，注重对中国共产党政治体制优越性的研究，整体研究视角显示出多维度、国际化、深刻化的趋势。

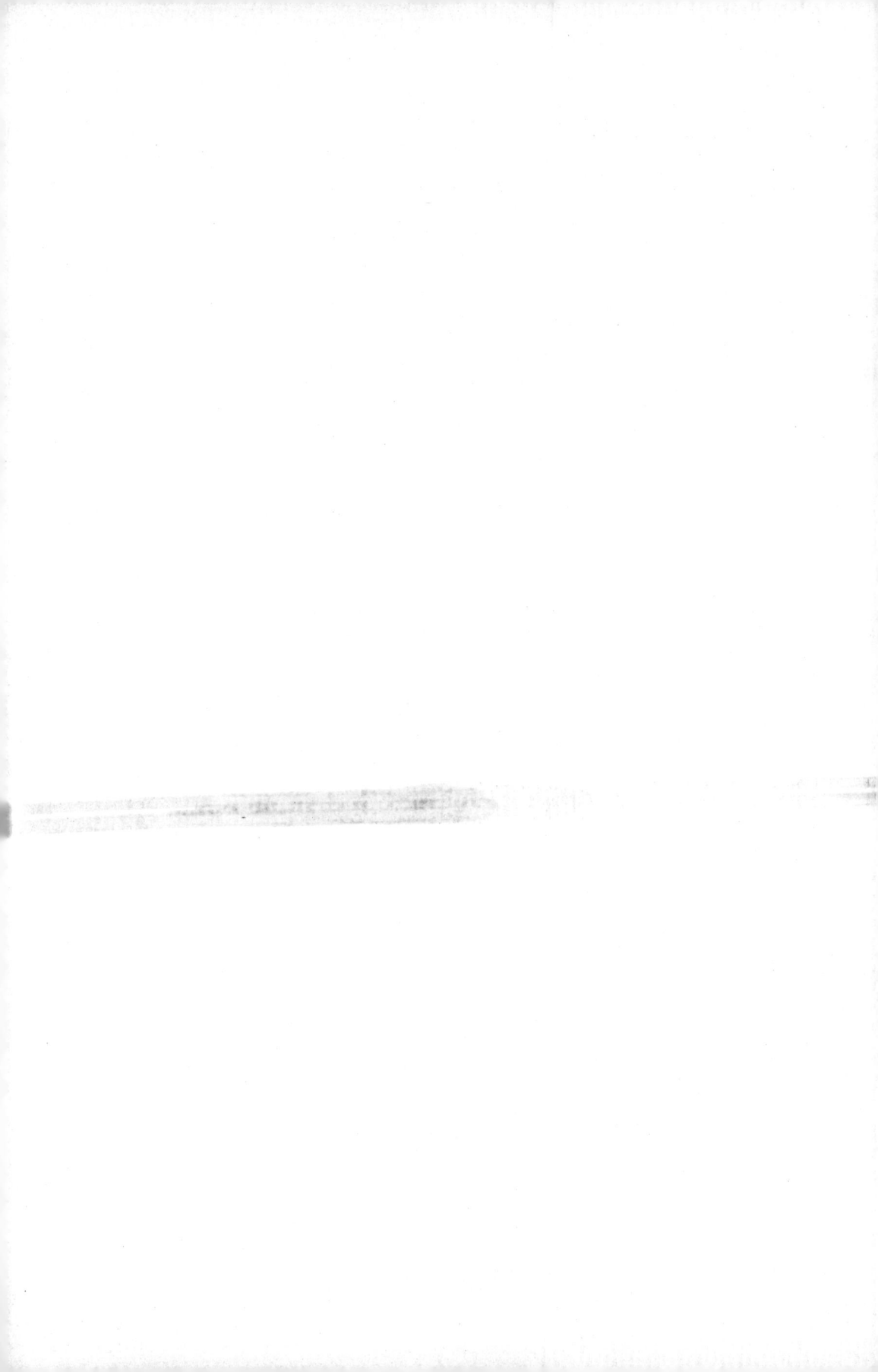